编委会

普通高等学校"十四五"规划旅游管理类精品教材
教育部旅游管理专业本科综合改革试点项目配套规划教材

总主编

马 勇　教育部高等学校旅游管理类专业教学指导委员会副主任
　　　　中国旅游协会教育分会副会长
　　　　中组部国家"万人计划"教学名师
　　　　湖北大学旅游发展研究院院长，教授、博士生导师

编 委（排名不分先后）

田 里　教育部高等学校旅游管理类专业教学指导委员会主任
　　　　云南大学工商管理与旅游管理学院原院长，教授、博士生导师
高 峻　教育部高等学校旅游管理类专业教学指导委员会副主任
　　　　上海师范大学环境与地理学院院长，教授、博士生导师
韩玉灵　全国旅游职业教育教学指导委员会秘书长
　　　　北京第二外国语学院旅游管理学院教授
罗兹柏　中国旅游未来研究会副会长，重庆旅游发展研究中心主任，教授
郑耀星　中国旅游协会理事，福建师范大学旅游学院教授、博士生导师
董观志　暨南大学旅游规划设计研究院副院长，教授、博士生导师
薛兵旺　武汉商学院旅游与酒店管理学院院长，教授
姜 红　上海商学院酒店管理学院院长，教授
舒伯阳　中南财经政法大学工商管理学院教授、博士生导师
朱运海　湖北文理学院资源环境与旅游学院副院长
罗伊玲　昆明学院旅游管理专业副教授
杨振之　四川大学中国休闲与旅游研究中心主任，四川大学旅游学院教授、博士生导师
黄安民　华侨大学城市建设与经济发展研究院常务副院长，教授
张胜男　首都师范大学资源环境与旅游学院教授
魏 卫　华南理工大学经济与贸易学院教授、博士生导师
毕斗斗　华南理工大学经济与贸易学院副教授
史万震　常熟理工学院商学院营销与旅游系副教授
黄光文　南昌大学旅游学院副教授
窦志萍　昆明学院旅游学院教授，《旅游研究》杂志主编
李 玺　澳门城市大学国际旅游与管理学院院长，教授、博士生导师
王春雷　上海对外经贸大学会展与旅游学院院长，教授
朱 伟　天津农学院人文学院副教授
邓爱民　中南财经政法大学旅游发展研究院院长，教授、博士生导师
程丛喜　武汉轻工大学旅游管理系主任，教授
周 霄　武汉轻工大学旅游研究中心主任，副教授
黄其新　江汉大学商学院副院长，副教授
何 彪　海南大学旅游学院副院长，副教授

普通高等学校"十四五"规划旅游管理类精品教材
教育部旅游管理专业本科综合改革试点项目配套规划教材

总主编 ◎ 马 勇

节事活动运营管理
JIESHI HUODONG YUNYING GUANLI

蒋 昕 ◎ 编 著
邱 敏 ◎ 副主编

华中科技大学出版社
http://www.hustp.com
中国·武汉

内 容 简 介

节事活动以仪式和庆典为基本形式,在人类社会由来已久。进入工业时代,节事活动更加显性和普遍地嵌入社会生产生活中,彰显着经济、社会、文化等多维价值。本书基于节事活动的现象认知,根据项目管理的知识框架,系统讲解了节事活动的创意策划、运营管理、营销赞助、财务管理、风险管理和总结评估等环节的工作内容,较为完整地呈现了节事活动从概念到落地的过程,解析了其中的管理技巧,并通过拓展阅读和章节案例说明我国节事活动发展的促进政策、管理要求和典型经验。

图书在版编目(CIP)数据

节事活动运营管理/蒋昕编著. —武汉:华中科技大学出版社,2021.2(2022.8重印)
ISBN 978-7-5680-4772-2

Ⅰ.①节… Ⅱ.①蒋… Ⅲ.①节日-文娱活动-运营管理-教材 Ⅳ.①G241.3

中国版本图书馆 CIP 数据核字(2021)第 020663 号

节事活动运营管理 蒋 昕 编著
Jieshi Huodong Yunying Guanli

策划编辑:	胡弘扬 李 欢
责任编辑:	李家乐
封面设计:	原色设计
责任校对:	曾 婷
责任监印:	周治超
出版发行:	华中科技大学出版社(中国·武汉) 电话:(027)81321913
	武汉市东湖新技术开发区华工科技园 邮编:430223
录 排:	华中科技大学惠友文印中心
印 刷:	武汉市籍缘印刷厂
开 本:	787mm×1092mm 1/16
印 张:	15.25 插页:2
字 数:	372 千字
版 次:	2022 年 8 月第 1 版第 2 次印刷
定 价:	49.80 元

本书若有印装质量问题,请向出版社营销中心调换
全国免费服务热线:400-6679-118 竭诚为您服务
版权所有 侵权必究

Introduction 总 序

旅游业在现代服务业大发展的机遇背景下，对全球经济贡献巨大，成为世界经济发展的亮点。国务院已明确提出，将旅游产业确立为国民经济战略性的支柱产业和人民群众满意的现代服务业。由此可见，旅游产业已发展成为拉动经济发展的重要引擎。中国的旅游产业未来的发展受到国家高度重视，旅游产业强劲的发展势头、巨大的产业带动性必将会对中国经济的转型升级和可持续发展产生良好的推动作用。伴随着中国旅游产业发展规模的不断扩大，未来旅游产业发展对各类中高级旅游人才的需求将十分旺盛，这也将有力地推动中国高等旅游教育的发展步入快车道，以更好地适应旅游产业快速发展对人才需求的大趋势。

教育部2012年颁布的《普通高等学校本科专业目录（2012年）》中，将旅游管理专业上升为与工商管理学科平行的一级大类专业，同时下辖旅游管理、酒店管理和会展经济与管理三个二级专业。这意味着，新的专业目录调整为全国高校旅游管理学科与专业的发展提供了良好的发展平台与契机，更为培养21世纪旅游行业优秀旅游人才奠定了良好的发展基础。正是在这种旅游经济繁荣发展和对旅游人才需求急剧增长的背景下，积极把握改革转型发展机遇，整合旅游教育资源，为我国旅游业的发展提供强有力的人才保证和智力支持，让旅游教育发展进入更加系统、全方位发展阶段，出版高品质和高水准的"普通高等院校旅游管理专业类'十三五'规划教材"则成为旅游教育发展的迫切需要。

基于此，在教育部高等学校旅游管理类专业教学指导委员会的大力支持和指导下，华中科技大学出版社汇聚了国内一大批高水平的旅游院校国家教学名师、资深教授及中青年旅游学科带头人，面向"十三五"规划教材做出积极探索，率先组织编撰出版"普通高等院校旅游管理专业类'十三五'规划教材"。该套教材着重于优化专业设置和课程体系，致力于提升旅游人才的培养规格和育人质量，并纳入教育部旅游管理本科综合改革项目配套规划教材的编写和出版，以更好地适应教育部新一轮学科专业目录调整后旅游管理大类高等教育发展和学科专业建设的需要。该套教材特邀教育部高等学校旅游管理类专业教学指导委员会副主任、中国旅游协会教育分会副会长、中组部国家"万人计划"教学名师、湖北大学旅游发展研究院院长马勇教授担任总主编。同时邀请了全国近百所开设旅游管理本科专业的高等学校知名教授、学科带头人和一线骨干专业教师，以及旅游行业专家、海外专业师资等加盟编撰。

该套教材从选题策划到成稿出版，从编写团队到出版团队，从内容组建到内容创新，均展现出极大的创新和突破。选题方面，首批主要编写旅游管理专业类核心课程教材、旅游管

理专业类特色课程教材,产品设计形式灵活,融合互联网高新技术,以多元化、更具趣味性的形式引导学生学习,同时辅以形式多样、内容丰富且极具特色的图片案例、视频案例,为配套数字出版提供技术支持。编写团队均是旅游学界具有代表性的权威学者,出版团队为华中科技大学出版社专门建立的旅游项目精英团队。在编写内容上,结合大数据时代背景,不断更新旅游理论知识,以知识导读、知识链接和知识活页等板块为读者提供全新的阅读体验。

在旅游教育发展改革发展的新形势、新背景下,旅游本科教材需要匹配旅游本科教育需求。因此,编写一套高质量的旅游教材是一项重要的工程,更是承担着一项重要的责任。我们需要旅游专家学者、旅游企业领袖和出版社的共同支持与合作。在本套教材的组织策划及编写出版过程中,得到了旅游业内专家学者和业界精英的大力支持,在此一并致谢!希望这套教材能够为旅游学界、业界和各位对旅游知识充满渴望的学子们带来真正的养分,为中国旅游教育教材建设贡献力量。

丛书编委会

前　言

作为一种社会现象，节事活动既古老又年轻，既传统又时尚。20 世纪 70 年代以来，随着信息技术革命、知识经济、服务经济的兴起，人类社会的商业、技术、创意高度发达，节事活动成为各级各类组织和个体阐发思想、表达情感、丰富体验、传递价值的平台和载体。众多节事活动汇集了大量的资本、人才和社会资源，发展为一个充满仪式感、创新创意和人文关怀的产业领域，在新时代与文化、会展、旅游、体育、艺术等产业融合发展，既满足了人民群众对美好生活的热烈向往，又满足了各级各类政府和企事业单位加强文化建设、塑造形象、推广品牌、开拓市场等利益诉求。

节事活动运营管理在线开放课程

节事活动性质多样，题材广阔，形式丰富，其市场化、产业化发展的蓬勃之势激发学界和业界不断探索其背后的学理、规律，丰富相关理论成果，凝练专门知识体系，以更好地促进理论指导实践。本教材立足于节事活动的本质，整理了节事活动的概念认知、创意策划、项目管理、项目运营、营销赞助、财务管理、风险管理、总结评估八大专题内容，形成完整的知识体系，并配以丰富的拓展阅读和章节案例，以呈现节事活动从概念策划到落地实施的完整过程。本教材具有以下特点。

（1）梳理价值体系。本教材通过历史回溯和中外相关研究比较，阐述了节事活动在促进产业融合、释放消费潜力、升华生活体验等方面的特殊地位与意义，梳理了节事活动在政治、经济、文化、社会等多维度的综合价值和意义。

（2）夯实理论基础。本教材从节事活动的项目化管理本质入手，以项目管理为理论基础，更加强调跨界融合的节事活动的运营管理框架。

（3）解读发展要求。本教材解读了节事活动的发展趋势，介绍了当下产业促进政策和相关管理规定，在运营管理的市场规律、商业规律之外，特别说明了相关的行政管理要求。

（4）突出商业应用。本教材强化了节事活动策划、运营、管理、营销等工作内容的商业考量，以增强相关知识的适用性，呼应节事活动产业化、市场化发展对从业人员知识能力素质的要求。

（5）强化管理技术。本教材注重节事活动各个工作环节的管理技术讲授，辅以案例、资料和图表等可视化工具，着力提高教材使用者的实际应用能力。

（6）关注学习体验。本教材选编了大量的拓展阅读材料和章节综合案例，采用文字、图片、二维码植入相结合的表现形式，综合纸媒和数字化媒体的优势，既保障信息含量，又兼顾

阅读体验。

本教材由湖北经济学院副教授蒋昕、讲师邱敏编写完成。其中，蒋昕负责全书统筹和统稿，撰写第一章、第二章、第四章、第五章、第六章以及第三章的第一节和第三、四节，邱敏负责撰写第七章、第八章和第三章的第二节。

本教材配套开发了慕课资源、电子课件，可作为会展经济与管理、文化产业管理、旅游管理、体育经济与管理等专业的必修课、选修课教材使用，也适用于相关产业从业人员和社会爱好者参阅学习。

在教材编写过程中，编者参阅了国内外众多专家、学者的前期研究成果，并得到武汉欢乐谷、武汉光谷科技会展中心、武汉光谷希尔顿酒店、武汉食和岛网络科技有限公司、31会议、上海德纳展览服务有限公司等企业的支持，提供了案例素材，在此表示诚挚的谢意！教育部旅游管理教学指导委员会副主任委员、湖北省教学名师、中组部万人计划"教学名师"马勇教授，湖北经济学院旅游与酒店管理学院院长邓毅教授，华中科技大学出版社旅游分社李欢社长对本教材给予悉心指导和大力支持，李家乐编辑、胡弘扬编辑为教材出版付出了辛勤劳动，在此表示衷心的感谢！中央民族大学蒋文轩，北方工业大学陈添韵，湖北经济学院沈晓蔓、童瑶、刘桐、刘巧运、宫玉琪、刑亚玲、刘琳、魏鑫雨以及毕业生杨晓月、刘靓、何红霞、潘玲玲、龚童童、胡文娣、万心悦、黄谷雨等，为本教材收集和整理案例及影像资料提供了无私的帮助，在此一并感谢！

囿于时间、精力和能力，教材中难免有不足之处，敬请广大读者提出宝贵的意见，以便再版时进一步修订完善。

蒋　昕

2020年12月20日

Contents 目 录

1　第一章　节事活动概述
　　第一节　节事活动的概念　　　　　　　　　　　　　　　/1
　　第二节　节事活动的属性与功能　　　　　　　　　　　　/11
　　第三节　当代节事活动的发展　　　　　　　　　　　　　/20
　　第四节　节事活动的利益相关者　　　　　　　　　　　　/33

41　第二章　节事活动的策划
　　第一节　策划的基本原理　　　　　　　　　　　　　　　/42
　　第二节　节事活动的策划流程与策划内容　　　　　　　　/51
　　第三节　节事活动的策划书　　　　　　　　　　　　　　/69

77　第三章　节事活动的项目管理
　　第一节　项目管理视角下的节事活动　　　　　　　　　　/77
　　第二节　节事活动项目管理的组织和团队　　　　　　　　/89
　　第三节　节事活动项目管理的工作内容　　　　　　　　　/106
　　第四节　节事活动项目管理的进度安排与控制　　　　　　/115

122　第四章　节事活动的项目运营
　　第一节　运营概述　　　　　　　　　　　　　　　　　　/123
　　第二节　节事活动的现场运营　　　　　　　　　　　　　/127
　　第三节　节事活动的服务供应　　　　　　　　　　　　　/142

149　第五章　节事活动的营销与赞助
　　第一节　节事活动的品牌　　　　　　　　　　　　　　　/150
　　第二节　节事活动的市场营销　　　　　　　　　　　　　/160

第三节　节事活动的赞助　　　　　　　　　　　　/172

第六章　节事活动的财务管理　　182

第一节　节事活动财务管理概述　　　　　　　　/182
第二节　节事活动的预算管理　　　　　　　　　/184
第三节　节事活动的财务评估　　　　　　　　　/195

第七章　节事活动的风险管理　　199

第一节　节事活动风险管理概述　　　　　　　　/199
第二节　节事活动风险识别与分析　　　　　　　/203
第三节　节事活动风险管理计划与举措　　　　　/210

第八章　节事活动的项目总结与评估　　217

第一节　节事活动项目总结　　　　　　　　　　/217
第二节　节事活动项目评估　　　　　　　　　　/220

参考文献　　233

第一章

节事活动概述

 学习目标

- 了解节事活动的起源和发展趋势。
- 理解节事活动的概念。
- 理解节事活动的基本属性。
- 理解节事活动的主要功能。
- 理解节事活动的主要利益相关者及其利益诉求,掌握利益相关者在节事活动中的集聚关系。

教学课件

问题导向

- 在我们今天的社会生活中,有哪些节事活动令你印象深刻?这些节事活动的起源与发展情况如何?这些节事活动在当地的发展中具有哪些综合效益?

节事活动是一个既古老又年轻,既传统又时尚的社会现象,在商业、技术、创意高度发达的今天,节事活动是我们表达情感、丰富体验、传递价值的平台和载体,大量的资本、人才、创意、科技和社会注意力注入其中,催生了一个充满仪式感、创新创意和人文关怀的产业领域,大量或公共性、或商业性、或公益性的节事活动不断涌现,题材广阔,形式多样。这些鲜活的社会现象不仅给人们带来非同凡响的体验,更是激发人们去探索现象背后的发展规律。

第一节 节事活动的概念

一、节事活动的起缘

节事活动(Festival and Special Event,FSE)自人类诞生以来就以仪式和庆典为基本形

式而存在,是人类社会化发展的一种方式和表现,并且经历了由自发到自觉,由不定型到定型的过程,内容涵盖了生产、生活、祭祀、庆祝等多元领域,对社会、文化、宗教、艺术等领域的发展影响深远。

在我国,传统文化历来重视血缘、宗法、伦理,讲求"饮水思源,慎终追远",这一点在自古以来的祖先祭祀活动中已得到充分体现。祖先祭祀源于上古时代的"生殖-祖先"崇拜。远古先民曾直观地认为女性是生育的决定因素。为了祈求人口繁衍、氏族兴旺,远古先民曾虔诚地奉行女阴崇拜。辽宁红山文化遗址出土的女神像及泥塑妇女群像,臀部、乳房硕大突出,就是女性生殖崇拜的实证。进入父系社会后,男性祖先逐渐取代女性成为供奉和祭祀的对象。早期龙山文化遗址出土的陶祖,就是这种转变的考古物证。进入宗法社会以后,为故去的家族祖先举行祭祀,祈求祖先庇佑子孙后代,成为至关重要的民间习俗。祭祀祖先在殷周以后成为中华民族一以贯之的庄严之礼。为表达后代对先祖亡灵的虔敬与祈祷,后人需要准备丰厚的祭物。《礼记·祭统》记载,"三牲之俎,八簋之实,美物备矣"。"三牲"指牛、羊、猪。将三牲供奉于墓冢或祖先牌位之前,然后献酒三巡,即初献爵、亚献爵、终献爵,称为"三献"。这一习俗沿袭到清代。《红楼梦》第五十三回写道,宁国府除夕祭宗祠:"青衣乐奏,三献爵,拜兴毕,焚帛奠酒,礼毕,乐止,退出",简要叙述了祭祖的过程。在祭祀祖先的活动中,黄帝陵祭典具有典型性和代表性。黄帝被炎黄子孙奉为"上古圣贤""人文初祖",其陵墓(陕西省黄陵县桥山之巅)被称为"黄帝陵""桥陵",是炎黄子孙礼祀黄帝的场域,是中华文明的一个精神标志。长期以来,黄帝陵祭典形成了稳定的规格和祀典礼仪,有官(公)祭和民祭两种形式。据记载,祭祀黄帝的活动始于公元前442年。自唐大历五年(公元770年)建庙祀典以来,历代王朝举行的黄帝陵祭典均在此举行。历史上,黄帝陵历经多次修复,最近一次整修自1993年开始,2001年8月一期工程竣工。从2004年开始,每年清明节此地都会举行黄帝陵国家公祭活动,以"颂扬黄帝功德,传承民族记忆,守护精神家园,构建和谐中华"为主题。2006年"黄帝陵祭典"被列入第一批国家级非物质文化遗产名录。

在西方,早在公元前7世纪,古希腊就有了"大酒神节"(Great Dionysia)。这是一个旨在促进农作物增长的春天庆典,每年3月,人们为了表示对酒神狄奥尼索斯的敬意,在雅典举行庆典活动。西方古典学剑桥学派重要代表人物、英国学者简·艾伦·哈里森(Jane Ellen Harrison)在其著作《古代艺术与仪式》中写道,雅典市民在酒神节期间进剧院看戏,所需费用由城邦报销。对市民来说,这不是消遣娱乐,而是在参加礼拜仪式,是每一个市民必须履行的社会义务。酒神节的剧场里洋溢着圣洁而狂热的宗教气氛,剧场上演的戏剧有阿伽门农从特洛伊凯旋、克吕泰涅斯特拉密谋杀害阿伽门农、俄瑞斯忒斯为父报仇等古希腊的悲剧故事,一方面充满道德教化的意味,另一方面也滋养着古希腊戏剧和音乐艺术的发展。大酒神节中另外一个庆祝活动——酒神赞歌也极具代表性。人们会在筵席上为祭祀酒神狄奥尼索斯而唱起即兴歌,即"酒神赞歌"(Dithyramb)。酒神赞歌以即兴抒情合唱诗为特点,芦笛伴奏,翩然起舞,深受欢迎。到公元前6世纪左右,酒神赞歌发展成由50名成年男子和男孩组成的合唱队、在科林斯的狄奥尼索斯大赛上表演竞赛的综合艺术形式。酒神赞歌时代也是希腊抒情合唱诗盛行的时代,并促进了古希腊戏剧和音乐艺术的发展。古希腊的悲剧、喜剧和羊人剧都源于"大酒神节"。

前述两个典型的祭祀庆典分别在东西方历史文化中传承流布,代表着节事活动在人类漫长岁月中,以仪式、庆典、节日等多种形式与社会演化同步发展,创造了形式多样且具有表征意义的符号体系,以承载不同民族的精神文化内涵。

随着工业时代的到来,大规模生产和全球市场逐步形成,节事活动以市场推广、公关传播、文化体验、体育赛事、艺术交流等形式更加显性和普遍地嵌入人们日常生产和生活中,不仅具有商业价值,还彰显了人们对休闲生活的追求。在推动社会大众理解和接受节事活动的过程中,迪士尼乐园的"主街电动游行"(Main Street Electric Parade)具有发端意义,并在现代语境中向大众介绍了"特殊活动"(Special Event)一词。

作为一个专门词汇,"特殊活动"何时出现、何时使用并不可考,但被大众知晓和熟悉,却是因为迪士尼乐园。美国"现代活动管理之父"乔·戈德布莱特(Joe Goldblatt)博士在其著作《特殊活动:庆典新世界的创造与可持续发展》(第 7 版)(*Special Events*:*Creating and Sustaining a New World for Celebrating*,2013)中提及这一往事。1955 年,位于美国加利福尼亚州安纳海姆市的第一家迪士尼乐园开园,创始人沃尔特·迪士尼(Walt Disney)向公司一位幻想工程师①罗伯特·贾尼(Robert Jani)寻求帮助。他面临的问题是,迪士尼乐园号称"地球上最快乐的地方",会持续开门营业到晚上 10 点,但自乐园开张以来,每天下午 5 点左右,大约 90％的游客便离开了乐园。在晚间近 5 个小时里,乐园中游客稀少,收入几乎为零,但却必须支付员工工资、水电费用以及其他运营成本。为了解决这个问题,贾尼提出创设一个夜间游行项目,命名为"主街电动游行"。数十辆装有数千盏微光灯的花车每晚都会在主街上游行,吸引了成千上万的游客晚间留在乐园欣赏奇观。这一创意和技术相结合的游行项目为迪士尼乐园带来了可观的收益,现在所有迪士尼主题公园依然推出这一游行项目,并且衍生发展出夜间音乐焰火表演、夜间舞台演出、日间主题巡游等多种活动形式,成为游客在迪士尼主题公园游乐的必选项目。图 1-1 所示为美国奥兰多迪士尼世界魔法王国日间彩车游行。

图 1-1　美国奥兰多迪士尼世界魔法王国日间彩车游行(蒋昕　摄)

---

① 幻想工程师是专门为沃尔特·迪士尼公司进行创意策划和设计骑乘游乐项目以及其他吸引元素的工作岗位。

奥兰多迪士尼世界魔法王国日间主题巡游

　　迪士尼乐园的主街电动游行不仅深受游客喜爱，也引起了媒体关注。当一家媒体记者问贾尼："你将这类项目叫作什么？"他回答道："特殊活动。"在记者的追问之下，贾尼对特殊活动做了一个朴素的定义，"特殊活动是指那些与日常生活不同的活动[①]"。在贾尼看来，世界上其他地方不会每天都有主街游行，只有迪士尼乐园会研究、策划、设计、管理和评估这样的特殊活动，目的是给游客带来不同凡响的美好体验。贾尼本人彼时担任迪士尼乐园公关总监，后来创立了一家极其成功的特殊活动制作公司，创造了美国橄榄球联盟超级碗中场秀（National Football League Super Bowl Half-time Spectaculars）、无线电城音乐厅圣诞秀（Radio City Music Hall Christmas Show）等在业内外极富传奇色彩的项目。

　　如今，文化节、音乐节、赛事、年会、婚庆、交易会、招商会、特展等形式的节事活动普遍存在，并且与商贸、旅游、会展、文化、体育、艺术等产业（领域）融合发展，催生了创意策划、运营组织、设计搭建、环境装饰、广告宣传、物资供应、主题餐饮、休闲娱乐等业务需求，成为业态创新、价值创造、就业增长、消费促进的重要领域。

二、节事活动的常见概念

　　节事活动范围广泛，内容和形式极其多样，相关表述也不尽相同。前文已经出现了节事活动和特殊活动两个术语，其他常见的还有节庆活动、标志性活动、巨型活动等。在业内，职业人士更习惯于直接将这类现象称为活动（Events），并喜欢自称为活动人（Eventer）。本书为保持统一的写作口径，除特别说明以外，主要采用"节事活动"一词。

　　唐纳德·盖茨（Donald Getz）是国际上较早从旅游学的角度关注和研究节事活动现象的学者，并且提出了活动旅游（Event Tourism）的概念。他认为节事活动与旅游目的地发展密不可分，是目的地旅游吸引物的有机组成部分、旅游消费的重要激励因素、旅游目的地营销的重要手段，可以激发游客潜在需求，刺激游客花费时间成本和经济成本造访旅游目的地。节事活动一旦融入旅游目的地的开发、建设与营销中，就会成为目的地竞争力的缔造者，目的地形象的推广者。盖茨在其旧作《节日、特殊活动与旅游》（1991）中，从节事活动的供给方和需求方两个不同的立场给出了节事活动的定义：对组织者而言，节事活动是常规计划或日常活动以外的一次性或不经常发生的活动；对顾客而言，节事活动是常规选择范围之外或日常经历之外的一次休闲、社交或文化体验机会。

　　诺曼·道格拉斯（Norman Douglas）、恩盖尔·道格拉斯（Ngaire Douglas）和罗斯·德雷特（Ros Derrett）三位学者对澳大利亚的节事活动及其发展战略和管理政策进行了考察和研究，对节事活动提出如下定义：节事活动是人们为了实现庆祝、展示、崇拜、表彰、纪念、社交

[①] 原文为"A special event is that which is different from a normal day of living"。

等目的而聚集在一起的行为。

苏格兰人类学家维克多·特纳(Victor Turner)认为,人类社会总是用典礼和仪式来共享欢乐、表达哀思、庆祝胜利。受其影响,乔·戈德布莱特(Joe Goldblatt)认为典礼和仪式在节事活动的策划、设计、管理和协调中是至关重要的因素。他在自己的著作《特殊活动:21世纪全球活动管理》(第 1 版)(*Special Events:Twenty-first Century Global Event Management*,2002)中给出定义:节事活动是以某种仪式、典礼来庆祝的独一无二的时刻,它可以满足特定人群的某些特定的需要。节事活动管理的目的是通过各类庆典来创造积极的社会效益。

上述定义对节事活动进行了描述性界定,对节事活动的本质属性进行了探索和总结。总体来看,特殊性、体验性是节事活动的本质特征,目的性、主题性和群集性是节事活动的外在表征,通常情况下可以表现为以下一些细节:面向公众开放(节事活动规模和性质不同,覆盖的公众面有所不同);具有庆祝的主题或者展示了某些特定主题;有预先确定的时间起始点和终止点;有预先确定的地点和场所,通常非主办方所有;举办频次较低,非常规性的、非常见的现象;具有能够烘托主题的环境装饰;具有专门设计的议程。

综上,本书对节事活动定义为,节事活动是主办方和组织者为了满足某种特定目的,面向特定人群精心策划、组织和管理的聚集性、参与性体验场域和服务的集合,通常具有仪式感、参与感、主题性等内涵特征和群集性、非常规性等外在表征。

三、节事活动的类型

(一)按目的划分

在发达国家和地区,节事活动产业化发展始于 20 世纪中叶,经历了产业链构建和延展、业态创新、服务创新等发展阶段,节事活动的类型比较丰富,广泛地渗透在社会生产、生活的方方面面。朱莉娅·卢瑟福·西尔弗斯(Julia Rutherford Silvers)①以节事活动目的为标准,将常见的节事活动分为十个大类(见表 1-1)。

表 1-1 根据目的划分的节事活动的类型

类型	释义	举例
商务和公司活动 Business & Corporate Events	支持业务目标的任何活动,包括管理职能、企业沟通、培训、营销、奖励、雇员关系、客户关系等	颁奖晚宴、新品/新技术发布会、企业参展、企业(自办)展示、开业典礼、企业开放日等
公益及筹款活动 Cause-related & Fundraising Events	由慈善组织或公益团体创办,以筹集资金、获得支持、引发关注为目的的活动	慈善晚宴、慈善马拉松、慈善拍卖会、赈灾义演、体育慈善赛事等

---

① 详见朱莉娅·卢瑟福·西尔弗斯的个人网页:http://juliasilvers.com/embok.htm。

续表

类型	释义	举例
展览会、博览会及交易会 Exhibitions, Expositions & Fairs	主办方搭建平台，将特定行业领域的供应商、需求方、相关企业及其他利益相关者聚集在一起，以实现产品展示、销售、商贸洽谈、信息发布等目的	展销会、博览会、招商洽谈会、跳蚤市场、招聘会等
娱乐及休闲活动 Entertainment & Leisure Events	为了娱乐目的而举行的一次性或周期性的节事活动	艺术展、时装秀、体育赛事、彩车/彩妆游行、演艺、沉浸式表演等
节庆 Festivals	由公众或为公众举办的一种文化庆祝活动，可以有文化、艺术、民俗、音乐、体育等多种主题	嘉年华、传统节日、民俗节庆、艺术节、音乐节、社区节庆等
政府及市政活动 Government & Civic Events	由政治团体、政府部门或社区举办的，或为他们举办的活动	国庆庆典、国事活动、峰会、就职典礼、公民颁奖典礼等
营销活动 Marketing Events	为产品和服务、品牌的传播推广、销售促进而设计的买卖双方聚集、交流、体验活动	客户招待会、赞助活动、开业典礼、新闻发布、企业开放日、路演、公关宣传、商业推广等
会议及大会活动 Meeting & Convention Events	人们为了交换信息、讨论事务、达成共识、建立关系而聚集在一起开展的有组织、有目的、有议程的议事活动	政府会议、学术会议、公司会议、协会会议等
社会和人生仪礼活动 Social and Life-cycle Events	为了庆祝或纪念某个具有文化、民俗或社会意义的特殊时刻而创设的邀约性私人活动；为了庆祝或纪念某个人生仪式或具有人生里程碑意义的时刻而创设的邀约性私人活动	周年纪念日、毕业典礼、成人礼、婚礼、葬礼等
体育赛事 Sports Events	以休闲性或竞技性为主题的，供人们参观或参与的体育活动	奥运会、特奥会、城市马拉松、邀请赛、锦标赛、火炬跑、龙舟赛等

（资料来源：根据活动管理专家 Julia Rutherford Silvers 的个人网页专栏信息和王春雷的《生活中的活动管理艺术》（科学出版社，2018年）第7—11页内容整理修订。）

上述不同类型的节事活动既可以独立创设、运营和管理，自成体系，也可以和其他活动联袂，组合成为一个更庞大的节事活动体系。这一分类方法基于归纳逻辑，但处于发展演化的节事活动时常涌现出新的形式，实现新的目的，因此这一分类也只是列举，而非穷尽。同时需要说明的是，由于节事活动本身发展程度的差异以及所处经济社会环境的差异，不同国家和地区节事活动的现象各有不同。总体上,越是发达的国家和地区,节事活动的形态越是丰富多样,在经济社会发展和社区民众生活中的渗透力也越强。

（二）按主题划分

2012年,我国出台了《节庆活动管理办法（试行）》（中办发〔2012〕18号）,以加强对政府主办节庆活动的规范管理。2015年,全国清理和规范庆典研讨会论坛活动工作领导小组出台《节庆活动管理办法实施细则》。该细则对各级党政机关、人民团体、经国务院批准免予登记的社会团体及其所属事业单位等,使用国家财政资金和资源,举办（包括主办、协办、赞助、支持等名义）的大型节庆活动按照主题划分为七大类。该细则有特定的适用范围,但提出的以主题为标准进行划分的方法具有良好的适用性。七大类型的节庆活动分别如下。

公祭类节庆活动是指以祭祀中华民族人文始祖、祭拜做出重要贡献的历史人物、纪念重大历史事件为主题,以传承优秀文化、激发爱国热情、弘扬传统美德、增进民族团结为主旨,举办的祭拜性庆典活动。

历史文化类节庆活动是指以展示历史传统文化与当代人文特色为主题,推动文化艺术繁荣发展为主旨,举办的大型文化艺术类节会庆典活动。

旅游类节庆活动是指以依托当地独具特色和影响力的旅游资源,为提升当地旅游形象、扩大市场影响、发展旅游产业而开展的节会庆典活动。

 武汉欢乐谷电音节

特色物产类节庆活动是指以当地独具特色和影响力的工农业产品、自然物产等物产资源的展示和推广为主题,且不涉及商贸展销的节会庆典活动。

机关单位成立类节庆活动是指以纪念机关单位成立为主题组织开展的纪念性庆典活动。

行政区划变更类节庆活动是指以纪念行政区划单位的设立、撤销,隶属关系的变更、命名、更名,行政区域界线的变更以及驻地的迁移等事宜为主题,组织开展的大型节庆活动。

工程奠基或者竣工类节庆活动是指以国家财政资金支持为主的重大工程奠基或者竣工之际举办的庆典活动。

（三）按内容划分

根据内容,节事活动可以分为以下八种基本类型。

文化庆典,如传统节日、民俗节庆、宗教活动、大型展演、历史纪念活动、狂欢节等。

艺术娱乐活动,如艺术节、音乐节、文艺展览、电影节、摄影展、颁奖仪式等。

会展及商贸活动,如招商洽谈会、供应商大会、年会、展销/展览、博览会、商业推广、产品/技术发布会等。

 上海游泳SPA展

体育赛事,包括职业比赛、业余竞赛和商业性体育活动。

教育科学活动,如研学活动、学术会议、学术讨论、工作坊、研修班等。

休闲活动,如庙会、嘉年华、演唱会、游园会等。

政治/政府活动,如就职典礼、授职/授勋仪式等。

私人活动,如个人庆典、周年纪念日、家庭聚会、社交活动等。

上述基本类型的划分由盖茨(1997)提出,同样遵循归纳逻辑,旨在列举和归纳,而未穷尽所有。其中需要说明的是私人活动。私人活动是在小范围内,以定向邀请的方式来举行的节事活动。不同于个人日常生活中常规性的聚会活动,纳入节事活动学术研究和商业服务范围的私人活动,特别强调要经过预先的精心策划(Planned Event),特别注重此类节事活动的计划性、目的性和专门性,并且大概率会引入策划、租赁、餐饮等商业服务,比如创意策划、环境设计与搭建、主题餐饮等。

(四) 按性质划分

按性质划分,节事活动可以分为营利性节事活动和非营利性节事活动。

营利性是指以谋求利润为目的,营利性节事活动指的是举办者以盈利为目的的节事活动。目前体育赛事、文化与旅游节、音乐节等市场上常见的节事活动大多数都属于营利性节事活动。这些活动在追求盈利的过程中催生了各种各样的盈利机制和盈利模式,奠定了节事活动商业化发展的重要基石,构成了节事活动运营管理的重要内容。

非营利性是相对营利性而言的,指不以谋求利润为目的,非营利性节事活动指的是举办者不以盈利为目的的节事活动。非营利性强调的是主观动力,并不是经济学意义上的没有利润,更不是不讲经营之道,而是强调在具体的策划、运营和管理行为中,主观目的不是获取盈利,但需要有一定的利润来覆盖其成本支出(除掉有其他投入覆盖的成本支出)。我们生活中常见到的由非营利性组织或公共组织发起、举办的节事活动,如高校举行的新生开学典礼、毕业典礼,非营利性组织发起的论坛,地方政府举办的周年庆典、招商推介会庆典等,都是非营利性节事活动。非营利性节事活动在运营和管理中出于调配和整合资源的需要,会引入灵活多样的资金机制。尽管非营利性节事活动不以盈利为目的,但其存在自己的目标导向,如强化认知、改善形象、凝聚精神、地域推广等,这些目标的达成率是其主要的评价指标。

(五) 按影响力划分

根据影响力大小,节事活动可以分为巨型节事活动、标志性节事活动、重要节事活动和一般节事活动。

巨型节事活动(Mega Event)指资源(特别是公共资源)投入高、产出效益复合,在世界范围内规模和影响巨大,能吸引全球的参与者(Attendee)、观众(Audience)的参与,能吸引国

际媒体的注意力的节事活动。显然,在任何一个国家,巨型节事活动都是少数现象,如奥运会、世界杯足球赛、世界博览会等,但由于其巨大的影响力,它又是备受瞩目的现象,成为富有代表性和典型性的节事活动,也成为举办地(东道主)标志性的文化事件。在参与者和观众眼中,巨型节事活动是不可错过的精彩一幕;在学者和业者眼中,巨型节事活动是值得研究、探索的领域。目前对巨型节事活动的判定指标并不统一,主要从投入成本、参加人数、声誉影响、媒体报道程度几个指标进行判断,有的国家和地区还会参考巨型节事活动获得的经济效益及其对社会经济结构产生的影响来界定。盖茨在1997年提出了巨型节事活动的评价指标,直到今天依然具有很好的参考价值(见表1-2)。

表1-2 巨型节事活动的评价指标

指标			标准和说明
定量指标	参观人数		大于100万人次
	投入成本		大于5亿美元
定性指标	节事活动的设计	目的	目标多元化
		主题	主题宏大而鲜明,具有包容性
		氛围	节日气氛浓厚
		象征性	综合运用符号和仪式,烘托主题和氛围
		独特性	富有创意元素和创新环节,引人关注,耐人寻味
	立足当地社会	本真性	以本土文化价值为基础,尊重和吸收本土文化
		传统性	以社区及其传统为根源,表现与社区相关的历史、文化和精神
		适应性	能适应节事活动所需的基础设施和时间、空间要求,能应对不断变化的市场需求和相关机构诉求
定性指标	满足利益相关者的利益诉求	满足基本需要	满足节事活动利益相关者对获得经济和社会效益的基本需求,提供给参与者和观众休闲、旅游等体验的机会
		质量	提供高质量甚至超越参与者和观众期望值的活动环节和服务,提高满意度
		价格	制定合理的价格,提供参与者和观众能够消费的旅游、娱乐、休闲、文化、社会和教育体验
		态度	主办方员工、志愿者和举办地社区居民态度友好,殷勤好客
		准确性	能使参与者和观众感知和认知的主题、氛围、文化内涵与节事活动设计本意相符合
		便利性	能使参与者和观众有便利条件参与举办地其他的休闲娱乐、社交活动等

(资料来源:根据Donald Getz的《Event Management and Event Tourism》(《Annals of Tourism Research》,1997)和徐丽莎的《节事活动策划与管理》(浙江大学出版社,2013年)第4页内容整理修订。)

标志性节事活动(Hallmark Event)指与主办地经济社会环境、历史文化特色高度吻合,具有较高知名度,能获得外界普遍认同的一次性或周期性节事活动。标志性节事活动与举办地相关联,具有较高的符号性和辨识度,甚至成为举办地的名片或代名词。从旅游目的地建设的角度来看,标志性节事活动可以提升旅游目的地的知名度和竞争力,塑造和推广旅游目的地形象,增强其旅游吸引力,稳定地提高经济收入并获得其他方面的综合收益。国内外许多城市都有具有较高地域辨识度的标志性节事活动,如法国戛纳电影节,瑞士达沃斯夏季论坛,德国慕尼黑啤酒节,巴西狂欢节,以及中国的青岛国际啤酒节、哈尔滨国际冰雪节、潍坊国际风筝节等。

德国慕尼黑啤酒节

重要节事活动(Major Event)指在某些特定领域具有重要意义,能产生综合效益的节事活动。重要节事活动与标志性节事活动的基本区别在于标志性节事活动主要与举办地相关,主要吸引举办地之外的公众,特别是旅游者前来参加或参观,是举办地开展旅游目的地建设和营销推广的有机组成部分;重要节事活动主要与特定行业或特定领域相关,是某一行业、某一领域内具有重要影响力和权威性的节事活动。重要节事活动的典型代表有联合国气候变化大会、世界湖泊大会、世界植物园大会等。

一般节事活动(Minor Event)指中小规模的节事活动,其影响通常局限在某个组织或某个中小尺度的社区、社群范围内。一般节事活动虽然影响力不如前述三个类型,但其需求多样、数量庞大、形式丰富,是节事活动产业链得以构建和延展的关键因素。人们在生产和生活中见到的多数节事活动,如会议、庆典、商务社交等都属于这一类型。

(六)按覆盖范围划分

根据人群覆盖范围,节事活动分为全球性节事活动、国际区域性节事活动、全国性节事活动、国内区域性节事活动和地方性节事活动。

武汉设计日

全球性节事活动,如奥林匹克运动会、世界杯足球赛、世界博览会等。

国际区域性节事活动,如亚运会、亚洲文明对话大会、亚太经济合作组织峰会等。

全国性节事活动,如中国艺术节、全国"村长"论坛。

国内区域性节事活动,如丝绸之路狂欢节、华中旅游博览会等。

地方性节事活动,如乡野艺术节、那达慕大会、成都·AGW动漫游戏巡回展等。

在我国,节事活动名称表述有严格要求,对于文字中涉及某些覆盖范围的情况需要特别申请和审批。根据全国清理和规范庆典研讨会论坛活动工作领导小组在2015年发布的《节庆活动管理办法实施细则》规定,活动名称原则上不得冠以"中国""中华""全国""国际""世界""全球"等字样。如举办的节庆活动确需冠以如上字样,应当分别通过省(自治区、直辖市)党委、政府、中央和国家机关、人民团体、有关社团,向党中央、国务院提出书面申请,获批后才能使用上述字眼。

第二节 节事活动的属性与功能

一、节事活动的基本属性

(一)文化属性

无论是从节事活动的历史溯源还是当代节事活动的发展基础来看,文化属性都是节事活动最基本的属性。节事活动是人类集体经历的一种必然现象,对特定人群(可以是一个民族,也可以是一个社群)的社会伦理和文化心理都会产生即时的影响和持续的影响。节事活动意味着一定程度的行为规则(既定的程序和仪式)、精神思考(特定主题),并且给人们带来精神愉悦(主观体验),在社会文化和精神方面塑造和强化了不同人群的基础性文化特征。例如,古希腊的酒神节(也叫"春天庆典")培育和彰显了古希腊人浪漫、激情和活力等文化气质,那达慕大会则反映了蒙古族人民的骁勇、团结与热情。今天,节事活动依然植根于特定的文化土壤,如历史文化、民俗文化、地域文化、体育文化、商业文化、科技文化等,充分吸收文化养分,将文化符号资源和文化内涵价值转化为富有感召力的主题、仪式与内容,在目标人群中唤起文化共鸣,创造和传递文化魅力。未来,节事活动的存在与发展会进一步促进不同国家、民族或社区之间在文化特色、文化传承与发展中的独立性、差异化,这是我国实现文化创造性转化与创新性发展的具体途径之一,客观上也有助于实现世界文化的多样性与丰富性。

> **拓展阅读　那达慕大会**

"那达慕"是蒙古语的音译,意思是"娱乐"和"游戏",在蒙古族人民的心中,古老而又神圣。据铭刻在石崖上的《成吉思汗石文》记载,早在1225年成吉思汗西征战败花剌子模后,就在布哈苏齐海举行过盛大的那达慕大会。从那以后,每逢庆祝战功、祭旗点将、军民欢聚、盟旗聚会以及敖包祭祀等都会举办那达慕活动。蒙古族尚武,成吉思汗非常注重培养人的勇敢、机智和顽强,把骑马、射箭和摔跤统称为"男儿三艺",作为士兵和民众素质训练的内容。元、明两代,"男儿三艺"成为那达慕大会比赛的固定形式。清代,"那达慕"逐步变成了由官方定期召集的有组织、有目的的游艺活动,其规模、形式和内容较前均有发展。当时的蒙古族王公以苏木(相当一个区)、旗、盟为单位,每半年、一年或三年举行一次那达慕大会,并对比赛胜利者分等级给予奖赏和称号。

今天,那达慕大会依旧是蒙古族、鄂温克族、达斡尔族等少数民族人民的盛会,一般集中在每年的春、夏、秋三个季节举行。按蒙古族传统,那达慕大会历来有大、中、小三种类型。大型那达慕大会,参加摔跤赛的512人,马300匹左右,会期7至10天。中型那达慕大会,摔跤手256名,马100至150匹,会期5至7天。小型那达慕大会,摔跤手128名或64名,马30至50匹,会期3至5天。人们不仅举行摔跤、赛马、射箭、套马等民族传统项目,有的地方还引入田径、拔河、篮球等体育项目。同期,民众之间的物资交流及其他文艺活动也纷纷登场,整个那达慕大会成为文化传承、全民健身、群众娱乐、商贸交流的综合性节事活动。2006年5月20日,"那达慕"经国务院批准列入第一批国家级非物质文化遗产名录。

北京那达慕大会

(二) 参与属性

节事活动是人群聚集的社会、经济、文化的综合性事项,从消费者行为角度分析,参与者和观众主要通过在场参与或参观的方式来满足其内在需求。根据马斯洛需求层次理论(Maslow's Hierarchy of Needs),人的需要分成生理需要(Physiological Needs)、安全需要(Safety Needs)、爱和归属感(Love and Belonging,也被称为社交需要)、尊重(Esteem)和自我实现(Self-actualization)五类,依次由较低层次到较高层次排列(见图1-2)。一般情况下,只有首先满足了较低层次的需求,下一个更高层次的需求才变得具有激励作用。

节事活动的文化属性决定了人们作为参与者或观众,参加节事活动主要是出于中高级层次的需要。例如,参加成人礼是出于建立亲人、朋友间良好的亲情、友情关系的需要(爱和

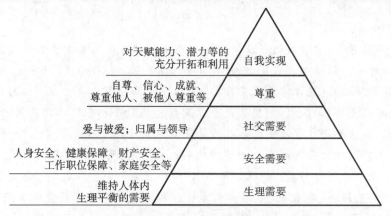

图1-2 马斯洛需求层次理论

归属感的需要),参加公司颁奖典礼活动是出于建设和展示自我形象的需要(尊重的需要),参加马拉松是出于挑战自我、证明自我的需要(自我实现的需要)等。在这一过程中,满足需要的过程和节事活动的参与过程具有同一性。

从主办方和组织者角度分析,参与性是节事活动成功的基本要求和考评标准。参与的主体既有参与者和观众(这是节事活动的顾客),也有志愿者、媒体、赞助企业、社区居民等多元化的主体。参与性是否充分是节事活动运营管理水平的外在表征之一,而衡量参与性最直接的标准是节事活动的参与者和/或观众的数量。一方面,参与者和/或观众的数量能够保障节事活动多个利益主体的诉求得以实现,比如赞助商希望自己的品牌和产品能够在节事活动现场有较高的曝光度;另一方面,参与者和/或观众的数量一定程度上代表着节事活动的知名度。当然,从节事活动运营管理的角度分析,任何一个节事活动的参与性都应有限定的规模,这是由目标设定、资源投入和运营管理的有效性共同决定的,需要在节事活动策划之初就明确设定。

拓展阅读

表 1-3 所示为历史上参观人数较多的世界博览会(Top 10)。

表 1-3　历史上参观人数较多的世界博览会(Top 10)

排名	年份(年)	举办地	参观人次(百万)
1	2010	上海	70.6
2	1970	大阪	64
3	1900	巴黎	50.8
4	1933	芝加哥	48.6
5	1939	纽约	45
6	1992	塞维利亚	41.8
7	1889	巴黎	32
8	1937	巴黎	31
9	1893	芝加哥	27.5
10	2005	爱知	22.4

(资料来源:根据国际展览局官方网站信息整理,www.bie-paris.org/site/en/expo-index.)

(三)体验属性

约瑟夫·派恩(B. Joseph Pine Ⅱ)和詹姆斯·吉尔摩(James H. Gilmore)在《体验经济》(*The Experience of Economy*, 2008)中描述体验经济的特征为:作为体验策划者的企业将不再仅仅提供商品和服务,而是为消费者创造体验的舞台;在这个舞台上,消费者开始自

己的、唯一的"表演",即消费;当"表演"结束时,这种体验将给消费者留下难忘的愉悦记忆。基于这种体验具有的美好与唯一性、独特性、不可复制性和值得回忆等特性,企业可以根据其所提供的特殊价值向消费者收取更高的费用。体验经济凸显了消费者的个性化消费趋势和生产者据此采取的量身定做生产法则。

节事活动是经精心策划、专门组织而呈现出来的特殊时空场景,供参与者和观众以参与的方式实现某种精神、文化、情感的目的,留下难忘的回忆。这与前述体验经济中的消费模式高度一致,因此体验性是节事活动的基本属性之一,节事活动属于体验经济的范畴。

(四)管理属性

节事活动具有明确的目的导向,这需要专门的管理来保证目的的实现,包括对节事活动目的、主题、仪式的专门构思,对人、财、物等资源投入的规模进行预测和管理,对时间和空间的使用进行系统规划等。

节事活动的管理属性要求有专业的知识体系和专门的职业队伍来支撑节事活动理论和实践的发展。节事活动具有追求"成果产出"的本义。"Event"一词来自拉丁语"E-venire""Eventus",前者指"呈现出来的,发生的事情",后者具有"结果、效果、成功"的含义,目标导向突出,强调如何满足利益相关者的需要,与投入产出、财务绩效相关的组织方案、组织者、目标与产出等共同构成了节事活动运营管理的主要内容。

二、节事活动的主要功能

(一)实现特定目的

戈德布莱特(2010)认为,节事活动可以满足特定人群的特定需要,节事活动管理的目的就是要创造积极的社会效益。他将节事活动能够满足的特定目的分为四个基本类型。

第一,庆祝。根据汉语大辞典的解释,庆祝是为共同的喜事进行一些仪式,以表示欢庆或纪念。庆祝通常和喧嚣、热闹、喜庆的场景相关联,如鲜花、焰火、表演等。庆祝的英文"Celebration"来源于拉丁语"Celebro",是"给……以荣誉"的意思。庆祝的目的可以通过一些比较正式的、欢庆的活动形式来实现,常见的有游行(中华人民共和国成立70周年群众游行)、生命周期仪式(抓周、成人礼、婚礼)、政治活动(就职典礼)等。

第二,教育。教育的英文"Education"源于拉丁语"Educare",意思是"引出",指通过一定的手段,把某种本来潜藏于人们身体和心灵里的内在的东西引发出来。对教育的定义,各国学者认识不同。我国著名教育家陶行知认为,"生活即教育,社会即学校,教学做合一"。教育不是封闭而独立的过程,它贯穿一个人的全部生命周期,并在很多时间点上需要通过特殊的仪式、典礼来加以催化,促使教育的价值得以强化和彰显。

从人的生命周期来看,节事活动渗透在人生不同阶段,与教育活动相互叠加、相互赋能,共同营造了人生诸多具有教育意义和纪念意义的精彩瞬间。上学时,开学典礼、散学典礼、成人礼、高考誓师大会、毕业典礼等活动富有鲜明的教育和激励意义。在企业经营管理中,公司活动、商业活动、公益活动也将教育设为目的之一,如年会包含了公司引导员工理解公司愿景、使命和战略的目的,供应商大会包含了企业向供应商展示合作理念和管理模式的目的。在社会生活中,诸如"世界水日"(每年3月22日)、"全国爱眼日"(每年6月6日)、"国际数学节"(每年3月14日)等主题日,许多专业机构面向公众开展相关主题的节事活动,以实现传播理念、分享知识的目的。以下拓展阅读是关于2018年3月22日"世界水日 & 中国水周"主题活动的介绍。该节事活动由华润怡宝水公益计划联合多家单位推出。尽管其中有品牌植入,但无法忽略其引导和邀请青年学生一起学习和传播水公益知识的价值理念和目标导向。

拓展阅读　华润怡宝——"世界水日 & 中国水周"水公益系列活动

　　2018年3月22日是第26届"世界水日",第31届"中国水周"宣传活动也同时拉开帷幕。华润怡宝水公益计划联合中国青年报社、中国医药报社、中国饮料工业协会等多家单位和机构,由中国高校传媒联盟完成全国志愿者招募的2018年"世界水日 & 中国水周"水公益系列活动在首都经济贸易大学成功举办。此次活动主要包括"水说公益"全国公益演讲大会和"饮用水安全与健康"高峰论坛两个板块。

　　2018年3月,华润怡宝联合中国高校传媒联盟在全国60余所高校的学生中选拔出10名学生,启动2018年"世界水日 & 中国水周"之"水说公益"全国公益演讲大会。演讲中,学生们结合居住城市、成长经历,通过个人专长,分别从心理学、会计学、社会学、电影艺术等不同专业背景理解和表达水公益,针对水环境、水安全和水公益提出了自己的观点与见解,让社会各界通过"90后"的眼睛和他们的呼声,关注水安全、爱护水环境、珍惜水资源,激发公众更加直观地认知水公益事业,重新思考水与城市、水与人的关系。作为一个开放性的水公益平台,华润怡宝还联合北京、上海、广州等多个城市的公益组织,推动"水公益科普讲堂""爱水护水行动"走出校园,融入社会,以期鼓舞更多大学生和社会志愿者践行水公益。

　　3月22日当天,主办方邀请环保、疾控、医学等领域的专家参与"饮用水安全与健康"高峰论坛。论坛主题涉及水环保现状、水资源面临的机遇与挑战、饮用水安全与健康现状、科学饮水普及和相关政策解读等。与会专家借此平台呼吁社会各界一起努力,在全国范围形成水公益共识,共同推广水环保、水安全理念,携手践行科学取水、用水、饮水。

　　此次活动是华润怡宝的一次水公益行动。华润怡宝秉承"品牌基石,责任为先"的责任理念,以水人文、水科普、水环保为核心,力求搭建政府、行业、社会多方公益力量共同推动水公益宣传与行动的平台,号召更多人士加入水公益行动,学习科学健康饮水的知识,共同守护地球纯净水生态。

　　(资料来源:根据《经济日报》2018年3月24日官方账号文章整理。)

　　第三,营销。营销可以创造和传递价值,不仅能满足企业盈利的需要,也可以满足政府、非营利性组织,甚至是地方、个人,推介思想理念、行为模式、品牌形象,寻求公众理解和共识的需要。现代营销活动的一个重要组成部分是整合营销,节事活动与广告、公共关系等营销举措一样,是能够整合使用的举措之一,并且具有良好的平台效益。越来越多的组织将节事活动的策划和执行纳入整合营销策略中,并发展出专门的活动营销(Event Marketing)。

盖茨(1997)将会展与商务活动列为一个独立的节事活动类型,商业会议、贸易展览会、公司活动、奖励旅游等都属于商务活动范畴(见图1-3),且都具有与客户(根据内部营销理念,员工也被视为公司内部顾客)沟通的营销价值和意义。Behrer、Larsson 和 Sandgren(1998)从营销的角度将活动营销分为四种基本类型,其中有三种类型的策划和执行与节事活动高度统一,本身也是与节事活动相互渗透、相互赋能的过程。

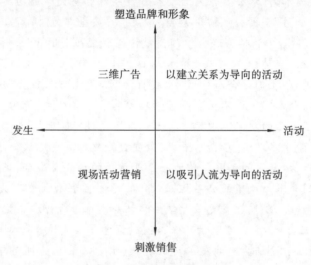

图1-3 活动营销的基本类型

(资料来源:根据王春雷的《生活中的活动管理艺术》(科学出版社,2018年)第20页的内容整理。)

第四,团聚。群集性是节事活动外在表征之一,任何一次节事活动都伴随着特定人群的相聚。团聚是人类满足情感需求的基本形式之一,节事活动创造的时空场域可以满足人们团聚的需要,例如校庆伴随着校友团聚,协会年会伴随着会员团聚,婚庆伴随着亲朋好友的团聚,供应商大会伴随着商业伙伴的团聚。

(二)加速基础设施建设与完善

节事活动,特别是巨型节事活动和标志性节事活动,能给举办地带来巨大的发展动力,它们对基础设施和公共服务的依赖性较强,因此筹备工作必然包括基础设施的建设和完善。节事活动结束之后,这些基础设施将继续使用,满足当地居民和外来游客的需求,发挥综合效益。因此,承办巨型节事活动成为许多城市重要的更新发展契机。一旦某地有节事活动(主要是巨型节事活动、标志性节事活动和重要节事活动三种类型)实施计划时,该地就会投入大量财政资源,建设和完善基础设施,既充实举办条件,又造福当地居民和外来游客。在世界博览会历史上,历届主办城市都将主办机会视为城市更新的战略契机,并践行新的城市规划和建设理念,如1873年维也纳以"世界工业博览会"筹备和举办为契机,改造了多瑙河沿岸环境,1893年芝加哥举办"世界哥伦布博览会",创造了城市的标志性景观,1974年斯波坎举办"世界环境博览会",给该市带来了环境整治的综合效益。2019年,武汉承办第七届世界军人运动会,除了加速道路、场馆、环境等基础设施的建设与完善以外,还推动了5G服务供给和应用推广,所有比赛场馆和军运村实现了5G覆盖,实现了城市通信基础设施的升级与推广。

拓展阅读 世界级赛事助推俄罗斯举办城市建设与完善基础设施

进入21世纪,俄罗斯多次承办了具有世界级影响力的巨型赛事活动,不仅为世界呈现了精彩赛事,而且带动了举办地基础设施的建设与完善。这些基础设施不仅满足了赛事举办的需要,更是为当地居民和游客提供了优良的公共服务,具有长久而持续的综合效应。

2013年索契冬奥会总投入规模超过1.5万亿卢布,其中大部分投入基础设施建设中,而在体育设施方面的投入仅有2000亿卢布。在筹备索契冬奥会的框架下,俄罗斯共完成了400多个建设项目,其中仅有13个项目直接用于比赛,其余均为交通、电力和城市基础设施,如新建阿德列尔火力发电站,改造电网,新建道路和体育设施。这些基础设施和服务不仅满足冬奥会需要,还服务于当地居民,并为以后举办节事活动、接待游客创造了更为优越的条件。俄罗斯奥委会新闻官亚历山大·拉特涅尔说:"所有已经建成的体育场以及开发山区的庞大工作,都是非常复杂的。如果真的能将红波利亚纳变成欧洲标准的旅游区,那么,冬奥会制定的任务就确实是完成了。"

2018年世界杯足球赛筹备前期,俄罗斯政府共花费了6790亿卢布,包括改建或兴建机场、车站、酒店、电视转播中心等218个项目。该次世界杯的12座比赛场馆中,有6座是专门为举办世界杯而修建的。仅修建圣彼得堡体育场就投入了17亿美元,这一金额是鸟巢的5倍、水立方的11倍,同时也超越了英国的新温布利球场,成为史上最贵足球场。世界杯开幕后,俄罗斯政府和赛区政府又分别拨款,主要用于改善基础设施,目的是提高地区的旅游吸引力。莫斯科市政府为接待游客,还完善了地铁、公路与卢日尼基体育场的交通接驳,美化了莫斯科河沿岸环境等。

(资料来源:根据陈杰的《索契冬奥会:大兴基础设施建设的良好契机》,http://news.cri.cn/gb/42071/2013/11/12/6931s4319211.htm;徐缓的《盘点世界杯经济,国际足联/俄罗斯/球迷花了多少?赚了多少?》,成都商报,2018-07-15整理。)

(三)带动关联产业发展

节事活动的举办需要多个行业的支持,如交通运输、住宿接待、餐饮服务、广告公关、装饰装潢等,能为其他行业提供大量的商机。如中国食材电商节便是依托食材供应链而诞生的集节、会、展、赛于一体的综合性节事活动。每次举办期间都会迎来食材供应链上的大量生产商和销售商,各类餐饮论坛、美食品鉴、烹饪大赛、商贸洽谈等分支活动接连不断,不仅促进了会展业及其服务的食材供应、餐饮行业的发展,而且关联带动酒店、交通、广告、搭建、商贸、信息服务等行业,创造了巨大的直接和间接经济效益。

拓展阅读 良之隆·中国食材电商节

武汉食和岛网络科技有限公司(以下简称食和岛)由武汉三良行投资咨询有限公司出资组建,专注于构建中国现代食材供应链商务服务平台,经营范围涵盖会展、食材互联网商务等多种服务。

食和岛经营的良之隆·中国食材电商节项目的前身为中国食材节。中国食材节主要通过会议和展览相结合的形式,组织冻品营销高峰论坛,至2012年已达80余家参展商参与展示。2013年,中国食材节升级为中国食材电商节后,从冻品高峰论坛逐步发展成为全中国餐饮人盛大的专业商务活动节日。

中国食材电商节实施的"互联网+会展"的模式,重新定义了食材会展的形态。以互联网的技术手段为支撑,以线下见面盛会的展览为载体,解决了供求双方在一对一和一对多层面的互动需求,使参展商与专业观众间以更精准、更便捷、更全面的方式进行多维度的交流互动,并以此促成商贸交易。这一模式带动了展会规模的快速增长,实现了展览面积从2013年的8000平方米到2019年第七届100000平方米的跨越式发展。

中国食材电商节是深耕食材产业工业链的产业会展项目,通过帮助买卖双方精准发掘、管理、互动业务线索,通过平台化、数字化的运营,为展商和专业观众之间搭起媒介的桥梁。基于业务需求,2018年第六届中国食材电商节同期联动超过100家单位开展合作并组建营销联盟,不断完善服务,不断升级同期活动,包括主题展区共建、烹饪赛事举办、高端采购考察团访问、行业会议活动联办,通过一赛、一会、一秀活动挑动行业神经。

2019年第七届中国食材电商节由展览盛会成长为一个由食材生产及贸易商、食材经销商、食材流通交易平台、大中型餐饮及连锁机构、金融等配套服务机构、供应链服务商多方参与的中国现代食材供应链商务服务平台。此外,中国食材电商节遵循B2B的商业逻辑,基于客户需求的产品规划,深度优化餐饮客户体验,提出了"品类盛典"的新模式,即建设食材细分品类的场景化活动服务平台。此种模式通过O2O全面链接精准品类,倡导以品牌定义品类,联合企业制定主题活动,实现"线上推广+线下引流+引导销售"三位一体,将主办方的"第二市场部"角色充分发挥的同时,提升厂家品牌影响力,满足餐企一站式的精准采购需求。

中国食材电商节的核心优势来自基于互联网技术及行业数据开发的食材商服务产品。食和岛则致力于将其打造成为全国首屈一指的中国食材电商节及食材商务服务的互联网平台,全面覆盖食材全产业链并与之深度互动。

(资料来源:根据蒋昕、刘巧运、沈晓蔓与武汉食和岛网络科技有限公司总经理陈弘浩先生访谈实录整理,访谈时间为2019年11月20日。)

当游客为主要的参与者时,节事活动直接成为旅游目的地和旅游企业丰富旅游产品供给、提升游客体验质量、协调季节波动、增加旅游收益的有效举措。节事活动可以改善我国以观光旅游为主的旅游产业发展状态,通过参与性、体验性的节事活动供给,开拓以体育、文化、艺术、音乐、商贸、教育为主题的旅游新产品,推动旅游业态创新,为我国文旅产业转型升级提供发展动力。盖茨是研究节事活动旅游的学界先驱,他认为不同类型的节事活动对旅游目的地文旅产业发展的价值不同,需要将节事活动的需求规模、需求频次结合起来进行评价,进而提出了旅游目的地节事活动发展战略选择与评估的组合框架(见图1-4)。其中对节事活动价值的判断,盖茨推荐了增长潜力、市场份额、质量、形象强化、社区支持、环境价值、经济利益、可持续性及其与当地经济社会和文化的适配性。总体上看,规模越大、影响力越强的节事活动,市场需求越发旺盛,并且所吸引的游客来自本地社区之外的可能性更高,对本地的关联产业发展的影响就更为突出。

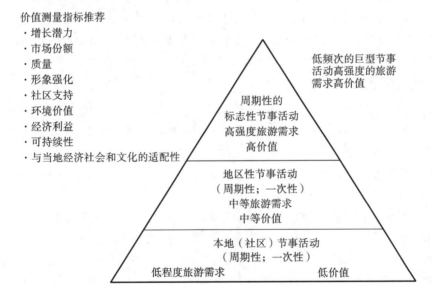

图1-4　旅游目的地节事活动发展战略选择与评估的组合框架

(资料来源:Donald Getz 的《Event Tourism:Definition,Evolution,and Research》(《Tourism Management》,2008)。)

(四)促进文化建设与发展

节事活动,尤其是巨型节事活动、标志性节事活动,对举办地而言是一个动员全民、提振

人心的好机会。回顾1990年,亚运会在北京举行,这是中华人民共和国成立以来第一次主办的国际大型赛事活动。这届赛事的成功申办和举办鼓舞了全国人民的精神,充分调动了群众的积极性,展示了中国人民良好的精神风貌。组委会最终确定的亚运会会徽和吉祥物也充分展示了中国形象、中国精神。亚运会结束以后,北京的成功经验成为城市治理能力和治理水平的一个佐证,为后来申办其他国际性的节事活动提供了有力的支撑。

节事活动举办期间,当地社区在人员、信息、文化方面得到充分交流,居民也能借此平台和契机开阔视野,学习新知,构筑更加丰富的精神世界。例如,尽管历届世界博览会的主题和重点各有不同,但各个参展国家无疑都在利用这个舞台充分展示自己的新技术、新产品以及文化魅力和国家实力,世界博览会就是综合国力的竞技场。而对观众而言,参观世界博览会不亚于一次微型的环球旅行,更是集科普教育、审美鉴赏、跨文化交流等多元体验于一体。正是因为如此丰富的综合效益,世界博览会才成为世界上较有代表性的巨型节事活动之一。

第三节 当代节事活动的发展

一、发达国家和地区的节事活动概况

鉴于节事活动具有的综合价值,各国政府越来越重视节事活动的发展。一方面,各国以城市为单位,纷纷争夺具有世界影响力的巨型节事活动的举办权,如奥运会、世界杯足球赛、世界博览会等,以促进城市和国家综合实力的提升与展现;另一方面,各行业协会、地方政府也主动创设或承办各种庆典、游行、节日、赛事等节事活动,以塑造和培养举办地的品牌与形象,改善文化民生,促进产业发展。此处以英国和美国为例加以说明。

(一)英国节事活动概况

英国是近现代节事活动起源地之一,世界博览会的源头——万国工业博览会(1851年)就在伦敦举行。此次博览会历时5个月,参观人数达到600余万人次,开创了国际大规模的文明、文化和科技交流新模式,也加速了全球市场和全球竞争的进程。这届世博会开幕的盛况、显赫的声望展示了英国维多利亚时代的盛景,也引发了19世纪席卷欧洲、美洲和大洋洲的世博热潮,并延续到21世纪。

今天,英国是世界上艺术和文化遗产较为丰富的国家之一,伦敦更是著名的全球文化中心城市。在2019年11月,全球化与世界城市研究网络(Globalization and World Cities Study Group and Network,GaWC)[①]评价伦敦为Alpha++级世界一线城市。文化艺术类节事活动是英国节事活动中最重要的类型。在英国,当代文化艺术类节事活动的兴起与爱

---

① 全球化与世界城市研究网络(Globalization and World Cities Study Group and Network,GaWC),是由英国拉夫堡大学地理系创建,专注于研究世界地理的对外关系。与传统城市排名以GDP数值取胜不同,GaWC是以"先进性生产服务业机构"在世界各大城市中的分布为指标对世界城市进行排名,主要包括银行、保险、法律、咨询管理、广告和会计,关注的是该城市在全球活动中具有的主导作用和带动能力。GaWC将入围的世界城市划分为5档12级,最高层次的"全球城市"为Alpha++级。

丁堡国际艺术节的发展不无关系。

第二次世界大战后期，英国格莱德堡歌剧院(Glyndebourne Opera)经理 Rudolf Bing 发起倡议，要在英国本土寻找一个未受战争破坏的地方举办艺术节，冀望为饱受战乱之苦的欧洲艺术家创造一个交流互鉴的舞台。1947 年，第一届爱丁堡国际艺术节(Edinburgh International Festival)应运而生，当时最负盛名的音乐家、乐团齐聚爱丁堡，共同打造了一个成功的音乐季。后来爱丁堡国际艺术节延续发展，不断吸收边缘艺术、军乐游行、电影、爵士和蓝调音乐、书展等文化和艺术元素，跻身全球五大综合艺术节①，也被公认为世界上较具有活力和创新精神的艺术节之一，对推动全球剧场艺术蓬勃发展功不可没。

第一届爱丁堡国际艺术节的成功面世引发英国文化艺术类节事活动节节升温。在 1960—1970 年，英国的文化艺术类节事活动达到百余个，其中音乐节数量就有 50 个。到 20 世纪 80 年代初，艺术类节事活动超过 200 余项，到 20 世纪 80 年代末期，仅英国官方年鉴有记载的艺术类节事活动就超过 400 个。进入 21 世纪，英国以文化艺术为主题的节事活动更加丰富多样，吸引了大量的国际游客和本国居民参加。根据世界城市文化论坛(World Cities Culture Forum)发布的《世界城市文化报告(2018)》，2018 年仅伦敦就举办了电影节 53 场、节日庆典 197 场，吸引参与者和观众超过 150 万人次。英国还有许多颇具影响力的其他主题的节事活动，为当地居民和各国游客提供了非凡的体验，详见表 1-4。

表 1-4 英国主要年度节事活动一览

活动名称	时间	地点	活动简介
伦敦新年大游行	1月	伦敦	全球较盛大的游行之一。来自世界各地的人们聚集观看各种游行乐队、街头表演、老爷车、花车和沿街表演
凯尔特音乐节	1月	格拉斯哥	以民谣音乐、传统音乐和美式乡村音乐为主，以苏格兰传统舞蹈、讲座及其他免费活动为辅。为期 18 天的音乐节是世界各地 2000 多位艺术家和数以万计的乐迷共同的节日
约克维京节	2月	约克	约克是古代维基首都。该活动以古代维基历史文化为主题，以尖角维京头盔为主要装饰物，主要活动内容是富有维基传统的尖底船比赛
威廉堡山节	2月	威廉堡	威廉堡是英国户外运动之都，该活动以户外运动为主题，包含了滑雪训练营、登山电影放映和登山者演讲等吸引户外运动者的具体内容
欧洲六国橄榄球锦标赛	3月	伦敦 爱丁堡 卡迪夫	橄榄球赛事
大学生划船比赛	3月	伦敦泰晤士河	始于 1856 年剑桥大学和牛津大学的划船比赛
安特里节	4月	利物浦	为期三天的全英越野障碍赛马大赛

---

① 其他 4 个综合艺术节分别是维也纳艺术节、柏林艺术节、美国林肯中心艺术节、中国香港艺术节。

续表

活动名称	时间	地点	活动简介
伦敦马拉松赛	4月	伦敦	全民运动
卡姆登音乐节	4月	卡姆登	音乐季,40多家音乐场所举办现场音乐表演
五月节	4月	爱丁堡	标志冬天的结束,人们在卡尔顿山聚会宴饮
斯佩塞德威士忌酒节	4月	达夫镇	以音乐、威士忌和美食为主题的狂欢活动
斯诺克世界锦标赛	4月	谢菲尔德	历史最悠久、最重要、代表水平最高的世界级斯诺克台球赛事。比赛固定在英国的克鲁斯堡剧院举行
足总杯决赛	5月	温布利球场	足球赛季的压轴比赛
布莱顿艺术节	5月	布莱顿	汇聚主流和非主流的表演
切尔西花卉展	5月	切尔西	由皇家园艺协会主办,每年园艺人最大的节日
海伊文学艺术节	5月	威尔士海伊镇	当今英国较大规模的全民阅读活动之一。每年活动包含了论坛、诗歌欣赏、作家见面会、名人后代讲名人、名作讲评和音乐会等内容
格林德伯恩歌剧节	5月	东萨塞克斯格林德伯恩	世界顶级的歌剧节
德比周	6月	萨里郡埃普索姆	持续一周的赛马活动
皇家军队阅兵仪式	6月	伦敦	为女王祝寿的盛大年度仪式。女王将乘坐马车参加这一仪式,加入沿The Mall大道行进的盛大游行队伍,然后检阅军队
皇家阿斯科特赛马会	6月	伯克郡	世界上最豪华和最奢侈的赛马会
温布尔顿草地网球锦标赛	6月	温布尔顿	历史最悠久、最具声望的世界性网球公开赛事,由全英俱乐部和英国草地网球协会于1877年创办,是网球四大满贯之一
格拉斯顿伯里当代表演艺术节	6月	格拉斯顿伯里	关于流行与摇滚音乐的艺术节
亨利皇家赛舟会	6月	亨利镇	英国当季较重要的社交活动之一
格拉斯哥西区音乐节	6月	格拉斯哥西区	为期三周的世界级音乐节
约克郡大展览	7月	哈罗盖特	英国较大的郡县展会之一
"公园茶会"音乐节	7月	金罗斯	始于1994年的音乐节
兰戈伦国际音乐节	7月	兰戈伦	为期一周的音乐节,参与者们按照年龄段分组,进行合唱、独唱、民歌演唱、器乐演奏、舞蹈等22个类别的演出和比赛
考斯帆船赛周	7月	怀特岛	声势浩大的赛船会
世界音乐和舞蹈艺术节	7月	科茨沃尔德	以国家公园为背景举办,以音乐舞蹈艺术和自然美景交相辉映为特点

续表

活动名称	时间	地点	活动简介
"卡车"音乐节	7月	牛津郡	独立音乐节,表演形式多样
艾略特堡艺术节	7月	艾略特堡	最早是一个文学艺术节,后来吸引了现场音乐、剧场表演和艺术表演等多种艺术形式进驻
爱丁堡国际艺术节	8月	爱丁堡	世界上历史最悠久、规模最大的艺术节,内容主要聚焦歌剧、芭蕾、古典音乐、戏剧以及视觉艺术
诺丁山狂欢节	8月	伦敦西区诺丁山	欧洲规模最大的街头文化艺术节
雷丁利兹音乐节	8月	雷丁镇和利兹	由国际爵士音乐节起源,后来逐渐成为多种音乐形式的音乐节。先后在里士满、雷丁镇举行。从1999年开始,音乐节在雷丁镇和利兹市两地间巡回演出
威尔士国际音乐节	8月	北威尔士	创立于1947年的音乐节,起初是为了缓解第二次世界大战给人们带来的伤痛,以音乐交流的方式促进世界和平
布雷肯爵士音乐节	8月	布雷肯	欧洲较大的爵士音乐节之一
最佳音乐节	9月	怀特岛	另类音乐节,以每年一变的化妆主题出名
大北方长跑	9月	泰恩塞德	世界上最大的半程马拉松比赛
阿伯加文尼美食节	9月	阿伯加文尼	威尔士最大的美食节,包括250个参展商、5个场馆、50项赛事,以及1个艺穗节
布雷马集会	9月	布雷马	苏格兰规模最大、名气最响的高地比赛
年度马术展览会	10月	伯明翰国家展览中心	英国室内马术活动的权威盛事
狄兰·托马斯文学艺术节	10月	万西亚	以朗读、对话等形式回顾威尔士诗人狄兰·托马斯的作品
法尔茅斯牡蛎节	10月	法尔茅斯港	以本地海产和康沃尔的特产来庆祝捕牡蛎季节
盖伊·福克斯之夜	11月	英格兰	又称为"篝火之夜",已有400多年历史。每年11月5日人们用烟花和篝火来纪念1605年"火药的阴谋"事件
斯通黑文火球节	12月	斯通黑文	通过壮观的火球表演来迎接新年
新春庆典	12月	伦敦特拉法加广场	以烟花和街头派对为主

(资料来源:根据《英国节庆活动大整理》一文修订,参见网页 https://www.bangli.uk/post/13226.)

(二)美国节事活动概况

美国在1984年洛杉矶奥运会之前,每年只有零星的几项节事活动。洛杉矶奥运会开启了美国节事活动商业化发展的道路,对日后美国,乃至全世界的节事活动运营产生了深远的影响。1987年,美国旅游协会推出"发现美国:国内旅游营销计划",系统地总结了各类节事活动的商业运营模式。之后,美国很多城市将节事活动和旅游发展、城市营销结合在一起,从而进行整体规划。

纽约以"I Love NY"为主题对城市进行促销,在这个框架下当地举办了一系列主题节事活动,如1989年举办的"我爱纽约盛夏节"。与此同时,纽约制定了"城市文化公园制度",将节事活动列为这一计划的组成部分,在遍布全市的3万多个遗址和纪念地公园举办节事活动,以吸引人们,尤其是年轻一代去了解、认识当地社区文化。2018年11月,全球化与世界城市研究网络将纽约评为Alpha++级世界一线城市。根据世界城市文化论坛(World Cities Culture Forum)发布的《世界城市文化报告(2018)》,纽约在2018年举办了电影节57场,主要节日和庆典活动309场,吸引国际游客1270万人次。

拓展阅读 "我爱纽约"城市形象

1977年纽约州政府雇佣一家广告公司发起了一场关于纽约形象的营销战役。"我爱纽约"广告词和Milton Glaser设计的图像标志问世(见图1-5(左))。该形象广告问世后备受欢迎,无论是广告词还是图标都广为传颂,许多餐厅、酒店、旅游纪念品商店等企业购买纽约城标的使用权,使其成为价值不菲的目的地公共品牌,给企业、行业带来了巨大的财富,也在世界范围有力提升了纽约形象。

"9·11"事件后,该图标经过调整设计,演变为新的模样(见图1-5(右)),被赋予"我从未如此深爱着纽约"的深刻含义,使目的地公共品牌的精神意义进一步升华,品牌价值得以提升。"我爱纽约"形象工程成为世界各地大规模开展城市形象、国家形象推广运动的源头,并且为节事活动的统筹提供了一个良好的形象认知框架。

图①为1977年发布标志,图②为"9·11"事件后发布的标志。
图②中桃心左下角的阴影代表事件中被毁掉的世贸大厦和纽约人民的伤痛。

图1-5 I Love NY 图标演化

(资料来源:蒋昕的《社交网络传播与旅游目的地公共营销》(湖北人民出版社,2015年)。)

美国节事活动发展的另一个代表性城市是首都华盛顿哥伦比亚特区(Washington D.C.),简称华盛顿。1790年,南、北方围绕在何地建都产生争执,华盛顿总统建议在南、北方交界的波多马克河上规划、新建首都。华盛顿是各国少有的仅以政府行政职能为主的现代化城市,没有工业,经济主要来源是联邦政府的拨款和发展商业、旅游、房地产交易、信息服务、教育、酒店、传媒等服务业,以及信息科技、电信和生物科技等科技产业带来的收益。尽管华盛顿城市风格比较严肃,但一年四季有各式各样的节事活动。城市的中心地带"国家广场"包括美国国会大厦、白宫、华盛顿纪念碑、杰斐逊纪念堂、林肯纪念堂、富兰克林·罗斯福纪念碑、国家第二次世界大战纪念碑、朝鲜战争老兵纪念碑、越南战争老兵纪念碑、哥伦比亚特区第一次世界大战纪念碑和爱因斯坦纪念碑等。史密森尼学会(Smithsonian Institution)总部及其旗下大多数博物馆坐落于华盛顿市区,包括萨克勒美术馆、赫什霍恩博物馆和雕塑园、国家航空和航天博物馆、国立美国历史博物馆、国立自然历史博物馆、国立肖像馆、国立美国邮政博物馆、国立美国艺术博物馆、史密森国立动物公园,其中不少博物馆位于国家广场附近。这些场所和机构经常举行一些面向公众免费开放的节事活动,以实现各种纪念、教育、文化、亲子、社交等主题的节事活动,成为这个城市文化生活中极富魅力的组成部分。图1-6展现了华盛顿莎士比亚图书馆2016年举行莎翁逝世400周年纪念活动的部分场景。

 纪念莎翁逝世400周年

小型音乐会　　　　　街头艺术表演　　　　　英式决斗再现

图1-6　2016年莎士比亚图书馆莎翁逝世400周年纪念活动部分场景(蒋昕 摄)

华盛顿另一个声名远播的公共性节事活动就是国家樱花节。1912年日本东京市长尾崎行雄(Yukio Ozaki)访问美国时赠送给美国6000株樱花,美国政府则以山茱萸回赠日本。

这些樱花有3000株留在纽约,3000株留在华盛顿。当时的美国第一夫人海伦塔夫脱(Helen Herron Taft)和日本大使夫人在潮汐湖西边亲手栽下最早的两棵樱花。1935年,由市民团体发起,在华盛顿举办了首届樱花节,从此每年3月下旬至4月下旬,华盛顿都会举办国家樱花节,并发展为该市重要的旅游项目。如今,在国家樱花节除了欣赏樱花以外,还植入了风筝节、彩妆游行、艺术展览、音乐和舞蹈表演、美食等活动内容,成为本地居民和外来游客欣赏美景、体验文化的重要途径之一。

二、我国节事活动发展情况

我国具有现代意义的节事活动多是从改革开放以后逐步发展而来的,从一开始就和经贸、旅游、文化紧密相关,并且早期以政府主办为主。

(一) 1979年至1990年

改革开放以来,我国经济社会发展取得了长足的进步,人们生活水平持续提升,精神文化消费不断升级。1979年到1990年,我国旅游业逐步获得独立发展空间,不仅入境旅游发展迅速,增加了外汇储备,而且国内旅游也成为人们满足精神文化需求的有效方式,产业供给和市场规模不断扩大。彼时旅游业的发展以观光旅游为主,节事活动作为体验性的旅游项目主要为观光旅游提供支持和补充,并且主要以传统的民俗节日为依托,增加现代休闲娱乐和商贸内容,如彝族的火把节、白族的三月三等传统民俗节日为云南观光旅游添光加彩。节事活动尚未形成比较鲜明的旅游主题和专项的旅游产品。

此阶段后期,许多地方政府看中了节事活动聚集人气、吸引社会关注、推动地方营销、开展招商引资、促进经济发展的巨大潜力和综合效益,开始在"文化搭台,经贸唱戏"的理念和思路之下,主导创设了一批节事活动,探索了政府主办的节事活动与商贸会展、观光旅游融合的发展模式。此时,节事活动由政府主办,官方色彩浓厚,主题和内容比较单一,主要依托历史文化传承和地方经济发展需要来设立。这两者结合紧密且具有代表性的节事活动有潍坊国际风筝节、中国洛阳牡丹文化节、中国吴桥国际杂技艺术节等。

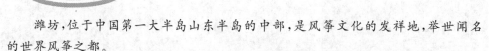

拓展阅读　潍坊国际风筝节

潍坊,位于中国第一大半岛山东半岛的中部,是风筝文化的发祥地,举世闻名的世界风筝之都。

1984年4月1日,首届潍坊国际风筝节正式开幕,会期十天,邀请了来自11个国家和地区的18支风筝代表队来潍坊放飞表演。这是我国首次举行的以风筝为主题的国际性盛会,引起了国内外的广泛关注,全世界新闻单位参与者高达300余人。首届潍坊国际风筝节的顺利召开,标志着潍坊风筝开始了同世界各国人民友好交流的新起点,也是中国传统风筝走向世界的里程碑。从此,潍坊国际风筝节每年举办一届,由中国国家体育总局、国际风筝联合会、潍坊市人民政府等联合主办。风筝节开幕时间也根据实际情况,由创办之初的4月1日开幕,改为4月20日开幕,再到2018年改为每年4月第三个周六开幕,以方便国内外参与者和观众亲临现场。

潍坊国际风筝节是集风筝、文化、旅游、招商四大板块于一体的综合性、国际性盛会。其中招商板块是历届风筝节的"重头戏",也是风筝节举办宗旨的体现。每届风筝节,各种展会、推介会、洽谈会吸引着大批中外客商参与,风筝节作为招商引资平台的作用更加突出。

潍坊国际风筝节"国际性"特色突出。每年有多达几十个国家和地区的国际人士参加或现场观看风筝节。同时,风筝节向多个国家和地区不断拓展、延伸。近年来先后在法国、马来西亚、加拿大、韩国、特立尼达和多巴哥等国家开展潍坊风筝文化展演活动,弘扬了风筝文化,扩大了对外交流,加深了国际合作。

潍坊国际风筝节是改革开放以来在全国举办较早、坚持时间较长、经济社会效益较好,获得重大荣誉较多的国际性节事活动之一,并在全国率先创造了"风筝牵线,文体搭台,经贸唱戏"的举办宗旨,一种形式(风筝节)四种结合(文化、体育、旅游、经济),以及"政府主办,市场运作,社会参与"的举办方式。

风筝和风筝节成为潍坊走向世界的一张亮丽名片,成为潍坊最有价值、最有代表性、最有影响力的城市品牌,成为潍坊对外开放的窗口,合作发展的平台。

(二)1991年至2000年

20世纪90年代,我国建设社会主义市场经济体制进程加快,人们对包括节事活动在内的精神文化产品的需求可以通过更加及时有效的市场供给来得到满足。这一阶段节事活动发展迅速,仅1991年全国新增的节事活动数量就超过100项,其中以"旅游节"命名的节事活动就有30余个,数量是1987年的3倍。根据《中国旅游统计年鉴》,到20世纪末,全国每年举办的节事活动已经超过3000个。除了数量增加以外,这一期间我国节事活动质量和影响力也不断攀升,涌现出一批在海内外富有影响力的节事活动,例如,哈尔滨国际冰雪节发展为世界四大冰雪节之一,与日本札幌雪节、加拿大魁北克冬季狂欢节和挪威奥斯陆滑雪节齐名。

此外,这一阶段的节事活动在主题、组织形式方面呈现出以下两个特点:第一,以地方特色产品、特色产业为依托,以商贸为主要目的的节事活动主题增多,如服装节、啤酒节、花卉节等,更加充分地植入了地方经济第一、第二、第三产业联袂发展的内涵;第二,组织形式发生改变,由政府财政包揽所有支出的模式不再受欢迎,业内积极探索节事活动的市场化机制,如政府主导、企业承办、社会参与等,多元协同参与的办节模式更富有生命力。典型的例子是青岛国际啤酒节。青岛国际啤酒节创立于1991年,每年8月第二个周末开幕,为期16天,截至2020年,已连续举办30届。青岛国际啤酒节最初由国家商务部和青岛市人民政府共同举办,内容覆盖文化体育、旅游休闲、经贸展示等。经过几届发展以后,青岛国际啤酒节知名度不断提高,组织运营日渐成熟,到第七届(1997年)时,主办方开始引入和发展市场化机制,探索"管办分离"模式,取得了良好的效果,整个啤酒节进入"政府主导、企业参与、以节养节"的发展轨道。

（三）2001 年至今

进入 21 世纪，我国节事活动的市场供给规模不断扩大，在经济社会发展、人民精神文化生活中不断渗透、融合，获得了较大的发展空间。主要表现在以下几个方面。

第一，我国政府主办或承办的巨型节事活动成功案例不断增加，举办能力全面提升，国际影响力不断扩大。2008 年奥运会、2010 年世界博览会等巨型活动分别在北京、上海成功举办，向世界展现了我国以城市为主体承办巨型活动所具有的一流创意、设计、组织、运营、保障水平和能力。这些成功的案例有效推动了更多的国际性节事活动落户我国，如 2010 年广州举办"第 16 届亚洲运动会"，武汉 2013 年举办"第 13 届世界湖泊大会"、2019 年举办"第 7 届世界军人运动会"，南京 2014 年举办"第二届青年奥林匹克运动会"，北京 2019 年举办"中国北京世界园艺博览会"等。另有一些国际性的节事活动纷纷进入中国市场，推动了我国节事活动与国际同类领域的接轨，其中以体育赛事最为突出，表 1-5 列举了部分在上海举行的高级别国际体育赛事基本情况。

表 1-5　上海部分高级别国际体育赛事基本情况

赛事名称	赛事级别	观众规模
F1 中国大奖赛（上海站）	国际顶级	18.5 万人
上海 ATP1000 大师赛	仅次于网球"四大满贯"和年度总决赛	12 万人
世界斯诺克上海大师赛	亚洲顶级的斯诺克赛事	1 万人
国际田联钻石联赛	全球顶级的田径系列赛	5 万人
汇丰高尔夫冠军赛	世界锦标赛	1 万人
上海国际马拉松赛	世界田径白金标赛事（2020）	2 万人

（资料来源：根据黄海燕的《体育赛事与城市旅游业互动发展研究》（社会科学文献出版社，2017 年）第 241 页整理。）

第二，各地标志性节事活动更加普遍，成为产业发展、文化建设、地理营销的重要平台和复合性手段，塑造了一批地理标识性鲜明的节事活动品牌，促进了节事活动与旅游、农业、体育、商业、经贸、文化等产业的融合发展。这类节事活动中具有代表性的有中国成都国际非物质文化遗产节、中国盱眙国际龙虾节、世界华人炎帝故里寻根节、中国·湄洲妈祖文化旅游节、天水伏羲文化旅游节、恩施土家女儿会等。这类节事活动的功能定位体现了各级政府保护传统文化、发展特色产业、满足群众文化需求、推广国家（或地区）形象等政策意图，普遍采用政府主办的形式。其中，部分节事活动因其主题重大、特色鲜明、成效突出而获得极高的社会评价，例如，中国成都国际非物质文化遗产节是继中国北京国际音乐节、中国上海国际艺术节、中国吴桥国际杂技艺术节后，国务院正式批准的第四个国家级国际性文化节会活动品牌，是国际社会首个以推动人类非物质文化遗产保护事业为宗旨的大型文化节会活动。

第三，中小体量的节事活动能有效满足庆祝、教育、营销、团聚等特定目的，以灵活多变的形式广泛地进入各类组织（包括营利性组织和非营利性组织）、社群的运营管理之中，在社会生活中日益普遍。一些旅游景区将节事活动作为景区产品开发和整合营销的平台与手段，结合景区的资源特色与文化内涵开发节事活动旅游，以达到丰富产品供给、吸引广大游客、提升旅游体验的目的，如湖北麻城杜鹃文化旅游节、云南罗平国际油菜花文化旅游节、武当国际演武大会、欢乐谷电音节等。对其他企业而言,年会、供应商大会、团队建设等节事活动可以实现文化建设、品牌推广、商业发展的目的。以年会为例,这是一个记录企业成长足迹的仪式,也是企业文化沉淀与展现的时空场域,对企业内部,年会是仪式和奖励,对企业之外的市场而言,年会是评判企业实力和估值的特殊时机,因此企业对年会高度重视,孕育了庞大的年会市场。另有一些传统的文化场所,如书店、博物馆、美术馆,过去以静态展示为主。随着科技发展,以往的静态展示与单向传播难以满足人们不断发展的参与式、体验性文化需求,因此创造体验性的文化空间和产品供给成为这类文化场所的必然选择。越来越多的文博场馆和书店开始转变自己的定位,注重通过节事活动的形式来构建主题性、参与式、互动式的体验产品。如博物馆、美术馆举行小规模的文化科普讲座、签售会等,书店策划组织小规模的读者见面会、手工小课堂、社群沙龙、音乐戏剧体验等,为文化场所注入了新的活力。社会个体生活中对庆祝、团聚等场合的情感性需求不断个性化发展,催生了以个人为主题的节事活动服务供给产业领域,其中以婚庆策划与服务最具有代表性。

三、节事活动发展趋势

(一)节事活动专业性日益增强

过去 30 多年里,节事活动从其他相关领域的附属分支发展为高度专业化的专门领域,社会认可度不断提高,发展空间不断扩大,对运营管理的专业化、人才队伍的专业化、市场开拓的专业化等方面提出了更高的要求。戈德布莱特教授(2014)回顾了 1989 年到 2012 年节事活动发展的变化,见表 1-6。

表 1-6 1989 年到 2012 年节事活动发展的变化

节事活动要素体系	1989 年	2012 年
节事活动的组织	源自其他领域,如餐饮、花艺设计、娱乐、零售等	高度专业化
节事活动的顾客	年轻人、单一文化背景;顾客群体单一;需求稀少	顾客覆盖各年龄段(长者增加);多元文化背景;群体复杂;需求激增
节事活动的技术	基本的技术支持;附属于一般的营销管理进程	复杂的、融合度高的专项研究;独立的营销管理和评估进程
节事活动的市场	基于本土市场或本地市场	基于全球市场
节事活动的教育	职业无特定要求	有特定而必须的要求:专门的知识体系和职业素养
节事活动的评估	仅使用单一的评价指标参数,重点衡量经济产出	综合而复杂的全面评估,包括投资回报率、营销绩效、目标达成率以及经济、社会、文化、增值、环境综合影响评估

(资料来源:Joe Goldblatt 的《Special Events:Creating and Sustaining a New World for Celebration》(Wiley,2014)。)

(二)节事活动教育和研究不断强化

节事活动的专业性增强需要人才培养和理论研究予以支撑。在 20 世纪 80 年代,已经发展多年的节事活动对从业人员尚无活动管理(Event Management)教育背景的专门要求。

但进入20世纪90年代以来,特别是进入21世纪以来,活动管理教育背景逐渐成为从业人员的必备条件,许多大学纷纷开办活动管理专业,活动教育成为西方活动产业(Event Industry)成熟度的重要标志。活动管理教育主要分布在北美地区,尤以美国为盛,其次是澳大利亚,再次是欧洲地区,这些地区恰恰也是活动产业较为发达的地区。根据总部位于英国的活动管理教育协会(Association for Event Management Education, AEME),英国目前已有40所大学开设了活动管理本科专业,部分高校还开办了硕士教育。美国俄克拉马州东北州立大学是美国第一所开设会议策划和目的地管理课程的大学,其后多所大学陆续开设相关课程或专业教育,如乔治·华盛顿大学、内华达大学、得克萨斯州休斯敦大学、印第安纳大学、伊利诺伊州罗斯福大学等。在职业教育方面,全球有14所院校和大学接受了乔治·华盛顿大学活动职业资格认证课程教学。节事活动运营管理的专业人员获得高级职业证书的范围日益广泛,如活动组织职业资格证书、会议职业资格证书、展览会职业资格证书等。

在学术研究中,一些传统的大学研究机构和新兴的自组织性的研究团队、个人开始聚焦节事活动产业和具体项目的运营管理和发展趋势,并且充分吸收互联网时代的开放、共享理念,将信息情报和研究报告与全球节事活动从业人员分享,为从业人员提供专业教育、创新和灵感,促进从业人员的专业性日益增长。具有代表性的大学研究机构有戈德布莱特教授领衔的爱丁堡玛格丽特皇后大学国际节事活动研究中心,具有代表性的新兴研究团队如美国内华达州拉斯维加斯的Event MB①,国内以王春雷、刘春章、杨琪、楚有才等为代表的自组织性研究团队,以"活动研究"公众号为平台发布观点、思想和成果。这些开放、共享的研究激发了节事活动从业人员的积极性和工作热情,并从理论研究和人才培养两个方面确保了节事活动的专业性不断增加。

(三)节事活动与文旅结合更加紧密

就全球范围而言,各国对节事活动旅游(Event Tourism)的重视程度在迅速提高。许多瑞士大型旅游批发商认为,传统的团队"多地周游"式观光已经失宠,这种旅游形式越来越多地被散客旅游、家庭小团体和专项旅游取代。目前的消费倾向在明显地向专门旅游、主题旅游发展。一些专项产品,如音乐节、文化节、美食节、体育赛事等节事活动旅游产品受到旅游批发商的普遍重视。有些旅游批发商为节事活动旅游开辟了新的组织部门,如ITV旅行社设立了文化旅游部门。在旅游目的地的产品建设和营销推广中,世界各地的旅游企业和营销组织都乐于将当地富有特色的节事活动作为主要的吸引要素进行产品开发和营销推广。在英国伦敦旅游局网站和各主要旅游网站,体育赛事是网站旅游产品推介的重要内容。在澳大利亚,墨尔本的赛马节、澳网等赛事都纳入旅游产品供给体系中,中国市场上的旅游代理商"凯撒旅游"推出"澳洲主题月"的主打产品"万人空巷赛马节之澳大利亚9日体验之旅",中青旅推出"直击澳网——澳大利亚11日墨尔本澳网炫动之旅"主题产品。在荷兰,鹿特丹市政府制定赛事发展规划,将"住宿与旅游"作为重点赛事的配套规划。

在我国,节事活动与文化旅游融合发展的意义和价值已经吸引了各级决策者的关注,将节事活动纳入相关政策设计的考量范围,通过产业规划、促进政策等形式来促进节事活动与

---

① Event MB (Event Manager Blog)是第一个面向活动专业人士的博客。工作室成立于2007年,通过撰写文章并在社交媒体发布,为活动管理专业人士提供教育、创新和灵感,http://www.eventmanagerblog.com。

文化旅游的有机融合,进而实现其综合效益。此处以时间先后为序,列举"十三五"时期我国国家层面部分政策和规划涉及节事活动的情况。各项政策并未明确提及节事活动,但在重点任务、具体举措中都从文化、旅游、体育等融合发展的角度对节事活动的发展做出了引导。

- 2016年5月,国家体育总局发布《体育发展"十三五"规划》,提出建设品牌赛事,提升体育服务,发展赛事旅游。
- 2016年12月,国务院印发《"十三五"旅游业发展规划》,部署了打造传统节庆旅游品牌、推出体育旅游精品赛事的发展任务。
- 2017年4月,文化部(现文化和旅游部)印发《文化部"十三五"时期文化产业发展规划》,提出落实创新驱动发展战略,促进演艺、娱乐、动漫、游戏、创意设计、网络文化、文化旅游、艺术品、工艺美术、文化会展、文化装备制造等行业全面协调发展,以重点行业的跨越式发展助推文化产业成为国民经济支柱性产业。其中中国(深圳)国际文化产业博览交易会、中国西部文化产业博览会、中国(义乌)文化产品交易会、中国国际网络文化博览会、中国国际动漫游戏博览会等是落实政策的重点项目。
- 2018年10月,国务院印发《完善促进消费体制机制实施方案(2018—2020年)》,支持海南打造国家体育旅游示范区,引入一批国际一流赛事。

(四)节事活动赞助营销愈发突出

赞助是节事活动的有机组成部分,是赞助商为举办某项活动的主体提供资金和资源以推动项目顺利实施的过程。赞助是节事活动中重要的商业机制和资金机制,围绕赞助过程,赞助商以节事活动为平台开展一系列的投资、营销、传播等商业行为,以期能获得合理的回报。节事活动的赞助涉及多样化的利益主体,形成赞助与被赞助、赞助机会的竞争、联名赞助的合作、赞助商与非赞助商的竞争、潜在的被赞助节事活动之间的竞争等多种利益关系,不仅影响到节事活动的筹资、运营与管理和品牌建设,也影响到众多赞助企业的营销战略实施。根据 IEG[①] 的赞助简报,目前全球众多企业为节事活动赞助投资,并开展系列的赞助营销活动,赞助资金增长幅度与规模都十分可观(见图1-7),在客观上也助推了国际节事活动的繁荣发展。

(五)节事活动志愿者更加普遍

志愿工作是指任何人自愿奉献个人时间和精力,在不追求物质报酬的前提下,为推动人类发展、社会进步和社会福利事业而提供的服务。节事活动(特别是大型节事活动)的运营特点决定了在同期和现场需要大量的人员参与工作,志愿者的数量和质量就成为节事活动现场运营取得成功的关键因素。志愿者的参与也反映了节事活动举办地社区居民对该活动的认可度,是社区居民欢迎活动参与者和观众的有力佐证。部分具有国际影响力的巨型活动,如奥运会、世博会等,还会面向全球招募志愿者,为全球志愿者搭建一个共事和交流的平台,能有效促进节事活动在文化传播与交流方面的功能价值得以实现。如今,节事活动的志愿者与节事活动一样成为全球普遍现象,表1-7列举了部分国际性节事活动招募的志愿者

---

① IEG是一家专门从事独立节事活动(私人产权)商业和创意顾问的管理咨询公司,帮助企业进入体育和娱乐活动领域,通过赞助打开企业建立品牌与节事活动观众之间合作伙伴关系的道路。

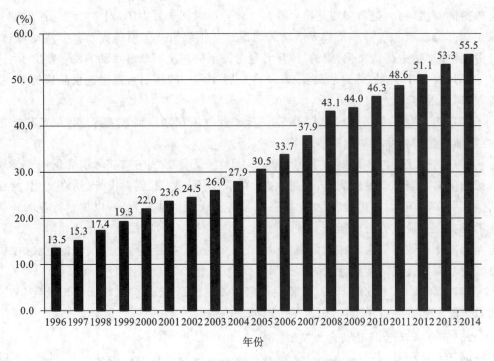

图 1-7 全球赞助活动花费的增长趋势

(资料来源:根据 T. Bettina Cornwell(著)、蒋昕(译)的《活动赞助:体育、艺术活动中的营销传播》(重庆大学出版社,2017 年)第 5 页整理。)

数量,可见一斑。

表 1-7 节事活动志愿者规模举例

节事活动项目	志愿者规模
2000 年第 27 届悉尼奥林匹克运动会	46967 人
2001 年第 3 届大阪东亚运动会	23250 人
2001 年上海 APEC 会议	约 2 万人
2002 年第 14 届釜山亚洲运动会	32360 人
2004 年第 28 届雅典奥林匹克运动会	45000 人
2005 年第 4 届澳门东亚运动会	12000 人
2008 年第 29 届北京奥林匹克运动会	74615 人
2010 年上海世界博览会	超过 20 万人
2019 年中国北京世界园艺博览会	约 2 万人

(资料来源:根据卢晓的《节事活动策划与管理》(上海人民出版社,2016 年)及节事活动项目的官网信息整理。)

  在上述节事活动中,志愿者常见的工作岗位有两大类型。第一是现场服务类,包括但不限于礼仪、接待、交通、引导、秩序、清洁、物流等;第二是专业技术类,包括但不限于医疗、翻译、信息、宣传、设备、安保等。在规格高、规模大、影响力强的节事活动中,组织一批有专业知识、有奉献精神、有国际视野的志愿工作者团队,是活动得以顺利进行的重要保证。

第四节　节事活动的利益相关者

一、利益相关者简介

（一）利益相关者的界定

利益相关者源自企业管理，后来拓展到其他类型组织的管理中。任何一个组织都有影响其生存发展、与之关系密切的主体，都是组织的利益相关者。1963年，斯坦福研究院的一些学者首次提出"利益相关者"（Stakeholder）概念，以对应"股东"（Shareholder）的概念，指出组织的利益相关者就是"那些没有其支持，组织就不可能生存的团体"。这一概念刚引入我国时，有不同的翻译表述，如"相关利益者""利害关系人""利害相关者"等，后来逐渐形成共识，使用"利益相关者"。进入20世纪80年代，利益相关者的研究不断深入，组织的利益相关者管理成为全球学界和业界关注的热点问题。但是，自概念诞生以来，利益相关者的定义始终未能达成普遍共识。根据米歇尔和伍德（Mitchell and Wood，1997）的统计，关于企业的利益相关者就有30余种定义[①]，反映出不同学者对谁是企业的利益相关者，应该在多大范围内识别、界定和管理利益相关者等问题存在着较大的分歧。

一些学者把组织和利益相关者之间相互影响的深层原因，即资源依赖，作为定义组织的利益相关者的基础，这样既可解释这种交互关系存在的深层原因，又能在一定程度上框定利益相关者的范围，避免出现一个过于庞大的集合。其中，有部分学者从"专用性资产"的角度来界定组织的利益相关者，认为正是因为有专用性资产的投资（投入的可以是金融资本、物质资本或人力资本），所以利益相关者能够影响到组织的生存与发展。这些定义列举如下。

企业的利益相关者是所有向企业贡献了专用性资产，以及作为既有结果已经处于风险投资状况的人或群体。

——布莱尔（Blair，1991）

企业的利益相关者是对企业进行多种形式的投资，并能够以所有权或法律的名义对企业资产或财产行使收益和法律、道德上的权利的人或群体。

——卡罗尔（Carroll，1989）

利益相关者是那些在企业中进行了一定的专用性投资，并承担了一定的风险的个体和群体，其活动能够影响该企业目标的实现，或者受到该企业实现其目标过程的影响。

——陈宏辉（2003）

这三种定义都将对专用性资产的投资作为利益相关者的识别依据，没有进行专用性投资的个体或群体是不能被识别为企业的利益相关者的，因此与企业没有投资关系的媒体、竞争对手、社会公众等就不在利益相关者清单之内。另一些非社会性群体，如自然环境、非人类物种等更不在范围之内。

---

① Mitchell R，Agle B，Wood D. Toward a Theory of Stakeholder Identification and Salience: Defining the Principle of Who and What Really Counts[J]. Academy of Management Review，1997（4）.

随着企业社会责任理论与实践的发展,人们对企业行为所具有的社会伦理、环境责任、人文关怀等社会责任越来越关注,因为企业行为会对社会公共福利产生影响,进而影响到每一个公众。在信息时代,人们对企业行为报以更加积极的互动反馈,因此以媒体、公众为代表的个体和群体对企业目标的影响日益突出,不应忽视其作为利益相关者的重要意义。

弗里曼(R. Edward Freeman)在1984年提出了一个广义的利益相关者定义,是众多利益相关者定义中最具代表性、被无数管理学文献引用的一种定义。该定义表述为,组织的利益相关者是能够影响一个组织目标的实现,或者受到该组织实现其目标过程影响的个人或群体。

弗里曼定义显然是一个相当广义的定义。基于这一定义,组织所在的社区、政府、环境保护主义者等主体也被纳入"利益相关者"范畴,使得这一概念的内涵与外延有所扩容。尽管这一定义有其局限,在具体识别特定组织的利益相关者时容易出现一个无限庞大的集合,在管理中难以聚焦,但它明确了组织和利益相关者之间的关系为双向互动、彼此影响。随着互联网时代的发展,特别是进入社交网络时代,人们的信息权和话语权空前增长,一些过去被认为对组织行为影响极小的个体或群体,如今也可能利用互联网实现影响力倍增。这种情况下,弗里曼对利益相关者的广义定义更为适用。本书采用弗里曼定义。

(二)利益相关者的分类

尽管弗里曼提出的定义广为接受,人们认同各类个体和群体与组织的利益关系都应得到尊重和回应,但在实际应用中,这些非常宽泛的利益相关者与组织之间产生双向影响的方式、强度都有差异。因此对利益相关者进行区分是理解和分析利益相关者的前提条件,更是对利益相关者分类管理的参考依据。表1-8列举了国内外常见的利益相关者分类体系。

表1-8 常见利益相关者分类体系

学者	分类维度	类型	举例
弗里曼 Freeman,1984	所有权	对企业拥有所有权的利益相关者	持有企业股票的经理、董事会成员、其他持股人
	经济依赖	与企业有经济依赖关系的利益相关者	经理、内部服务机构、雇员、债权人、消费者、供应商、竞争者、地方社区、管理机构等
	社会利益	与企业有社会利益关系的利益相关者	特殊群体、政府、媒体
弗里德里克 Frederick,1988	市场交易关系	直接利益相关者	股东、雇员、债权人、供应商、零售商、消费者、竞争者
		间接利益相关者	中央政府、地方政府、外国政府、社会活动团体、媒体、一般公众等
查克汉姆 Charkham,1992	交易性合同关系	契约型利益相关者	股东、雇员、顾客、分销商、供应商、贷款人
		公众型利益相关者	消费者、监管者、政府部门、企业集团、媒体、当地社区
克拉克森 Clarkson,1995	关系紧密性	首要利益相关者	股东、投资者、雇员、顾客、供应商
		次要利益相关者	媒体和众多的特定利益集团

续表

学者	分类维度	类型	举例
威勒 Wheeler,1998	紧密性 社会性	首要社会性利益相关者	客户、投资者、员工、社区、供应商、业务伙伴、管理人员
		次要社会性利益相关者	政府、居民团体、竞争对手、贸易团体、利益集团
		首要非社会性利益相关者	自然环境、人类后代
		次要非社会性利益相关者	非人类物种
李心合,2001	紧密性 影响力	支持型利益相关者	股东、债权人、经营者、员工、顾客、供应商
		边缘型利益相关者	雇员的职业联合会、消费者权益保护组织、未经组织起来的股东
		不支持型利益相关者	存在竞争与抗衡关系的竞争者、工会组织、媒体
		混合型利益相关者	紧缺的雇员、顾客等

（三）利益相关者的分析

利益相关者分析是一个识别组织利益相关者群体，并对其利益关系进行分析的过程。这个过程通常包括以下四个步骤：

（1）扫描组织所处的环境，识别出不同类型的利益相关者；

（2）研判每个利益相关者与组织互动影响的方式与强度，进而确定该利益群体的诉求和对组织而言的重要程度；

（3）判断每个利益相关群体的诉求满足情况；

（4）制定有利于满足利益相关者诉求，实现双方良性互动的组织战略与策略。

此处根据弗里曼对利益相关者的分类，结合具体的利益相关者分析其主要利益诉求以及满足这种诉求的互动方式，进而理解利益相关者与组织之间的双向影响关系。

对企业拥有所有权的利益相关者，主要是持股经理、董事会成员、其他持股人，主要的利益诉求是分红、股票价格收益和相应的权利，满足诉求的互动方式是对企业投资，企业销售增长、利润增长。

对企业有经济依赖关系的利益相关者，主要是经理、雇员、债权人、供应商、竞争者、消费者、当地社区等，这些群体的利益诉求各有不同。经理作为企业的高层管理者，主要的利益诉求是获得更高的职位、职业声望和薪酬，满足诉求的互动方式是在企业内部创造优良的绩效，促进销售增长、收入增加。普通雇员的利益诉求是合理的收入、个人的职业成长，满足诉求的互动方式是在企业内认真工作，为企业创造价值。债权人的利益诉求主要是合法的受偿获利，包括本金债息收入以及债券得到法律的保障，满足诉求的互动方式包括优先求偿、信托契约、联合授信等。供应商的利益诉求主要是供应关系具有独立性和安全性，满足需求的互动方式是建立合理需求强度、共同致力于稳定供应关系和定价水平。竞争者的利益诉求是有效地竞争、稳定地拓展市场,满足诉求的互动方式是与组织建立市场联盟、市场竞争、垂直整合、掌握关键技术、占领有利市场等手段。消费者的利益诉求是需求能够得到有效满足,互动方式是需求与供给的对接。当地社区对组织的主要利益诉求是融合发展,满足诉求的互动方式是组织与社区协调发展,组织参与社区发展。

与企业有社会利益关系的利益相关者,主要有政府、与组织有关的社会团体、媒体等。其中,政府对组织的主要利益诉求是通过组织的发展促进经济社会发展,创造更多的公共福利,满足诉求的互动方式是税收以及政策制定。有关社会团体对组织的利益诉求是通过组织来实现自身的目标,满足诉求的互动方式有发表专业言论、向政府或组织施压等。媒体对组织的利益诉求主要是提高媒体自身的知名度和美誉度,满足诉求的互动方式是挖掘和传播组织的新闻价值。

二、节事活动的利益相关者

(一) 节事活动主要的利益相关者列举

1. 举办者(Host Organizations)

举办者是节事活动的创造者、组织者、管理者、投资者等,他们以不同的角色投入节事活动的策划、立项、组织、管理当中,对节事活动具有不同的权责利关系。在我国,中共中央办公厅、国务院办公厅印发《节庆活动管理办法(试行)》(2012年5月29日)和全国清理和规范庆典研讨会论坛活动《节庆活动管理办法实施细则》(2015年2月3日)将各级党政机关、人民团体、经国务院批准免于登记的社会团体(以下简称有关社团)及其所属事业单位以及国有和国有控股企业等,使用国家财政资金和资源,以主办、协办、赞助、支持等名义来参与公祭类、历史文化类、旅游类、特色物产类、机关单位成立类、行政区划变更类、工程奠基或者竣工类七类大型节庆活动的行为都称为举办,相应这些主体单位也都成为举办者。常见的举办者有以下几种类型。

主办方(Organizer/Organized by):指申办、发起和主管节事活动,并对其承担法律责任的主体。其中,申办是指对过去已经举行过的节事活动通过申请获得主办权,例如国际奥委会就是奥运会的主办方,发起是指创立一个新的节事活动并获得主办权。根据"谁主办,谁负责"的原则,主办方无论是独立运作节事活动,还是将其全部或部分委托给其他单位(承办方),主办方都对节事活动的过程和结果负有法律责任。如果确定不属于主办方本身的法律责任,主办方可向接受委托的责任方进行追偿。

承办方(Host/Host by/Organizing Committee):通常指通过市场机制或行政机制承担节事活动全部或部分组织、运营、管理工作的主体,具有节事活动的全部或部分经营权。第一种情况下,主办方与承办方之间建立了契约关系,可以理解为某种意义上的供应关系,承办方是节事活动运营管理的一揽子服务供应商,为主办方提供运营管理的专门服务。在奥运会中,东道国就是该届奥运会的承办方。第二种情况下,主办方利用行政机制组建节事活动的组委会,组委会作为承办方,代表主办方统筹和具体负责组织管理节事活动,并对主办方负责。

赞助方(Sponsor)：对节事活动予以一定物质或经费支持的主体，其目的在于获得可以将自身与该节事活动相关联的、可利用的、受法律保护的商业机会。这种商业机会的价值通常会通过赞助方与主办方之间的联合营销来实现。赞助方影响着主办方投入节事活动的资金和资源的丰富程度，这对节事活动的执行具有重要意义。对于商业性的节事活动，赞助方的投入是重要的资金来源，也是重要的利润来源。

2. 团队成员(Team Members)

节事活动运营管理的团队成员通常作为项目成员参与工作，其身份的周期性与项目周期同步。团队成员的知识技能、职业素养、专业能力和彼此之间的团队合作是节事活动顺利举行的保障条件之一。团队成员可以借节事活动的运营管理获得相应的工作报酬，提升职业能力，并借此丰富个人职业经历。对个体而言，参与或负责一些有影响力的节事活动运营管理工作，将会成为个人职业经历中浓墨重彩的一页，有助于提升个人的人力资源价值。

3. 供应商(Supplier/Vendor)①

供应商是指为节事活动的顺利进行提供各种产品和服务的企业，并因此与节事活动建立起业务往来关系，共同构建了节事活动产业链和上下游产业关系。这些产品和服务的类型非常广泛，常见的有场地租赁、餐饮供应、现场搭建、设施设备租赁、特效制作、现场安保、信息服务、演艺节目、广告、票务等。

4. 参与者/参观者(Attendee/Audience)

节事活动中的参与者和参观者是主办方的目标市场和顾客，以不同的方式对节事活动进行体验式、互动式的消费，获得不同于常态的生活体验。参与者和参观者的存在（有时是单独存在，有时是同时存在，视节事活动的类型和具体内容而定）赋予节事活动存在的意义，也是实现节事活动目的或使命的重要条件。

5. 志愿者(Volunteer)

志愿者是秉持志愿精神为大型节事活动的顺利进行投入志愿服务的个体。节事活动的特点决定了在活动举行期间需要大量的志愿者服务来完成现场运营与管理。志愿者通过节事活动提供的工作机会可以获得阅历增长、能力提升和志愿服务带来的精神上的满足感。

6. 地方政府(Local Government)

节事活动的举办对当地的基础设施和公共服务也有较高的依赖性，其产出对当地经济、社会、文化等领域也具有综合效应，这就决定了节事活动和当地政府之间利益相关。政府为节事活动的申办、发起创造必要的条件和良好的公共环境，甚至利用促进政策直接助力活动的举办，或者主动申请一些重要的、有影响力的节事活动落户在当地。在一些大型节事活动管理中，地方政府还负有主管责任。节事活动在当地举办将激励消费增长、带动关联产业、促进文化建设、推广地域形象，这些效益都是政府在地方治理中极为看重的利益。

7. 社区公众(Community Public)

社区公众是节事活动举办地的普通社会公众，具体到不同的节事活动，其影响到的社区

---

① Supplier 和 Vendor 都有供应商的含义，但具体所指是有区别的。Supplier 一般在强调供应链时使用，指上游供应商；Vendor 在软件、服务行业语境下一般指上游的厂商，在其他语境下容易让人联想到户外街边的商贩。在节事活动领域，两种情况的供应商都有可能存在，取决于节事活动本身的性质、规模及所采购的产品和服务的具体内容。

尺度并不一样。社区公众对节事活动的认知与态度、对参与者/参观者的好客程度影响着节事活动成功的程度,同时也分享着节事活动在当地创造的综合效益。

8. 媒体(Media)

媒体抓取社会热点,是节事活动形成社会焦点的重要推手。节事活动需要聚焦效应,媒体需要向公众及时反馈社会热点,两者形成了密切的利益相关。为了让这种利益相关更加稳定,节事活动有时会邀请某家媒体或某些媒体作为支持方来形成传播上的垄断优势或相对优势,媒体此时就会成为举办方中的一员,更加深入地参与到节事活动的整个管理过程中,并获得相应的信息优势。

根据前述主要利益相关者的分析,表1-9整理了节事活动主要利益相关者及其诉求。

表1-9 节事活动主要利益相关者一览表

利益相关者	对节事活动的影响方式	主要利益诉求
主办方	投入资金和资源;统筹策划、运营、管理、营销活动	实现节事活动的综合效益,如经济效益、社会效益、文化效益等
承办方	承接节事活动的策划、运营、管理等专项工作	实现节事活动的综合效益,如经济效益、社会效益、文化效益等
赞助方	投入资金和资源	与主办方联合营销的效益,如品牌建设、形象推广、市场开拓等
团队成员	以专业的知识与技能参与工作	薪酬;提升职业素养;丰富职业经历
供应商	为节事活动提供所需的设施设备、物料资源、专业服务等	业务开拓;利润回报
参与者/参观者	为参与付费或以个人参与来支持节事活动(也有可能是免费参与的节事活动)	丰富个人生活体验
志愿者	投入人力和/或物资	彰显个人价值;丰富人生经历
地方政府	创造良好的营商环境,提供必要的公共设施和公共服务	促进地方基础设施建设;带动相关产业发展;强化地方文化精神;推动地方营销
社区公众	以热情、好客的态度和行为为节事活动的举办创造良好社会环境	获得社区自豪感、尊荣感;分享社区综合发展带来的利益
媒体	挖掘节事活动热点;报道和推广节事活动;聚焦社会观众注意力	获得新闻报道、媒体评论的素材和机会;促进广告营收的增长

(二)利益相关者在节事活动中的集聚关系

前述利益相关者在节事活动中各有投入,各有诉求,形成一种依托于节事活动的集聚关系。此时节事活动类似于一个平台,将各种资金、资源、人力、物力,甚至是无形的创意和社会注意力汇集到这个平台上,孵化出综合效应,让各方利益相关者的诉求得到一定程度的满足。当然,在这一过程中也会存在各利益主体之间博弈抗衡,甚至是矛盾冲突,图1-8集中展现了这种集聚关系。

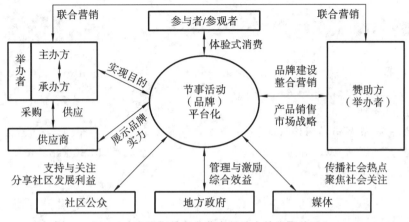

图 1-8 利益相关者在节事活动中的集聚关系

本章小结

- 节事活动源自人类历史上早已存在的仪式和庆典,是人类社会化发展的一种方式和表现。进入工业时代,大规模生产和全球市场逐步形成,节事活动以市场推广、公关传播、文化体验、体育赛事、艺术交流等形式更加显性和普遍地嵌入人们日常生产和生活中,不仅具有商业价值,还彰显了人们对休闲生活的追求。

- 节事活动是主办方和组织者为了满足某种特定目的,面向特定人群精心策划、组织和管理的聚集性、参与性体验场域和服务的集合,通常具有仪式感、参与感、主题性等内涵特征和群集性、非常规性等外在表征。

- 节事活动形式多样,常见的分类标准有节事活动的目的、节事活动的主题、节事活动的内容、节事活动的性质、节事活动的影响力、节事活动的覆盖范围。

- 节事活动的基本属性是文化属性、参与属性、体验属性和管理属性。

- 节事活动的主要功能是实现特定目的,一般是庆祝、教育、营销、团聚;加速举办地基础设施的建设与完善;带动关联产业发展;促进文化建设与发展。

- 当代,各国政府越来越重视节事活动的发展。各国以城市为单位,争夺具有世界影响力的巨型节事活动的举办权,以促进城市和国家综合实力的提升与展现。各行业协会、地方政府也主动创设或承办各种庆典、游行、节日、赛事等节事活动,以塑造和培养举办地的品牌与形象,改善文化民生,促进产业发展。我国当代节事活动的发展主要在改革开放以后,经历了 1979 年至 1990 年、1991 年至 2000 年、2001 年至今三个发展阶段。

- 就全球范围而言,节事活动呈现出专业性日益增强、教育和研究不断强化、与文旅融合发展更加紧密、赞助营销愈发突出、志愿者更加普遍的发展趋势。

- 节事活动具有多样化的利益相关者,主要有举办者、团队成员、供应商、参与者/参观者、志愿者、地方政府、社区公众、媒体等。这些利益诉求各不相同的利益相关者在节事活动平台上形成了一种集聚关系,共同影响着节事活动的运营管理和持续发展。

核心关键词

节事活动(Festival and Special Event)　　主办方(organizer)
特殊活动(Special Event)　　　　　　　　承办方(Host)
巨型节事活动(Mega Event)　　　　　　　赞助方(Sponsor)
标志性节事活动(Hallmark Event)　　　　参与者/参观者(Attendee/Audience)
重要节事活动(Major Event)　　　　　　 利益相关者(Stakeholder)
一般节事活动(Minor Event)

思考与练习

1. 简要阐述节事活动的起源和定义。
2. 节事活动有哪些类型？这些类型是按照什么分类标准来划分的？
3. 请列举一个生活中的节事活动案例，说明它是属于哪一种类型，实现了哪些功能？
4. 结合你所在地区近年来举行的节事活动实例，说一说在当地，节事活动的发展呈现出哪些趋势？
5. 节事活动有哪些利益相关者？这些利益相关者在节事活动的策划、运营与管理中具有哪些利益诉求？
6. 简要阐述节事活动平台上各个利益相关者之间形成的集聚关系。

问题：
1. 阿里巴巴企业年会属于哪一种类型的节事活动？请根据不同的分类标准逐一分析。
2. 阿里巴巴企业年会的利益相关者分别是哪些主体？请根据节事活动常见的利益相关者角色逐一分析。
3. 阿里巴巴企业年会实现了哪些功能？

第二章

节事活动的策划

- 了解策划的起源与要义。
- 了解策划的基本原则。
- 理解策划的工作重点。
- 理解策划的思维方式。
- 掌握节事活动策划的流程与策划的具体内容。
- 掌握策划书的撰写方法及其陈述、沟通的技巧。

教学课件

- 策划与计划、规划的区别是什么？如何才能提升个人策划的能力？
- 节事活动策划具体包括哪些工作？如何才能提出一个恰当的节事活动策划？
- 生活中有哪些节事活动的策划（完整的一个策划或者某一个方面的策划）令人印象深刻？给你带来什么启示？

　　策划既是工作内容，也是思维方式；既要有战略视野，也要有战术手腕；既要善于总结经验教训，又要善于出奇创新。具备策划能力是从事节事活动领域相关工作的必要条件之一。节事活动的策划是一项系统的工作，主要任务是利用发散而不拘一格的思维，整合公共资源和商业资源，创造性地提出节事活动的基本架构和实施路径，提炼节事活动的亮点和焦点。

第一节 策划的基本原理

一、策划溯源与释义

（一）策划溯源

策划（Planning）一词在我国古籍中出现较早。《后汉书·隗嚣传》中记有"夫智者覩危思变，贤者泥而不滓，是以功名终申，策画复得"。《淮南子·要略》中记有"擘画人事之终始者也"。唐代诗人元稹在《奉和权相公行次临阙驿逢郑仆射相公归朝俄顷分途因以奉赠诗十四韵》中写道"将军遥策画，师氏密訏谟"。宋代司马光在《乞去新法之病民伤国者疏》中写有"人之常情，谁不爱富贵而畏刑祸，於是搢绅大夫望风承流，竞献策画，务为奇巧，拾是取非，兴害除利。名为爱民，其实病民；名为益国，其实伤国"。上述文献记载的"策画""擘画"都有筹划、打算、安排之意。民间流传的"三思而后行""凡事预则立，不预则废""运筹帷幄之中，决胜千里之外""多算胜，少算不胜"等都包含了策划的意义，也体现了民间对策划的通俗理解——"出谋划策"。《辞源》中解释策划的意思是"策书、筹谋、计划、谋略"，《现代汉语词典》解释策划为"筹划、谋划"。与"策划"时常通用的词语还有谋略、计谋、筹谋等。策划与竞争有关，是竞争性活动前期的整体谋划、构思和设计等系列行为。

作为人类的复杂活动，策划古已有之。历史上堪称经典的策划案例有"田忌赛马""完璧归赵""荆轲刺秦王""隆中对"等，均已成为中华民族宝贵的精神文化财富。策划起源于军事领域，随着实践的发展和理论的完善，它迅速运用到了政治、经济、外交、文化、体育等多个领域中。其中，经济生活中的策划起源于春秋战国时期，代表性人物是范蠡、白圭，两人皆被奉为我国古代的商业楷模。范蠡曾任越国大夫，伴随越王勾践做吴国人质。越国灭吴后，范蠡逃至齐国，改名为陶朱公，开始经营事业。他运用政治策划和军事策划经验从事经营活动，后来成为富可敌国的陶朱公。白圭提出经营策划理论，主张采用"人弃我取，人取我与"的经商理念，运用兵法筹划智谋，掌握商机。白圭总结"经商如孙吴用兵，审时度势；如商鞅变法，顺应时机"，被后人尊奉为"天下言治生者祖"。

（二）策划释义

在现代社会，策划的实践和理论进一步发展，充分吸收了经济学、管理学、运筹学、心理学、营销学、社会学等多学科理论成果，逐步发展为复合性、交叉性、边缘性的新兴学科领域。现代所指的策划是指对未来将要发生的事情和从事的活动在当前进行谋划、设计和决策的行为过程。从理论上讲，策划是人们为达到某种目标，借助于科学方法和创造性思维，分析策划对象的环境因素，通过资源整合和优化配置，制定具有创意的行动方案的过程。从实践本质上看，策划是人类运用脑力的理性行为，是一种思维活动、智力活动，其结果是要找出事物之间的因果关系，衡量、制定未来可以采取的策略。

策划是一个系统工程，涉及一系列由表及里、由局部到整体、由静态到动态的系统分析和筹谋，既有大胆创想，又要讲求科学合理的程序与方法。尽管策划本身不拘一格，但策划的基本范式有章可循,是一个"有定式,无定法"的过程。

在策划实践中,策划时常与计划、规划混淆使用,三个词语既有联系又有区别。策划强调针对既定时间内(通常不会太长久)必须实现的目的,依据现实情况和已掌握的信息进行谋划,提出全局性、统筹性的安排与决策,具有鲜明的目的性、创意性、灵活性,是一项系统工程。计划是指在工作或行动之前预先设定工作步骤和具体内容,强调按部就班,有条不紊,是一个详细的行动指南。规划多适用于全面和长远的发展,通常与某个国家或区域、某个组织整体的、综合的发展相关,具有突出的宏观性、整体性,如产业规划、区域经济社会发展规划、组织战略规划等。策划与计划相比较,策划更加强调创意灵活,注重全局;策划与规划相比较,策划所覆盖的时间跨度相对更为短暂。

二、策划的基本原则

(一)战略性原则

策划本身具有战略或战略思维的意义,是站在整体高度上制定的关乎全局的谋划,是关于一个组织或一个项目为什么存在以及如何呈现的战略性决策,也是组织和团队制定关于工作实施的若干决策时的主要依据。一旦策划完成,就会成为组织和团队在工作周期内的指导方针,必须严格贯彻执行。策划内容自成体系,需要统筹策划实施中的资源配置和行动计划,应该保持相对稳定性。虽然好的策划需要保留环境变化时的应对灵活性,例如,2020年新冠肺炎疫情暴发后,全球多地节事活动制定了延期、终止或转战线上等应变决策,但一般情况下不宜做较大调整。

(二)"三本主义"原则

以人为本。策划是否成功,首先是看策划是否以目标市场或目标受众的需求为导向、为中心。但凡能够抓住目标群体的需求偏好,并做出有效回应的策划,在实施中就能更好地转化为市场效益和社会效益。

以生态为本。无论是什么类型的策划都应该遵循生态友好的原则,这是策划者及其服务的组织应该履行的社会责任之一。就节事活动而言,本身具有资源节约和生态友好的实践意义,在当代社会是依托创意、体验来践行可持续发展理念的新兴业态,其策划应该深度遵循生态为本的原则。生态为本在节事活动策划中可以体现为主题、口号、徽标等可视化的标识系统,借以传递、推广生态理念及其价值,也可以体现在场地选择、环境装饰、能源消耗、物资使用等方面的绿色化,以实际行动承担生态责任。

以社会为本。策划需要兼顾多元利益相关者的诉求,充分考虑社区参与和社会发展,这是策划者及其服务的组织应该承担的又一项社会责任。同样就节事活动而言,其策划需要关注社区和社会的需要,才能形成正向的社会聚焦效应,才能塑造有利于策划落地、工作实施的社会舆论环境,才能实现节事活动的综合效益。特别是很多节事活动本身扎根于社区,具有鲜明的社区导向,因此策划关注社区发展的物质和精神文化需求,可以为该策划注入生存与发展的内生动力。

(三)竞争性原则

竞争和竞争者是普遍存在的。对于策划者而言,其策划既需要与其他同类型策划争夺资源投入,争夺市场份额,争夺社会关注,还需要与其他不同类型、不同领域的策划展开立项资格、生存和发展空间的竞争,甚至是争夺目标群体和社会大众的关注、认知、认同等无形的心智资源。因此策划必须具有竞争性才有存在的意义。竞争性可以从三个层面来落实。

第一,经济性。经济性是竞争性最基本的内涵,它强调策划与财务约束相吻合,策划内容贯彻开源节流的思想,始终注重提高投入产出效率,以保证财务收益目标。对于非营利性项目,策划的经济性体现在预算约束的有效性方面。

第二,差异性。策划需因时制宜、因地制宜,结合策划项目的经济、社会、文化、生态、技术等不同领域的特征和条件,展现创意,突出特色和个性。即使是同类型的策划,或周期性的策划,也应该与时俱进,凸显每一个策划的背景和环境差异,突出创新特色,这样才能强化策划的竞争性。

第三,适用性。策划只有充分考虑了工作组织内部能力与外部环境的匹配,才能具有生命力。策划创意可以天马行空,引人入胜,但在确保竞争性方面却必须带上"适用"这个紧箍咒,才能真正将工作落地。

三、策划的工作重点

策划需要根据现有的资源信息,判断事物变化的趋势,确定可能实现的目标和预算的结果,再设计、选择能产生最佳效果的资源配置和行动方案,形成决策,并加以实施。策划一般包括以下几个方面的工作重点。

(一)环境分析

策划要求策划者充分、全面地掌握相关信息资源和物质条件,以确保策划的针对性、适用性和可行性。简而言之,策划需要策划者审时度势,权衡利弊。这就要求策划者全面审视环境,系统分析宏观环境和微观环境,充分把握策划的背景。

宏观环境直接或间接地影响着策划及实施策划的组织的行为,并且会受到这些组织行为的反作用。分析宏观环境需要策划者视野开阔、思虑周全,PEST模型提供了一个良好的分析框架。PEST分析模型具有通用性,提炼了宏观环境分析时主要的分析维度,即政治(Political)环境、经济(Economic)环境、社会(Social)环境、技术(Technological)环境四个维度,其中政治环境维度包括政治和制度环境要素,经济环境维度包括经济和人口环境要素,社会环境维度包括社会和文化环境要素,如果涉及自然地理环境要素,一般归在技术环境维度下分析。PEST模型是宏观环境分析的框架思路,但在具体的策划中,由于涉及的经营活动不同,价值创造模式有异,因此在具体运用过程中会出现各种变形拓展,不断丰富和完善宏观环境分析的具体内容。通常情况下,PEST模型包括如图2-1所示的系列子要素。

微观环境分析包括对策划者和实施主体关联甚紧的目标市场、组织雇员、竞争者、供应商、赞助商、社区等微观环境构成要素的分析。这些主体对所策划的项目能否成功实施有着直接而密切的联系,利益相关者模型为微观环境分析提供了识别分析对象的思路(见图2-2)。具体的分析内容应该包括如下几个方面。

• 确定每个利益相关者与策划工作互动影响的方式与强度,确定该利益群体的诉求及其对策划实施的重要程度。

• 根据重要程度排序,判断如何引导或控制每个利益相关群体对策划工作的影响。

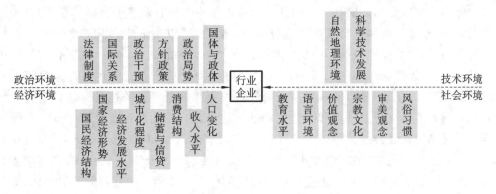

图 2-1　宏观环境分析 PEST 模型

- 研判在策划框架之下满足每个利益相关群体诉求的可能的方式和各种方式带来的诉求满足程度。
- 选择恰当的满足利益相关者诉求的方式,配合、引导或控制利益相关群体对策划工作的影响方式,实现双方良性互动。

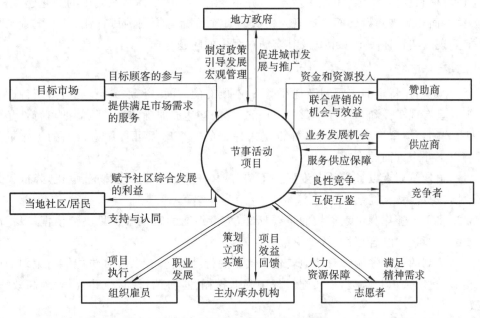

图 2-2　微观环境利益相关者模型

(二)目标设定

目标是所期望的结果或对象,它们指导管理决策,并且构成衡量标准,以测量工作结果。在策划中,目标解释了策划的动机,指明了策划的方向,并衍生发展出策划的创意、主题、推广等具体内容,因而目标具有了价值导向作用,它决定着创意的方向和资源聚集的方向,甚至从根本上回答了策划存在的意义。

任何一个组织(包括项目的策划和实施团队)的目标都不是单一的,因为如果仅仅使用单一目标(如利润),就可能会导致不道德的行为,因为管理者和员工会忽视工作中的其他方

面,以确保这个单一目标的实现。组织的目标应该是一个相互兼容的目标体系,包括利润收益、员工成长、社区参与和社会发展、环境友好、社会伦理等方面的具体内容。

策划的目标体系应该兼顾不同层面和不同利益相关者的利益诉求。在具体表述中可以将目标区分为陈述目标(Stated Goals)和真实目标(Real Goals)。陈述目标是对策划的理念、价值观、使命的正式阐述,即从根本上回答策划存在的意义。陈述目标通常会转化为策划的主题、愿景等具有价值理念和文化意涵的表述,例如,我国西部首个国际全程马拉松赛事、西部沿母亲河长江奔跑的第一个赛事——重庆国际马拉松赛的策划目标,一是优化和推广城市发展定位,二是推进"健康重庆"建设,三是宣传和保护母亲河长江,四是推动体育与旅游、文化、餐饮、展览等产业的融合。这些目标都包含了节事活动策划的价值导向,最终转化为重庆国际马拉松赛的主题"母亲河畔的奔跑",每年赛事的组委会还会根据前述目标和当年情况推出不同的主题,比如2018年主题为"渝跑越爱"。真实目标是策划组织在策划及其实施过程中追求的量化结果,直接定义了策划实施中各项任务的优先顺序,决定了成员必须完成的工作内容。例如,一个节事活动策划的真实目标包括活动的举办规格、参与规模、媒体曝光度、招商规模、盈利规模等具体内容。

陈述目标和真实目标之间存在差异,但并不矛盾。陈述目标与策划中的文化建设相关,也在公关层面和品牌建设层面具有现实意义。真实目标与策划的可行性、资源配置水平相关,如何实现真实目标决定了策划及其实施过程中的问题导向。

(三)确保可行

可行性是指在特定的宏观和微观环境下,在既有的时间、资金、人员、物资等资源配置条件下,策划具有现实性和合理性,策划的目标具有能够达成的确定性。策划的可行性是由策划团队充分的环境审视和现实的目标设定来保证的。将确保可行作为策划的工作重点之一,具有以下几个方面的作用。

第一,迫使策划者以务实的态度研判形势、展望未来、预测变化、防范危机,降低策划的不确定性,减少浪费和冗余。

第二,将可行性作为策划审批的重要标准,为策划案的审批者提供决策依据,以提高策划立项决策的科学性、合理性,减少决策失误。

第三,策划的可行性能够有效地转化为实施的行动指南,让实施人员能够对策划的内容理解、信服,达成共识和默契,在实施过程中降低模糊性,协调行动,彼此合作,提高效率,确保绩效。

以下拓展阅读介绍了项目策划的可行性研究的一般性工作流程和要求。

拓展阅读 项目策划的可行性研究

一、可行性研究的含义

可行性研究(Feasibility Study),也叫可行性分析,是指项目立项决策或投资决策前,对该项目在构思上是否科学合理,在经济上是否合算,在技术上是否可行,是否具有经济、文化、社会、生态等效益协调均衡性等方面进行调查、分析、预测、评估和论证的一种科学方法。项目策划的可行性研究最终要形成一个完整的可行性研究报告,供决策人员参考。项目策划的可行性研究报告一般包括三个方面的内容。

一是分析项目立项、投资的必要性、重要性和紧迫性。这一工作通过环境分析和市场调查预测来完成。

二是分析项目立项、投资的可行性。这一工作通过经济技术分析完成,也可通过同类项目的标杆学习、案例比较,来提出参考借鉴的经验。

三是分析论证项目投资在财务上的合理性。这一工作主要通过项目成本分析、效益分析来完成。

二、可行性研究的内容

研究项目背景和历史。分析项目立项背景,包括政治和法律、经济、社会和文化、科技等宏观环境,以及项目举办方的经营条件、资金条件、运营管理经验等。为了说明项目举办方有足够能力和条件胜任项目有关工作,以及该项目的综合价值和意义,这里可以通过比较该项目与同类项目的情况,得出本项目举办的可行性。

研究和预测市场状况。项目的成败最终要通过市场来验证。因此,可行性分析中需要解析项目为市场提供的产品和服务,并对市场需求进行调查和预测,包括目标市场范围、目标市场中的现实需求和潜在需求的规模、需求特点等。调查的依据有以往项目总结数据、同类项目参考数据和针对本项目展开的专项调查。

研究项目的可操作性。根据项目的可行性和市场预测,明确项目的目的,提出具有可操作性的具体设计,并且说明在特定时间、财务、外部环境、风险管理等具体条件的约束下完成项目任务的保障措施。例如,有成熟的招商方案能引入赞助商、开发特许商品,能解决资金缺口;有详细的招募、培训和管理志愿者的方案,能解决人力资源缺口;有合作良好的媒体支持单位,能满足传播推广的需要。

提出项目实施的具体建议。根据前述分析,提出项目策划的建议,例如,调整目标表述、开拓市场范围、开展多元化运营、加强某一领域的风险管理等。这些建议必须在后期项目正式策划和实施中予以吸收。

三、可行性研究报告的撰写

可行性研究报告一般包括以下几个模块。

前言。项目策划可行性研究的对象、可行性研究的承担主体、可行性研究的背景和目的、可行性研究的工作情况等。

摘要。以独立成文的方式简要阐明可行性研究的主要内容、主要技术指标、研究结论、项目策划的不足之处和改进建议。

正文。进行项目策划的创意、立项、发起过程、价值导向,评价项目的意义,判断项目的必要性、重要性和紧迫性。进行市场分析与预测,阐述产品与服务、市场需求、定价依据等具体技术指标,评价项目的规模和市场研判的科学性与合理性,判断项目在投入产出上是否可行。说明项目的举办条件,包括人力、物力、财力的投入以及筹备时间,判断相关条件的保障措施是否得力,举办条件是否足以支撑项目的策划与实施。说明项目的时间、地点、决策或选择思路,评价举办时机、交通区

位、地方文化、社区环境等是否对项目的策划与实施予以支持。说明项目的环境影响和环境保护措施，评价项目的策划是否符合国家有关环境保护要求，判断是否符合绿色发展的要义。说明项目的风险管理方案，判断风险因素的识别、防范、应急管理是否能够保障项目的顺利实施。综合性的研究结论，对项目在经济、社会、文化、生态等综合效益的实现方面是否值得信赖，举办条件是否足以支持项目的策划与实施，明确提出项目可行与否的结论，并给予完善建议。

附件。根据需要提交附件，包括项目的筹融资意向书、现场考察报告、环境影响报告、市场调查报告、相关案例研究报告等。

（四）激发创意

创意是创造意识或创新意识的简称，是指根据对现存事物的理解和认知，衍生发展出一种新的抽象思维和行为潜能。在节事活动的策划中，创意是跳脱出惯常的思维逻辑和行事框架，通过"出人意外，入人意中"的行事方式来挖掘潜力、配置资源、创造价值，最终实现节事活动的总体目的。

节事活动策划的创意决定了举办者将活动的动机、目标、主题、品牌、仪式、内容等信息传递给参与者及其他社会公众的方式方法。这些信息传递的过程就是节事活动创造价值、转化价值的过程，创意就是价值传递的"推动者"。

策划的创意并没有"放之四海皆准"的形式或内涵，在不同的策划工作中，每一个创意的适应性和适用性都有极大的差异，这是由节事活动的性质、目的、形式和利益相关者的诉求等因素共同决定的，同时也与策划人员本身的创意能力和水平相关。

四、策划的思维方式

现代经济生活中策划的实践活动十分兴盛。由于策划源自军事活动的审时度势、出奇制胜的本意，策划实践尤其擅长将单线思维转变成复合思维，将封闭性思维转变成发散性思维，将孤立、静止的思维转变为辩证的、动态的思维，成为独具魅力的创意实践活动。

思维是人的大脑对客观现实概括的、间接的反映，是策划实践的无形载体。大脑是思维的物质基础，左右脑不同的功能区支配着不同的思维活动（见图2-3）。

策划思维是创造性的思维方式，包含了敏锐的洞察力、活跃的想象力和对信息综合处理的统筹力，这就要求既有富有灵性的感性认知，也需要严谨的、符合逻辑的理性思维。因此只有人的左右脑协同作用，同时调动感性思维和理性思维，才能促成策划理念、方案的诞生。策划思维在不同的应用场景下有不同的方式方法，但总的趋势是多种思维方式的综合运用，如图2-4所示。

（一）经验思维

经验思维（Empirical Thinking）是以经验为依据判断问题的思维形式，意味着人运用亲身感受、直接体验、习惯及传统观念开展的非规范化、非模式化的思维活动，是一种没有完全摆脱感性阶段的较为初级的理性思维，也是最普遍、最常用的思维方式。经验思维具有认识

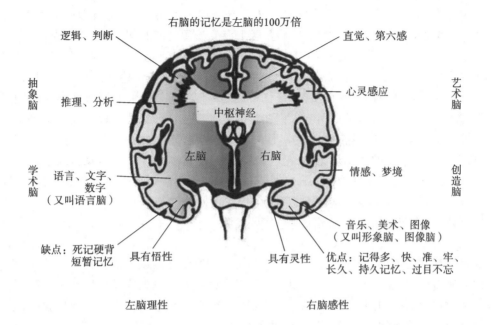

图 2-3 大脑思维功能图

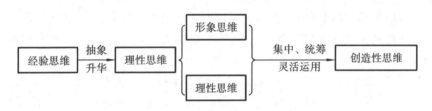

图 2-4 策划思维的综合运用

和把握具体事物、现象及其外部联系的功能,同时也具有内容的重要性、直观的感知性、认识的表面性、观察的局限性、分析的非定量性等特点。经验思维中的"经验"不只限于"感性经验",也不等于"感性认识",它包含了一定的理性认识的成分。经验思维同行为思维有着密切联系,在行为思维中其实已经产生了经验思维,整个过程因人而异,其结果通常会产生未曾规范化、概念化、一般化的知识。就思维水平的总体来说,经验思维远未触及概念性和普遍性的高度。

在策划活动中,策划者以往的经历和其他案例的启发为策划行为提供了思考的参照物,经验积累越丰富,这些经验被吸收并转化为反射、下意识行为的可能性就越大,也就越能激发策划中的经验思维过程。尽管经验思维普遍而有效,但它也容易引发思维惯性,使新的策划缺少突破与创新。同时,由于个体认知能力的局限和经验本身的适应性,过分强调或依赖经验也容易造成"只见树木,不见森林"的局面,不利于策划工作的创新实践。

(二)理性思维

理性思维(Rational Thinking)包括形象思维和抽象思维,是人类理智地把握世界的两种思维方法。

形象思维(Image Thinking)是指人们通过感官获得感知形象(也被理解为形象观念),包括视觉形象、听觉形象、嗅觉形象、味觉形象和触觉形象,并通过形象来探索和表达某类事物的本质的思维形态,是人的一种本能思维,主要由人的右脑完成。形象思维是人将感知形象记忆在头脑中的一个过程。人不仅记忆感知形象,还会记忆一些感知形象出现的先后顺序。当人们受到新现象的感官刺激时,记忆中与之类似的感知形象就会被激活,各种感知形象就会在人的大脑中变化,进而引起人们在行为上的呼应。形象思维以形象性为基本特点,因而思维过程生动、直观,具有整体性。形象思维不像抽象思维一般讲求线性逻辑,环环相扣,但可以调动多样化的感知形象,通过想象合成、创造新形象,因此形象思维极富创造性。这也说明了为什么富有创造力的人通常具有极强的想象力。形象思维对信息的加工是跳跃的,能使思维主体高效率地从整体上把握事物本质,但思维结果并不精细,也缺乏基于数量关系的验证,因此该结果有待逻辑证明或实践检验。

抽象思维(Abstract Thinking)又称为逻辑思维(Logical Thinking),是用词进行判断、推理并得出结论的思维形态,主要由人的左脑完成。抽象思维以词为中介来反映现实,这是思维的本质特征,也是人的思维和动物心理的根本区别。抽象思维是理性认识的阶段,凭借科学的抽象概念对事物的本质和客观世界发展的深远过程进行反映,使人们通过思维活动获得超越感官直接感知的知识。科学的抽象是在概念中反映自然界或人类社会的内在本质的思想,是在对事物的属性进行分析、综合、比较的基础上,抽取出事物的本质属性,摒除非本质属性,使认识从感性的具体进入抽象的规定,形成概念。抽象思维用概念来代表现实的事物,用概念间的关系来代表现实事物之间的联系,为人类超越感官并更加深刻地认识世界提供了可能性。

形象思维和抽象思维在人现实的思维过程中总是相互交织的。在策划工作中,策划者一方面需要形象思维,创造新的感知形象,为策划内容注入创意、活力,使策划富有吸引力,另一方面需要抽象思维,把握策划中的规律、本质,使策划科学、合理、可行。

(三)创造性思维

创造性思维(Creative Thinking)是人们以原有的、来源于实践的科学知识和经验逻辑为基础,但又不受其约束,超越常规思维,摆脱固有结论,甚至一定程度上摆脱传统的逻辑思维,酝酿和实现奇谋妙计的思维方式。创造性思维是策划思维的精髓,也是多种思维方式综合运用的最终归宿。创造性思维与经验思维、理性思维并不矛盾,而是在辩证思维的指导下,对各种思维方式进行高度综合、高度集中、高度灵活的运用。在创造性思维中,直觉思维占有重要位置,是策划中综合性创造的核心。

直觉思维(Intuitive Thinking)是一种茅塞顿开的思维状态,是思维主体在一定知识经验的基础上,从感知形象中敏锐捕捉,触类旁通,迅速领悟事物本质的活动,如同"顿悟"。直觉思维的关键是获得直觉,其过程可以表述为"联想——想象——直觉",是一个非逻辑思维过程,但直觉的产生不是偶然的。陆游在《文章》中写道"文章本天成,妙手偶得之",强调了直觉的重要性,杜甫在《奉赠韦左丞丈二十二韵》中写道"读书破万卷,下笔如有神",又道明了这种直觉的来源少不了日积月累的努力。直觉是一种普遍的心理现象,其生成有复杂的原因和条件。首先,直觉的生成必须有相关知识的积累,包括有关的经验知识和必要的专业理论知识。知识的积累是人们反复实践、认知并储存在大脑皮层的,转化为深层的下意识并形成相应的经验认知模块或有关专业知识的认知模块。所谓"职业本能""职业习惯""三句不离本行"就是一定的认知模块在人们日常思维和行为交互作用中的表现。其次,直觉的生成有其内在的机制,是思维主体在问题的激发下,长期进行多方面、多层次,甚至是长时间的思考,以此为基础,在某一个特定情境下,例如,因外界刺激而产生灵感,瞬间悟透,形成直觉。在这个意义上,直觉更像是思维活动由量变到质变的飞跃。最后,直觉的生成要求思维主体具有全局性、整体性的视野,能对思考对象在总体上融会贯通。因此,不具备这样的知识背景和思考能力的思维主体,是无法获得有价值的直觉的。

综合来看,策划不能拘泥于某一种思维方式,而是要根据策划目标、约束条件、环境形势以及策划进程来选择和运用不同的思维方式,并在最后通过创造性思维来对不同阶段的思维结果进行综合,最终形成具有创新创意,又能逻辑自洽、现实可行的策划方案。

第二节 节事活动的策划流程与策划内容

一、节事活动的策划流程

流程是对蕴含多个步骤的工作内容进行分解和排序,以确保工作能够有序推进。节事活动的策划不仅要拿出策划案,更需要指导策划案落地实施,贯穿节事活动运营管理的全过程,其流程按照时间顺序及其匹配的工作重点,大致可以分为三个阶段,即策划提案、实施控制、总结评估,具体见图2-5。

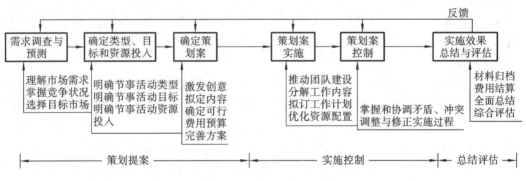

图2-5 节事活动的策划流程

（一）策划提案

1. 需求调查与预测

节事活动是主办方和组织者为了满足某种特定目的,面向由目标市场或目标受众推出的体验场域和服务集合,策划工作的目标导向和需求导向十分突出。策划人员需要深入调研国家和地方关于节事活动的政策法规和管理规定、当下的社会热点和公众关注焦点、相关市场的特点和需求,熟悉同类型节事活动的经典案例（包括成功案例和失败案例）,掌握市场上各类竞争者的发展、产品与服务供给状况,结合对自身资源和能力条件的审视,遴选恰当的目标市场,并对拟策划的节事活动在目标市场的投入规模和受众反应做出初步预测。

2. 确定类型、目标和资源投入

节事活动类型多样,不同类型的活动在目标设定和资源投入方面存在着显著差异。根据性质划分,节事活动分为营利性节事活动和非营利性节事活动。营利性节事活动以盈利为目的,兼顾其他经济、文化、社会、生态效益。策划人员根据利益相关者分析,明确节事活动的陈述目标和真实目标,以统筹不同利益相关者的利益诉求,明确节事活动资源投入的规模、整合资源的基本思路。非营利性活动有盈利之外的其他目标,同样需要兼顾综合效益,统筹利益相关者不同的利益诉求,并根据产出形式、产出规模来确定资源整合与投入的思路。

3. 确定策划案

策划人员围绕节事活动的市场需求、性质和目标设定、资源与条件等实际情况展开创意策划,并将一个个创意转化为具体的策划内容,拟定初步方案,包括节事活动的主题、日期、地点、规模、议程、费用预算、风险防范等。这一过程是策划人员灵感爆发、思想碰撞的过程,也是从务虚到务实、由抽象到具体的过程。所有的策划想法汇集在一起,可能会形成不同的策划案。策划人员需要集思广益,通过最优化分析,对各个方案进行比较、修订、完善,最终形成一个在既有条件约束下相对最佳的策划方案。

(二)实施控制

策划案修订完善并通过主管部门审核立项以后,策划工作就进入实施控制阶段。这一阶段首先要完成的就是设计团队的组织结构并完成人员配置。团队组建完成后,一边在节事活动运营管理中磨合,一边按部就班地推进工作。团队根据策划案的总体设计分解工作内容,将概念化的策划案分解转化为相对独立、相对单一的工作单元的组合,方便后续资源配置、成本核算和检查控制。接下来,节事活动团队要根据时间约束拟订具体的工作计划,包括对时间进度的规划与把控,确定主要的时间节点和里程碑事件,使工作计划成为项目团队的行动指南。

控制是管理的基本职能之一,是监控、比较和纠正工作绩效的过程。所有的管理者都应当实施控制职能,即使部门或团队成员的表现完全符合计划。这是因为管理者要对下属部门和员工的工作绩效承担责任,除非是管理者已经评估了实际的工作绩效,并且把实际绩效与预期标准进行了比较,否则他们是无法真正知晓这个结果的。有效的控制可以保证节事活动运营管理中若干细致繁琐的工作环节能够紧密围绕设定目标不走样,最终促进整体目标的实现。控制并不只发生在实施工作结束以后,实施过程中也需要控制职能,表现在三个方面:一是掌握团队在实施工作中出现的矛盾和冲突,并加以协调管理;二是定期或不定期地对实际工作绩效与预期标准进行比较评价,掌握发生偏差的原因并竭力排除这种原因以控制偏差;三是在必要的时候调整与修正实施的过程,确保策划案实施顺利。

(三)总结评估

节事活动落幕以后,整个运营管理的工作就进入尾声了。这个时候团队需要对整个策划及策划的实施控制工作进行复盘,为未来的节事活动策划、运营与管理积累经验、总结教训、提炼规律。

此阶段工作包括材料归档、费用结算、全面总结和综合评估。前两项工作是节事活动策划实施的后续工作或未尽事宜,需要在这一阶段全面落实。后两项工作是为节事活动结束后向主办方或上级主管部门、社会公众汇报的必要工作环节。节事活动的总结和评估需要突出其综合效益,体现对不同利益相关者诉求的满足,但不同性质的节事活动也有其侧重点。营利性节事活动需要强调财务数据,以投资回报率为核心进行总结,非营利性节事活动则需要突出关键的非营利性目标的实现,以目标达成率为核心进行总结。

二、节事活动的蓝图设计

"蓝图"原意是用铁氰化和铁盐敏化的纸或布,曝光后用清水冲洗显影晒成的蓝底白图的相纸,特别供晒印地图、机械图、建筑图样用,在其上勾画出相应的工程概貌,以作为施工参照。后来引申用来比喻一个详细的、各部分相互协调的计划或行动规划。

节事活动的蓝图设计是策划工作的有机组成部分,是策划人员集思广益,提出节事活动基本构想的过程。这个过程需要策划者调动个体创新创意能力,把握奇思妙想,将灵感转化为务实的策划案。节事活动蓝图设计可以分解为以下几个工作步骤。

(一)头脑风暴

头脑风暴(Brain Storming)最早是精神病理学的用语,指精神病患者的精神错乱状态。在此状态下,患者头脑中短时间出现思维紊乱现象,胡思乱想。后来美国BBDO广告公司创始人、创意思维大师亚历克斯·奥斯本(Alex Faickney Osborn)用头脑风暴来比喻思维高度活跃、打破常规并产生大量创造性设想的状况。奥斯本本人因积极开展创造学研究和教育,被称为创造学和创造工程之父、头脑风暴法之父。头脑风暴作为一种决策方法,主要由工作人员在和谐融洽和不受任何限制的气氛中开展讨论、座谈,打破常规、激发灵感、畅所欲言,充分挖掘富有创意和想象力的观点、看法和建议。这种决策方法相较于群体思维而言,有助于改变屈从于权威意见或从众效应的负面影响,更好地维护群体决策过程中的批判精神和创造力,提高群体决策的质量。

头脑风暴实践中,需要让每一个参与人员理解"不设限"的原则,鼓励大家利用天马行空的想象、不拘一格的创意来捕捉任何可能的点子,目标就是要寻找新的思路和做法。这些富有灵感的点子来自策划人员多领域的知识、经验储备,也可能在艺术、音乐、文学、科技、时事的激烈讨论中迸发出来。需要注意的是,讨论过程中不应出现意见领袖或者事实上的观点主导者,因为这一角色会使其他成员的思考和表达受到干扰,甚至成为沉默的大多数。为了确保头脑风暴实施有效,策划人员可以使用挂图作为工具,客观而真实地记录下每一个想法,而不必急于对这些想法做出价值判断或逻辑判断。这一过程结束后,策划人员得到的将是零散而富有活力和创意的观点。这些观点中必然存在不合逻辑或不合实际的内容,但它们为后续整合思路、勾画蓝图提供了认识基础和丰富的可能性。

(二)SWOT分析

经过头脑风暴,各种零散而缺乏规律的想法涌现出来。策划人员需要对这些随机的想法进行汇总,并尝试在其中建立联结关系,以便推动后期富有逻辑性的决策过程。此时,挂图工具再次发挥作用。挂图上的零散观点再次呈现在策划人员面前,组织者要求每个成员重新审视他们先前的想法,并将这些想法与节事活动自身的优势与短板、内外部环境的审视

相结合,对各个想法进行价值判断和逻辑判断。SWOT 分析为策划人员的思考和判断提供了良好的分析框架,SWOT 分析结果为后续绘制思维导图提供了依据。常见的分析内容见表 2-1 和表 2-2,表中的分析内容均为列举、示例。各节事活动的策划人员在实际分析时,需结合自身情况内外审视、综合考量。

表 2-1 节事活动的优劣势分析(示例)

分析维度 \ 优劣势	优势	劣势
资金	资金充足;筹融资能力强	资金不足;筹融资能力弱
赞助商	潜在赞助商充足	潜在赞助商匮乏
员工队伍	员工职业素养优良	员工职业素养不足
志愿者	志愿者来源多样,数量和规模有所保障	志愿者来源单一,数量和规模保障不足
媒体关系	媒体关系良好	媒体关系不佳
场地设施	举办地的交通区位、公共设施与服务等条件优良,政府(或社区)支持 举办场所容量规模、设施条件适宜	举办地的交通区位、公共设施与服务等条件和政府(或社区)支持等不尽如人意 举办场所容量规模、设施条件存在短板

表 2-2 节事活动的机遇与威胁分析(示例)

机遇	威胁
举办地的周年庆	自然灾害、极端天气
举办地自然和人文环境优越而富有特色	公共卫生危机
与慈善事业联合	恐怖主义威胁
主管机构/部门立场一致	主管机构/部门立场分歧
与媒体紧密合作	社区环境不佳
商会/行业协会的推广	社会名流/明星临时取消出场
社会名流/明星出场	食物中毒
所在社区有充足的潜在志愿者	酒精饮料消费

优劣势分析的维度比较清晰,容易形成对比分析,但机遇与威胁则缺少关联,更需要策划人员全面扫描和审视环境,动态识别机遇与威胁。随后,策划人员需要把前述分析内容整合为一个全面的 SWOT 分析。表 2-3 所示为基于内外部条件审视而提出的 SWOT 分析结果示例。

表 2-3 节事活动策划的 SWOT 分析(示例)

SWOT 分析要素	分析视角
已知的优势	
资金实力雄厚/筹融资能力强大	内部视角

续表

SWOT 分析要素	分析视角
已知的优势	
员工职业素养优良	内部视角
节事活动受媒体尊重与重视	外部视角
已知的劣势	
资金实力不足/筹融资能力不足	内部视角
人力资源不足	内部视角
主办方以往节事活动的公共关系不佳	外部视角
潜在的机遇	
有类似的庆典作为有吸引力的同期活动	外部视角
时间安排和预算安排有保障	内部视角
潜在的威胁	
恶劣天气	外部视角
可能出现的不可抗力因素	外部视角
新的部门/机构负责此项节事活动的立项与管理	内部视角

策划人员根据 SWOT 分析结果对头脑风暴中产生的观点、想法进行价值判断和评估，回答关于节事活动策划构想的若干问题，进而形成遴选、改造、完善前期创意想法的思路。这些思考一旦趋于成熟，就可以转化为表 2-4 所示内容，以一种结构化、可视化的形式表达出来。

表 2-4 选择和评估节事活动策划构想的问题指引

举办动因（Why）	利益相关者（Who）	举办时间（When）	举办地点（Where）	内容设想（What）
举办该节事活动有哪些令人信服的原因？	哪些群体会因该节事活动获益？	该节事活动什么时候举行？	举行该节事活动的最佳目的地是哪里？	该节事活动拥有哪些资源和条件？
举办该节事活动有哪些必要性？	哪些群体会有意愿参加该节事活动？	该节事活动的时间设定有弹性吗？能更改吗？	举行该节事活动的最佳场地是哪里？	该节事活动可设计哪些活动板块和议程？
如何策划和实施一个节事活动？回答上述 5Ws，提出节事活动的基本构想				

（三）思维导图

上述 5Ws 还可进一步拆分为更加细致的问题，策划人员需要在现实条件约束下寻找问题的答案，遴选出可行的想法和思路，最终形成节事活动策划的思维导图。

思维导图(Mind Mapping),是表达发散性思维的图形工具,将抽象的思维过程和结果具象化,简单而富有实效。发散性思维是人类大脑的自然思考方式。每一种进入大脑的信息,不论是感觉、记忆还是想法,包括文字、数字、味道、形状、颜色、意向、节奏、旋律等多种形式,每一个信息都是一个思考中心,并向外发散出大量的信息节点,每一个信息节点都与中心主题形成联结,而每一个联结可以成为另一个中心主题,再向外发散,使得思维总体上呈现出放射性立体结构特征。这些相互关联的结构就是可视化表达的基础。思维导图运用图文并重的可视化表达技巧,把各级主题的关系用相互隶属与相关的层级图呈现出来,把主题关键词与图像、颜色等建立记忆联结。作为思维过程中一种可视化的辅助工具,思维导图功能强大。它充分运用左右脑的机能,利用记忆、阅读、思维的规律,协助人们在科学与艺术、逻辑与想象之间平衡发展,调动人类大脑的潜能,提供了一个可视化的思维工具。

三、节事活动的策划内容

(一)主题策划

主题是围绕节事活动目标而凝练表达的宗旨、思想、理念,在节事活动中具有画龙点睛的作用,可类比为文章标题,代表着全文的关键内容和中心思想。节事活动的主题策划包括主题凝练和主题演绎两方面内容。

主题凝练是策划人员字斟句酌、反复推敲节事活动主题表述的过程。文字简洁而又富有力量是主题表述的理想风格。主题表述有两个角度,一个是主办方想要传递的理念,另一个是节事活动主要内容涉及的领域。相同的理念可以由不同领域的节事活动来传递,例如,"人与自然的和谐"作为理念可以在环境保护、自然研学、能源科技、绿色管理等不同领域的节事活动中得以体现。相同的领域也可以有不同的理念表达,如当下风靡一时的城市马拉松,同样是群众性的体育赛事,2019年上海国际马拉松主题表述是"成就非凡",向参与者和社会公众传递自我超越和彰显个人价值的理念,2019年湖北沙洋江汉运河国际半程马拉松主题表述是"花漾运河,乐跑沙洋",传递的理念具有鲜明的地域推广、地理营销的意义(见图2-6)。

2019年上海国际马拉松主题宣传

2019年湖北沙洋江汉运河国际半程马拉松主题宣传

图2-6 节事活动主题凝练的对比①

---

① 图片来源于网络:上海国际马拉松主题宣传图,http://www.pinlue.com/article/2019/08/0512/589459945825.html;沙洋江汉运河国际半程马拉松主题宣传图,https://www.sohu.com/a/303780193_766100。

主题演绎是从自然、地理、历史、文化、商业、社会、经济、科技等不同角度对主题的内涵进行解读和阐释的过程,既要面向参与者和社会公众充分表达和传递主题的含义,又要为节事活动的内容设计和商业运作提供思路和空间。例如,中国2010年上海世界博览会的主题是"城市,让生活更美好",其内涵从五个副主题提供的角度加以解读,生动诠释了人类历史上第一个以城市为主题的世博会,并以之为线索设计了一系列的主题展览。表2-5列出了上海世博会的主题和副主题,拓展阅读讲解了主题策划的具体过程。尽管绝大多数节事活动不具备世博会的规模、影响力和资源整合能力,但世博会的主题策划包含了调研咨询、创意征集、反复论证等过程,充分体现了世博会举办的目的、意义和价值。这种策划过程和结果为其他节事活动主题策划提供了很好的参考范例。

表 2-5　中国 2010 年上海世界博览会的主题与副主题

主题	城市,让生活更美好	Better City, Better Life
副主题	城市多元文化的融合	Blending of Diverse Culture in the City
	城市经济的繁荣	Economy Prosperity in the City
	城市科技的创新	Innovation of Science and Technology in the City
	城市社区的塑造	Remolding of Communities in the City
	城市和乡村的互动	Interaction between Cities and Villages

拓展阅读　中国 2010 年上海世界博览会的主题凝练与主题演绎

1. 主题策划原则

1999年5月,上海市政府成立了世博会主题研究课题组。课题组在广泛调查的基础上,提出了上海世博会主题策划的九条原则:①体现时代性;②体现国家特色、地区特点;③可参与度高;④可展示性强;⑤具有可塑性;⑥与节庆相结合;⑦能融入主办单位意图;⑧主题词具有广告语色彩;⑨具有举办城市的比较优势。

2. 主题凝练与表述

根据这些原则,课题组邀请专家讨论,提出几十个备选主题,逐轮比选。先是选出"已知与未知——信息时代的都市圈""沟通与跨越""人·城市与环境"三个主题,随后演化为"新城市、新生活""新世纪的探索""资源与环境——人类只有一个地球",这些主题都和城市与环境有关。2000年5月15日,时任上海市市长、国家申博委副主任徐匡迪表示:"我们希望这次世博会能充分展示各国为城市居民提供高质量生活而做出的各种努力。因此设计的主题将围绕城市、环境、生活质量等概念。相信这是当前世界各地发展中面临的共同问题。"2000年11月30日,在多方调查、咨询、论证的基础上,上海申博办以中文表述"城市,让生活更美好",英文表述"Better City, Better Life",提出请示并获准,标志着上海世博会主题确定阶段结束。

在整个主题凝练阶段,上海申博办始终重视国际展览局的意见。时任国际展览局主席诺盖斯提出指导意见,申办能否成功,主题选择是关键。世博会主题要有时代感,并能同主办国的特点有机结合。城市问题越来越受到世界的关注,如果上海能对新世纪城市发展提出新的想法,例如,城市应该如何把工商、金融、文化、娱乐、教育、生活、环境等各因素协调起来,把办法和前景展现在观众面前,一定会受到欢迎。

为了让国际展览局各成员国更好地理解上海世博会主题的理念和内涵,上海世博申办机构策划了若干副主题,以便对主题进行多维度的解读和细化,同时也为参展方的策展工作提供依据。国际展览局提出具体要求:"对展览进行分类,以便全面明确哪些类别的活动与展示符合主题,允许加入世博会。任何分类都不应'游离'于主题之外,防止展示与主题不相干的事物,或举办不相干的活动。"

据此要求,上海世博会申办机构结合世博会申办报告的编写,对"城市,让生活更美好"这个主题进行解构和多维阐释。编写小组最初曾考虑把主题细分为"多样化的城市""高质量的生活""创新的城市技术""和谐的生活社区"四部分,后来逐步明确为"城市多元文化的融合""城市经济的繁荣""城市科技的创新""城市社区的重塑"。显然,这样的内涵解读符合亚里士多德关于城市生活的理解,"人们一起来到城市生活,留在那里是为了更好的生活",也符合刘易斯·芒福德提出的"为了生活,更别说是为了更好的生活,人们必须确立一套基本的城市秩序"。申办机构在与国际展览局的沟通中意识到要辩证地看待城市与生活的关系,既要认可和憧憬城市让生活更美好,也要看到城市过度发展的隐忧与反思,因此主题内涵的解读还应包含对城乡关系的思考。这一轮修订之后,副主题中正式增加了第五个表述"城市与乡村的互动",主题策划最终以"一主五副"的表达形式尘埃落定。

3. 主题演绎与展示

主题演绎是国际展览局明确要求的一项世博会筹备工作。"演绎"的中文含义是"从一般到具体的变化过程",国际展览局提出的词语是"Develop",意味着:一是发展、开发,事物从小到大,逐步成熟、成长;二是让已经存在的事物充分表现出来,让外界感知、体会。主题演绎承载着世博会的基本目标,即把主题蕴含的理念普及到广大民众中。主题凝练以后,主题演绎意味着深化和阐发主题内涵,为下一步具体表现提供基础,并最终确定具体的表现形式。

《上海世博会主题演绎总体计划》中指出,上海世博会是历史上首届以"城市"为主题的综合类世博会,组织者希望通过主题演绎实现如下目标:①展示全球城市发展进入"城市时代"新阶段所面临的全球性挑战及可能的解决方案;②促进对城市文化与自然遗产的保护和继承;③促进人类社会的交流融合和理解;④寻求发展中国家健康的城市化道路,交流城市与乡村的经验与范例;⑤交流和推广可持续的城市发展理念、成功实践和创新技术;⑥促进民众对城市发展良性模式的认识;⑦促进城市科技的创新;⑧留下本届世博会丰厚的精神遗产和物质遗产;⑨增强上海世博会主题的影响,让更多的人能够以不同形式感受到"城市,让生活更美好"的理念。

上海世博会的主题涉及三个层面的问题,分别是人的层面、城市的层面、环境的层面。人的层面意味着城镇人口规模扩大,新涌入的人应享有应有的权利,履行应有的义务,实现人的身份认同的平稳过渡。城市的层面意味着要把城市当成生命体来看待,按照客观规律来规划、建设与管理,为人们创造美好生活。环境层面意味着要保持城市发展与环境的和谐,做到"城镇自然化,乡村现代化"。

上海世博会通过"组织实施""互动确认"和"建议引导"三种不同模式来贯彻和落实主题,主要的表现形式有展览、论坛、活动。

主题展览:中外国家馆、主题馆(城市人馆、城市生命馆、城市星球馆、城市足迹馆、城市未来馆)、城市最佳实践区、世界博物博览馆、企业馆、网上世博会等。

论坛:高峰论坛、主题论坛和专业论坛。

活动:重大庆典,包括开闭幕式、馆日活动;园区内固定场所的节目表演;园区内广场、各馆入口的即兴演出。

(资料来源:根据上海世博局主题演绎部的《城市,让生活更美好——上海世博会主题解读》(东方出版中心,2009年)内容整理。)

(二) 日程策划

日程策划包含节事活动的参与者在什么时间、什么地点,以什么形式参与节事活动等关键信息,是对节事活动蓝图中的初步构想进行深入细化的设计。

1. 时间选择

时间选择包括确定节事活动举办日期和持续周期。除了固定的周期性的纪念日以外,节事活动的时间选择一般比较灵活,但必须在策划阶段尽早确定下来,一旦确定,除非特殊情况,一般不予调整。节事活动是否如期举行是判断其成功与否的基本标准之一。

举办日期的选择一般要考虑节事活动对天气的要求,目标顾客参与活动的时间保障,与传统节日或重大庆典活动的关系等因素。例如,极少有城市马拉松活动在炎炎夏季举行,以避免中暑事件的发生;多数节事活动会设定在周末、公共假期等时段,以确保目标人群有闲暇时间参与;依托诸如元宵、端午、七夕、重阳等传统文化和习俗策划的节事活动一般会选择在相应的节日举行;如果有重大庆典活动,策划的节事活动如果不能与之融为一体,无法借力的话,就应该考虑错峰举行,以避免和重大庆典档期冲突,冲击目标顾客参与的机会,分散大众关注的焦点。

持续周期要根据主办方设定的规模、资源投入、活动内容丰富程度和现场运营管理能力等因素来决定。活动规模越大,持续周期就越长,这样更容易实现投入产出均衡的目标。但延长节事活动持续时间要求更多的资源投入和运营管理投入,其边际效应是递减的,并非越长越好。同时周期越长,主办方需要提供足够的互动参与项目,以确保参与人群在节事活动中有足够的新鲜感、体验感,否则,节事活动就会陷入空心化的误区,徒有其名。

2. 地点选择

地点选择包括两个层面的决策,一个是举办地(Destination)的选择决策,另一个是举办场地(Venue)的选择决策。

举办地选择需要多维度分析和判断该地与节事活动的匹配程度和支持力度,举办地选择的分析维度见表2-6。

表2-6 举办地选择的分析维度

分析维度	主要内涵	分析要点
地脉	举办地的地理环境,即自然地理脉络,包括地质、生物、气候、水体等自然资源禀赋及交通区位	自然资源禀赋优良;交通区位优越,对主要客源而言有良好的可达性
文脉	举办地的社会文化背景,即社会人文脉络,包括当地有形和无形的文化遗产,是一种综合性的历史文化传统和社会心理积淀的组合	地域文化丰富而具有特色,地方精神鲜明而富有吸引力,有利于烘托和传播节事活动主题
商脉	举办地的市场环境和商务环境,即拥有节事活动商业化运营和市场开拓的便利条件,能促成节事活动综合效益变现	该地有足够的供应商提供服务支持;该地有利于主办方接近目标客户群体,形成市场竞争优势
人脉	举办地的人际关系和人际网络,即政府、居民和其他利益相关者能认知、认同、接受和支持节事活动落户当地	政府为节事活动提供有效的公共服务;居民的热情好客和当地社区的风俗习惯能以文化资本的形式融入节事活动策划、运营、管理

场地是承载节事活动的空间环境,有室内空间和室外空间,前者如酒店、会议中心、展览中心、礼堂等,后者如广场、街区、公共绿地等。以功能为标准,适合举办节事活动的场地可以分为四个类型,见表2-7。

 酒店的会议场地

表2-7 节事活动举办场地的类型

场地类型	定义	优越性	举例
标准场馆	为会议、展览、节庆、赛事等类型节事活动专门设计建设的场馆设施	规模大,成本效益突出;服务配套,交通便利;物流方便;拥有大功率电源;能提供室内餐饮服务;员工专业	会议酒店、会议中心、展览中心、体育馆

续表

场地类型	定义	优越性	举例
专门场馆	为某种特定类型的节事活动设计建造的场馆	规模大,成本效益突出;长期举办特定类型节事活动;服务配套,便利性优良;有特定类型节事活动需要的特殊后勤和物流保障;拥有大功率电源;能提供室内餐饮服务;员工专业	网球中心、交响乐厅、赛车场
非标准场馆	有特殊功能的场馆,但并非为节事活动专门设计和建造	具有审美价值和历史文化价值;设计风格趣味化;成本适中;具有公共服务功能,便利性优良;员工专业	博物馆、历史纪念馆、餐厅、书店
特色场地	能够创造性利用的公共空间,可以是室内空间,也可以是露天场地	人流量大;曝光度强;能提供富有设计感或历史文化价值的环境;有利于创造特殊气氛;区位优良	街区、社区、商业综合体、文化广场

场地选择一度以标准场馆为主,许多城市在促进节事活动发展过程中曾以标准场馆建设为主要抓手,掀起了场馆建设高潮。但随着节事活动内涵和外在形式的变化发展,节事活动越来越需要不同类型和风格的场地来赋予创意和特色,场地选择出现去中心化、非标准化、社区化等趋势,既丰富了节事活动意境,也拓展了场地和设施的功能。图 2-7 展示了四种类型的场地举行节事活动的场景,可见一斑。

3. 活动设计

活动设计决定了参与人群在节事活动现场有哪些项目可以参加或观看,也就是说人们聚集在一起以什么形式来实现共同的目的。对于规模较大的节事活动,现场活动设计可以通过分主题来进行模块化的设计,各个活动模块自成体系,又相互关联,在有限的时间同期举行,共同支撑节事活动的内涵。"2017 杭州西博会国际旅游节"作为城市综合性的节事活动平台,为较大规模节事活动的模块化设计提供了参考借鉴,现介绍如下。

 灯光节活动

"2017 杭州西博会国际旅游节"由杭州市西湖国际博览会组委会主办,由杭州市旅游委员会(现杭州市文化广电旅游局)、杭州市西博会组委会办公室、市商务委(现杭州市商务局)、杭州西湖风景名胜区管委会、钱江新城建设管委会、市商旅集团、市运河集团、杭州市培育发展十大特色潜力行业工作领导小组办公室、之江国家旅游度假区管委会承办,各县(市、

北京·九华山庄 2019"希望之星"·星路风采英语大会

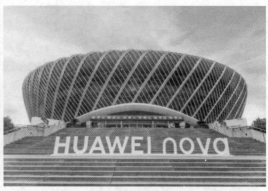
武汉·光谷网球中心
2019年华为nova5系列新品手机发布会

华盛顿特区·航空航天博物馆
某行业协会年会

华盛顿特区·华盛顿纪念碑
2016年乔治·华盛顿大学毕业典礼

图 2-7 节事活动场地选择示例①

区)文化和旅游部、杭报集团、杭州电视台、杭州市旅行社行业协会共同完成主、承办工作。这是一个整合了政府、企事业单位、行业协会等多方力量共同打造的综合性节事活动群,目的是优化整合西博会资源,丰富杭州旅游市场供给,推动产业发展。节事活动周期长,从2017年9月23日持续到11月30日,涵盖了"十一"黄金周和"金九银十"商业旺季。在活动内容设计的文化依托方面,各主、承办方利用中秋、重阳等中华传统节日习俗,充分挖掘城市历史文化和时尚潮流文化,集城市建设成就和周边乡村风情于一体。主办方用模块化的设计将不同的单项节事活动整合在一个框架之下,形成了杭州城市营销的拳头产品。各个活动模块都有丰富的具体内容,为本地居民和外地游客提供了菜单式的选择目录,用节事活动为杭州秋冬季的文化、旅游、会展、体育、休闲、餐饮等消费领域掀起了此起彼伏的高潮。表 2-8 列举了该节事活动的具体模块和部分单项活动。在具体组织实施中,部分单项节事活动本身体量较大,又再通过模块化的活动设计落实策划、组织和运营。

---

① 光谷网球中心图片源自网页,http://tech.sina.com.cn/t/2019-06-21/doc-ihytcitk6853030.shtml?cre=tianyi&mod=pcpager_tech&loc=23&r=9&rfunc=76&tj=none&tr=9,其余图片由蒋昕拍摄。

表 2-8　2017 杭州西博会国际旅游节活动模块（部分）

时间	2017 年 9 月 23 日—11 月 30 日	地点	杭州主城区和各县（市、区）

活动模块	文化体验（21 项，仅列举部分活动）	第十九届西博会（第三届休博会）世界文化展演暨市民休闲节 "最忆是杭州"大型水上实景演出 第五届南宋斗茶会 2017 杭州美术节 2017 杭州吴山庙会 2017 年"活态馆之夜"主题活动 2017 第四届中国大运河庙会 第二届中国浙江（湘湖）国际摄影大赛 中国湿地博物馆虫珀展 "我回大宋"，全民玩穿越 "履步生花"——全国绣花鞋精品展暨非遗民俗街开街仪式
	会议会展（共 8 项，仅列举部分活动）	2017 中国（国际）休闲发展论坛 第三届世界休闲博览会主题展 2017 杭州（国际）文化旅游博览会 2017 第二届中国大运河国际论坛
	运动休闲（共 11 项，仅列举部分活动）	杭州西山国际登山节 杭州（江干）第三届孝心登皋节 "一带一路"2017 中国·杭州第十一届环千岛湖国际公路自行车公开赛 2017 千岛湖马拉松赛
	时尚购物（7 项，仅列举部分活动）	501 城市广场周年庆 "双 11"促销 2017 第五届杭州（中国）城市旅游商品展
活动模块	美食美味（9 项，仅列举部分活动）	洪园盛柿 乐动全城——2017 西溪湿地·洪园"火柿音乐节" "知味观月饼"——一位大师的故事 杭州·建德三都柑橘节
	浪漫金秋（25 项，仅列举部分）	"西湖边吹来的风都在诉说着爱你"婚宴营销活动 潮涌钱塘——2017 中国国际（萧山）钱江观潮节 杭州乐园万圣节，鬼魅倾城共狂欢

（资料来源：根据《2017 杭州西博会国际旅游节活动方案》整理，http://zj.kankancity.com/html/hangzhou/younaer/2017101613847.html。）

对于规模较小的节事活动，现场活动可以按照时间轴来设计，情况比较单一，但依然需要包含暖场、开场、高潮、结束等活动环节，以向参与者提供完整而独特的体验。这些环节要充分彰显节事活动主题，深挖并转化历史文化资源价值，为实现节事活动的综合效益。此处以"第十三届中国（三亚）龙抬头节·南海祈福系列活动暨大小洞天古崖州民俗庆典活动"为例加以说明。

"龙抬头",农历二月二,又称春耕节、农事节、青龙节、春龙节等,是中国民间传统节日。"龙"指的是二十八宿中的东方苍龙七宿星象,每岁仲春卯月之初,"龙角星"就从东方地平线上升起,故称"龙抬头"。在农耕文化中,"龙抬头"意味着阳气生发,雨水增多,万物生机盎然,春耕由此开始。自古以来人们亦将龙抬头日作为一个祈求风调雨顺、驱邪攘灾、纳祥转运的日子。"中国(三亚)龙抬头节"由三亚大小洞天景区依托南海道家文化、民俗文化和民族文化创设,始于2005年。三亚大小洞天位于三亚市以西40千米处的南山山麓,始创于南宋(公元1187年),是海南省历史悠久的风景名胜,是中国南端的道家文化旅游胜地,有"琼崖八百年山水名胜"的美誉,现为国家5A级旅游景区。大小洞天景区创设龙抬头节,既丰富了景区的文化经营,又为海南建设了民俗文化展示平台与窗口,具有多个层面的综合效益,凸显了海南旅游的文化活力与张力。2017年第十三届中国(三亚)龙抬头节于2月27日举行,活动环节按照时间轴由如图2-8所示的几个主题内容组成。

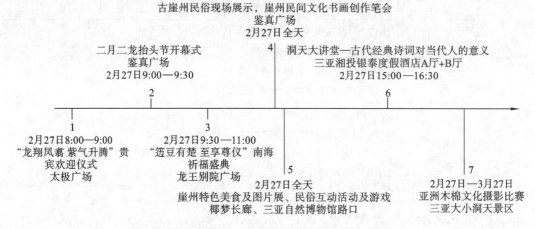

图2-8 2017年第十三届中国(三亚)龙抬头节活动日程

(三)仪式策划

仪式是具有象征性的活动。象征到了极致,仪式就成为特殊社会群体的社会生活中某种具有宗教或准宗教意义的符号。一般性的象征则是世俗化的,能够彰显特定目的和精神价值。对人类个体而言,仪式在人生历程中划分出若干节点,给绵延的时间赋予意义;对个体之间的互动而言,仪式有助于把内在的情绪和感受外化表现出来,并在个体间互动分享,从而使人获得安全感、神圣感、欢愉感;对社会群体而言,仪式可以帮助个体建构身份认同,强化集体认同。

节事活动起源于仪式庆典,根植于宗教、文化、仪礼的长久历史之中,因而仪式策划是决定节事活动文化属性、承载节事活动精神价值的重要内容。仪式会融入节事活动日程当中,但由于其独特的象征性,策划人员会对这一环节进行专门的创意构思,给出提案。节事活动中常见的仪式有倒计时仪式、开幕式、启动仪式、宣言仪式、颁奖仪式等。这些仪式各有目的,在节事活动中强化或欢乐、或神圣、或传统的气氛,掀起现场参与互动的体验高潮。

 31会议2019年用户大会总视频

仪式的意义植根于人类历史文化,仪式策划需要遵循传统文化或既有惯例,例如,学位授予典礼中的拨穗仪式、开业典礼中的剪彩仪式等。而在当代节事活动中,出于现场体验和传播推广的需要,仪式还需要良好的视觉效果和高峰体验,因此策划人员不断引入新技术、新方法来创造仪式的壮美、新奇、欢乐的现场气氛。以节事活动中常见的启动仪式为例,现在常用的技术手段有:电子感应、触屏技术、推杆卷轴、船舵启动、浇水+干冰等。图2-9所示为"'一人一艺'乡村计划·宁波首个乡村文旅中心成立暨2018乡野艺术节"中乡村文旅中心启动仪式,采取的技术手段就是浇水+干冰,通过水雾效果掀起了开幕式现场的视觉高潮。

图2-9 浇水+干冰启幕仪式:启幕前后视觉效果对比[①]

(四)市场策划

面向市场是节事活动策划和实施团队应秉持的经营理念,通过市场化道路促使节事活动获得经济上可持续发展的动力。节事活动的市场策划本质上是构思节事活动市场化发展的机制和模式,需要关注不同的利益相关者,用商业的方式来激励不同利益主体的参与。

针对目标顾客群体,无论是营利性节事活动还是非营利性节事活动,策划人员都需要遵从市场营销的基本理念,即从理解目标顾客的需求出发,以满足目标顾客的需求为归宿,力求以比竞争者更为有效的方式将产品和服务传递给目标顾客。具体而言,策划人员需要根据节事活动本身的性质和特点寻找以下问题的答案,并形成完整的构思。

- 节事活动能为目标顾客提供哪些产品和服务?这些产品和服务给目标顾客带来的核心价值是什么?
- 节事活动提供的产品和服务覆盖多大的市场范围?在该市场范围的占有率目标是

---

① 图片来源:网络新闻"11月25日,'一人一艺'乡村计划·宁波首个乡村文旅中心正式成立",https://www.sohu.com/a/278097504_438073;"象山乡野艺术节精彩活动持续输出!你想看的都在这里!"https://www.sohu.com/a/278097160_100139545。

多少？

• 节事活动提供的产品和服务的定价策略如何？有哪些是收费项目，哪些是免费项目？产品和服务项目有哪些组合形式？

• 节事活动提供的产品和服务主要通过哪些渠道来完成销售？需要选择销售代理商吗？

• 节事活动提供的产品和服务主要以哪些方式来促销？促销的覆盖面有多大？什么时候开始启动促销？

针对赞助商、供应商等其他类型的利益相关者，策划人员需要开拓市场化运营的思路，思考如何吸引、招徕更多的利益相关者参与，形成节事活动产品和服务的供给联盟。策划人员可以通过追问以下问题，来形成完整构思。

• 本届节事活动需要冠名赞助吗？以往的举办情况中有冠名赞助商吗？本届项目有潜在的或有意向的冠名赞助商吗？赞助商的品牌和本届项目的规模、影响力、市场范围等匹配程度如何？赞助价格预期如何？赞助商的回报预期如何？

• 本届节事活动需要其他形式的赞助商吗？例如，不同的分会场、活动板块等需要分别引入赞助商吗？赞助商之间的关系有没有成熟的管理预案？赞助价格如何？赞助商的回报预期如何？

• 本届节事活动能引入现场广告吗？广告的形式有哪些？不同形式的广告定价如何？有潜在的或有意向的企业愿意购买这些现场广告吗？

• 本届节事活动能出售现场的食品饮料专卖权吗？定价如何？有无合适的商家愿意购买专卖权？

• 本届节事活动现场可以通过供应商引入哪些服务项目？这些服务项目能否以特许经营的方式引入？有没有成熟的招商机制和管理方案？

面对不同的利益相关者，策划团队通过问题追问，可以拓展思路，提出市场化运营策略和具体举措。上述列举并未穷尽所有市场策划中可能面临的问题，但可以促进策划人员发散思考。

（五）风险预判

所谓风险，是指对可能性或无法达到预定目标的结果的一种计量。对于某个既定的项目而言，风险包含两个因素，一是风险发生的可能性，二是风险发生所带来的后果（一般是负面的损失）。节事活动运营过程中，风险是普遍存在的，策划团队需要判断产生风险的因素，风险出现的概率和风险发生后带来的损失大小，以此提供管理预案。节事活动策划阶段，风险预判需要关注以下几个方面的内容。

1. 政治文化和宗教民俗约束风险

此类风险主要与节事活动的主题、内容和形式选择密切相关。策划团队需要熟悉节事活动举办背景，充分考虑以适宜的主题、内容和形式来诠释节事活动举办的目的和意义。

2. 政策法律约束风险

此类风险主要与节事活动运营管理中是否得到政策许可，是否在法律允许范围内筹备与落实相关。节事活动运营管理中涉及的公共管理部门比较多，常见的有地方文化与旅游行政部门、工商行政管理部门和公安、环卫、消防、交管等公共服务部门。

3. 商业运作风险

此类风险主要涉及资源投入、技术引入、人员投入、财务、经营、信用、销售、品牌授权等方面的风险因素,主要出现在举办方、供应商、赞助商等利益相关者不能全部或部分履行合同的环节。

4. 健康和安全风险

此类风险在节事活动中出现频率较高,需要策划人员高度重视,研判交通管制、人员规模控制、活动路线设计、安全通道、消防通道、现场急救、设施设备等方面的安全措施。在2020年新冠肺炎疫情暴发引起的全球公共卫生危机背景下,节事活动面临的形势越发严峻,策划团队需要引入严格的公共卫生防疫体系,加强现场的防疫管理。建立严格的食品供应商资质审核制度和管理体系,确保食品安全。对于一些大型活动或节事活动,策划团队还需考虑反恐方面的危险因素,提出应对预案。

5. 不可抗力风险

策划人员要预估极端天气、疫病暴发等灾难性事件出现的可能性,并提出应对预案,或改变举办时间和地点,以规避风险。

策划阶段,风险预判是必不可少的策划内容,但其目的是做好风险管理预案。因此,每一个方面的风险预判都应有明确的结论性意见,即该风险出现的概率和可能带来的损失,并针对预估的风险提出清晰的管理对策。

(六)预算投入

预算投入意味着策划人员需要明确该节事活动在实施过程中的资金需求量,以及资金来源和渠道。高质量的预算有助于决策团队客观评价节事活动策划的合理性和可行性,有助于提高立项决策和筹融资决策的科学性。节事活动的举办者自身会有年度预算,但该节事活动的预算投入应该与企业的年度预算相区分,确保是一个单独的预算计划。在立项以后,节事活动实施人员需要时刻遵循预算约束的原则。

预算投入代表着节事活动在财务方面的运营理念,不同性质的节事活动有不同的目标导向,其财务理念也有区别。营利性节事活动以盈利为导向,因此收入应该大于支出,许多商业性的节事活动是有盈利目标的,主办方要想方设法提高市场占有率,扩大销售额。非营利性节事活动不以盈利为目的,但因目的不同,在财务投入转出方面的追求也有所区别。有些节事活动不追求盈利,但需要盈亏平衡,如协会会议。协会是公共组织的一种类型,其存在不以盈利为目的,但协会的运行和职能的发挥都需要有资金保障,因此盈亏平衡是诸多协会活动的必要要求。因此,协会会议的策划人员会始终秉承追求盈亏平衡的理念,根据投入资金的规模测算会议的注册费或其他环节的收费标准,以确保收入能够覆盖成本支出,实现盈亏平衡。另有一些节事活动的初衷就是花钱实现非财务方面的目标,从一开始就有明确的财务投入的承担者,例如,大学的毕业典礼,政府的公共庆典等。因此,这类节事活动的策划人员不需要追求利润产出或盈亏平衡,但需要量入为出,在预算约束下策划活动内容。一般而言,节事活动预算有如下五个方面的因素要考虑。

1. 市场预测和估计

策划人员对节事活动的市场规模、参与者数量、传播范围等因素的预测和估计。这些因素都会影响到节事活动在商业开发、产品定价、赞助商政策等方面的决策,进而影响到节事活动本身的投入产出。

2. 其他项目预算参考

同一节事活动过去几届(主要是近三年内)的预算情况或同类型(活动规模、市场范围相类似)节事活动的预算情况能为本项目提供有效的预算参考。

3. 宏观经济情况及未来经济预期

宏观经济发展趋势影响到投资者的投资动力和消费者的消费决策,因此在制定预算时,需要充分考虑经济预期。例如,2020年受新冠肺炎疫情带来的全球公共卫生危机影响,全球经济出现衰退,直接导致一些节事活动终止,或者压降规模,相应的预算也会做大幅下调。

4. 合理的投资回报率

通过调查研究结果提出合理的投资水平和收入目标。

5. 筹资方式和渠道

准确地掌握节事活动主办方可以利用的筹资方式和渠道,明确资金来源和规模。筹资渠道越多样化,节事活动获得持续发展动力的可能性就越大。常见的筹资渠道有政府或主管部门拨款、捐赠、赞助、慈善、经营收入等。

表2-9列举了节事活动实施中常见的收入和支出项,为项目预算提供参考。

表2-9 节事活动常见的收入和支出项

类别	具体项	
收入	• 财政拨款(政府主办节事活动) • 财务拨款(企业主办节事活动) • 补助金(政策补贴或行业协会补贴) • 慈善捐赠 • 赞助费 • 广告收入	• 食品饮料专卖权 • 现场展位/摊位租金 • 纪念品销售 • 特许经营费 • 注册费(会议) • 门票
支出	• 市场调查 • 场地、设施设备租赁 • 视听设备租赁和视听技术人员 • 灯光设备租赁和灯效技术人员 • 汽车租赁 • 汽车里程费 • 标识制作 • 网站及其他技术平台的建设维护	• 场地装饰装潢 • 许可费 • 保险费 • 税费杂费 • 行政管理费用 • 广告支出 • 公关推广 • 邮资和物流费 • 注册材料 • 通信费 • 活动指南制作发放	• 文印费 • 报告准备和发布 • 专家咨询费 • 薪酬补贴 • 嘉宾邀请和接待 • 员工差旅 • 现场摄影 • 志愿者招募培训答谢 • 奖项设置 • 免费注册或入场 • 食品饮料

项目预算环节,除了考虑主要的收入和支出项目以外,还需要匡算固定成本、变动成本、净利润、毛利润,明确盈亏保本点,为项目策划的审核、批复提供依据,也为后续运营和管理提供客观而相对准确的财务预算控制。

第三节 节事活动的策划书

一、节事活动策划书的概述

节事活动策划书是针对节事活动进行的全局性、整体性、综合性的筹划并完成的书面文稿,是对本章前述策划内容的整合和正式表述。策划书的完成离不开前期的蓝图设计和内容策划,这些工作结束后就需要用文字、图表等精炼而准确地呈现出来,以实现对外沟通策划意图、对内指导运营管理的目的。

策划书是应用文案的一种。由于节事活动的性质、类型、规模各有不同,因此并无固定的写作模式。写作人员说明节事活动策划立意,勾勒概貌,理清筹备运营思路,达到沟通的目的即可。但实际工作中,文案写作人员比较容易混淆策划书与计划书的区别,特别是对一些规模不大的节事活动尤其如此。就一些小型节事活动而言,策划书的确可以起到计划指导的作用,但在本质上,策划书与计划书是存在根本区别的,具体表现在以下两个方面。

(一)文案的写作目的不同

策划书写作目的是实现对外立项沟通、对内指导运营,计划书的目的在于让执行团队明确各部门、各人在一定的时间内需要采取的行动步骤,因此需要围绕节事活动目标分解任务,配置资源,提高运营管理的工作效率。

(二)文案写作侧重点不同

策划书的读者关注节事活动的立项和实施条件,因此写作时要重点理清节事活动的立项依据和内在逻辑关系,探索有效的商业模式,制定风险管理预案。计划书的读者主要关注节事活动实施时各个细分任务如何完成,探索有效的管理模式,因此写作时要强调任务分解、时间进度、资源配置和各项任务的控制标准。

二、节事活动策划书的基本格式

尽管节事活动策划书没有固定格式,但一般情况下可以参照以下格式进行撰写。但要说明,以下格式只是基本参考,各个策划团队可以根据节事活动的实际情况予以增减,例如,有些项目可以增加案例借鉴,有些项目属于组织内部的节事活动,可以减少媒体支持单位、营销推广等安排。

(一)标题与文头

常见的节事活动策划书标题通常包含两个基本信息,一是节事活动名称,二是文体。例如,"第九届诸葛亮文化旅游节策划书""第十二届安徽国际文化旅游节策划书",其中,"第九

届诸葛亮文化旅游节""第十二届安徽国际文化旅游节"是项目名称,"策划书"是文体。这是策划书标题的基本格式。

有些节事活动中,策划人员为了强化传播效果,会在项目名称中增加形象口号、主办单位、主导功能等节事活动品牌的关键信息。例如,"创出彩·新未来——2018光谷中心城户外招商推介会暨第三届'有氧森呼吸'徒步之旅",其中,"创出彩·新未来"是形象口号,"'有氧森呼吸'徒步之旅"是活动名称,说明了活动的主要内容,令人一目了然,"光谷中心城户外招商推介会"既是名称的构成部分,也是强化该活动的功能定位。

文头紧随标题,在标题下面依次排列策划机构名称或策划者名字、策划书完成日期等。

(二) 前言

前言属于节事活动策划书正文的第一部分,主要阐明策划缘起、相关背景、项目宗旨、项目功能、项目特点(或者是亮点、卖点)等。前言的文字风格应该高屋建瓴、言简意赅,能使人一目了然,理解节事活动策划的价值导向和实施的必要性和可行性。此时可以将前期可行性研究的结论纳入前言中,以强调该策划的可操作性。可行性研究的完整文本可以作为策划书的附件一并提供给策划书的读者阅读了解。

(三) 正文

1. 节事活动举办的目标

节事活动的目标包括陈述目标和真实目标。陈述目标既可以在这一部分说明,也可以在前言中与项目宗旨一起说明,以强调举办节事活动的意义和价值。真实目标包括节事活动的举办规格、参与规模、招商规模、盈利目标等具体指标,应该务实、量化、细化。真实目标决定了策划书中资金来源、资源配置水平、活动内容设计等内容,也是策划书的读者判断目标设定与节事活动构思是否匹配、是否可行的重要依据。

2. 节事活动的基本信息

节事活动举办的具体时间、地点,主办方、承办方单位信息,赞助商、媒体支持单位信息。

3. 节事活动的组织保障

策划书需要说明节事活动团队的人员规模和团队组建方式、内部组织结构、汇报路线等情况,以传递信息,表明在人员配置、工作分工等方面有足够的组织保障,能完成节事活动的筹备、运营和管理,实现项目目标。

4. 日程与仪式

策划书需要以清晰简练的方式说明节事活动的日程安排、主要仪式、互动参与的活动内容,同时需要说明不同的活动内容面向的目标人群。有些节事活动互动参与环节丰富,日程比较复杂,多项活动并行,那么这些内容还需要配合时间安排一并说明。图形和表格能够集成信息、可视化表达,是策划中日程与仪式写作常用的工具。

此部分内容应包括拟邀请的嘉宾和媒体支持单位。嘉宾的数量、规格一定程度上代表着节事活动的权威性和影响力。但目前对政府官员或前政府官员以嘉宾身份出席各级政府举办的节事活动有明确的管理规定(详见第四章人员管理相关内容),策划人员需要熟悉并严格执行这些规定和工作流程。媒体支持单位一定程度上代表着节事活动的传播效果和在社会公众心目中的地位。受权威媒体单位支持和报道的节事活动会在公众心目中树立权威、公允的形象。随着互联网和数字化媒体的发展,网络直播已经深入人心,节事活动可以寻找官方的社交媒体平台来合作开展在线直播,正如20世纪80年代电视普及时,节事活动主办方寻求电视直播一样,既扩大节事活动的传播覆盖面,吸引更多的公众关注和参与,同时也开拓了权威节事活动转播权的商业开发。这些构思和初步的媒体接触情况可以在这一部分内容写明。

5. 现场设置

现场设置包括节事活动现场空间大小、人员容量、空间分布、环境装潢与设计等的初步构想。这些内容在运营过程中需要有专门的设计方案,但在策划书中有必要将初步设想提出,供策划书的阅读者理解节事活动现场规格和规模。

6. 营销推广

营销推广旨在说明节事活动的市场开发策略和营销传播策略。真实目标的若干量化指标最终都是通过目标人群参与节事活动来实现的,因此营销推广与节事活动的真实目标紧密相关。营销推广包括目标市场选择、目标市场定位、招商与赞助营销方案、媒体宣传计划、门票计划(包括定价、销售渠道、优惠政策)等内容。

7. 资源投入

资源投入旨在说明节事活动筹备、运营、管理所需要的人力、物力、财力等来源和配置情况,特别是资金来源。除了根据前面项目预算来确定资金需求的规模以外,还应该着重说明筹资途径和筹资情况。总体而言,资源投入部分需要清楚地解释该节事活动的举办需要多少资源、现有多少资源、还有多大的资源缺口,以及如何来弥补资源缺口。只有对资源投入有清晰的说明,策划书的阅读者才能理智地相信该策划是具有可实现性的。

8. 风险管理

策划书必须包括对节事活动风险的客观分析和理性判断。根据风险出现的概率和风险出现以后造成的损失两个维度对风险因素进行分析,将风险因素分为概率高、损失小,概率高、损失大,概率低、损失小,概率低、损失大四个类型,并分别提出风险防范和应急管理预案。

对于节事活动而言,拥挤踩踏、食品安全、消防安全、人员走失等是常见的风险因素,主办方要结合节事活动性质、规模、场地等实际情况对上诉风险因素进行分析和评价。随着2020年新冠肺炎疫情的蔓延,节事活动现场作为人群集中的场合,还需要将公共卫生防疫纳入风险管理中,在策划书中明确相应内容,例如,错峰入场、控制人群规模、监控工作人员和参与人员的体温、应急疏散等,做到有备无患。

9. 绩效评价

策划书中写明绩效评价,旨在向策划书的阅读者说明节事活动实施过程的控制标准,传递信息,强化节事活动运营管理的目标导向。绩效评价部分需要写明评价内容、评价标准、评价主体、评价时间、评价方式等。

三、节事活动策划书写作的注意事项

坚持实事求是。策划书的沟通目标是为了争取立项资格和争取资源投入,但这些目标一定要建立在切实可行的基础上。因此,策划书写作必须实事求是,不能夸大其词,误导读者。

善用图表工具。图表工具具有信息集成的优势,对相关信息传递沟通起到结构化表达、可视化呈现的作用,也能带给读者轻量化的阅读体验。因此,策划人员应多用图表工具,必要时还可插入现场图片或示例图片,做到图文并茂,一目了然。

锤炼文字表达。策划书依据现实条件和灵感创意完成,为读者勾勒节事活动的整体构思和实现途径。信息传递需要客观、理性、准确的文字风格。写作时应尽量避免辞藻堆砌,或华而不实的语言风格。如果涉及跨文化交流,还需要注意语言转化过程中的文字风格、语言禁忌等,规避文化差异带来的理解误区。

注意格式规范。策划书的文字校对和排版是细节。规范的文本格式和文本印制能给阅读者带来舒适的阅读体验。反之,不规范的文本格式不仅会降低阅读体验质量,并且会传递出策划人员不负责、不尽心、不专业等负面信息,影响到整个团队的工作。因此,从标题、文头、封面、目录、正文的文字校对、格式排版到纸张选择、文本印制等,都需要严格遵循文字规范要求,符合惯例。

四、节事活动策划书的陈述与沟通

节事活动策划书完成以后,策划团队需要利用策划书向主管部门、投资主体、赞助商、团队成员等利益相关者进行陈述,并与之沟通,以争取立项、投资、赞助或其他形式的支持。这一过程中,策划人员不仅需要提交策划书文本,还需要做有效的陈述、沟通。此处将策划书陈述和沟通的要点和技巧讲解如下。

(一)明确目的

陈述人弄清楚每一次策划书陈述的具体目的,有针对性地组织节事活动的关键信息。如果目的是争取立项,那么策划书的陈述要侧重于节事活动的价值取向、必要性和可行性。如果目的是争取投资主体的资金投入,那么策划书的陈述要强调投资回报,要么是营利性节事活动的商业模式及其能给投资者带来的投资回报率,要么是非营利性节事活动能够给投资者带来的目标达成率和目标达成情况的衡量与评估。如果目的是争取赞助商的冠名赞助,那么策划书的陈述要强调节事活动的社会关注度和市场影响力,与赞助商品牌在价值、形象、目标市场等层面的匹配度,能够给赞助商的品牌赋能的商业逻辑和工作机制。如果目的是争取工作团队的理解和支持,那么策划书的陈述要着重强调节事活动的发展空间、综合价值及其为团队成员提供的成长机会和利益回报。

(二)分析受众

聆听策划书陈述的受众显然是节事活动的利益相关者,但不同的主体,利益诉求不同,对节事活动的影响方式和影响程度也不同。影响大的受众,甚至可以决定节事活动是否能够立项,有没有付诸实施的可能性。因此,陈述人需要提前收集信息,清楚地理解受众的个体特征(如年龄、性别、履历等)、所在部门、所处职位、决策权力、接收信息的习惯,围绕策划书定制陈述信息。每一位受众都有自己关注的要点。常见的关注要点有策划专业性、团队执行力、特色亮点、运营管理细节、现场控制、危机管理预案、预算性价比等。尽管这些信息在策划书中都有说明,但从沟通需要来看,陈述人需要对相关信息烂熟于心,根据受众的偏好和需求,将信息揉碎,重新确立演讲逻辑,提高口头沟通的效率。

（三）现场陈述

策划团队确定一位主发言人,对策划书陈述的效果和结果负责。主发言人根据受众提出的时间要求,精心准备陈述内容和辅助性的文档,如 PPT、小视频等。此时要注意控制信息容量,详略适当,切勿为了面面俱到而超过时间限制。口头语言和辅助性文档结合使用,可以调动受众的听觉和视觉。为了提高信息传递的效率,在辅助性文档中,主发言人应该尽量使用高质量的图表、图片等可视化工具,强化信息和观点的冲击力。主发言人应深谙演讲技巧,能够控制语音、语速、语调和陈述节奏,力求做到不急不缓、抑扬顿挫,不仅准确传递信息,还富有感染力和号召力,能有效调动受众注意力和情绪。为了保障效果,主发言人可在团队内部进行模拟演练。

现场陈述有可能被受众插话打断,主发言人需要坦然面对,面带微笑聆听对方观点,并随机应变给予反馈呼应,在征求受众意见后,继续陈述,而不可乱了节奏。

主发言人一定要对团队策划的专业性有信心,坚持有理有据地陈述策划思路。这是以前期务实的工作为基础的。同时要注意,陈述中,包括后面提问回答环节中,不要轻易做已有策划之外的承诺,因为这些要求有待论证,但可以保持开放的态度,与受众加强联系,在充分论证以后第一时间给予反馈。

（四）提问回答

现场陈述以单向沟通为主,提问回答是双向沟通环节,能够得到受众的信息反馈,并且有机会再次阐述观点,其重要性不言而喻。因此,主发言人和策划团队的其他人员要做好准备回答提问。这些提问一方面反映了受众对策划书真正关注的要点,另一方面也反映了陈述中尚未深入或尚未涉及的要点,回答问题正是一个补充说明或再次强调的机会。

有些受众会提出一些意见和尖锐的问题,甚至一针见血地指出节事活动策划中的关键性短板。对此,策划团队应该有两手准备:一方面,反复磋商、修订、完善节事活动策划书,尽量补齐短板、弥补弱势;另一方面,提前演练提问环节,模拟各种可能的尖锐提问,并拟定合理的回答思路。如果还有其他的问题提出,那么就需要发言人和团队其他成员以专业的素养临场发挥,随机应变。

（五）聆听反馈

提问环节当中或之后,现场多位受众可能会围绕节事活动策划展开讨论,交流中难免会出现话题发散的情况。此时主发言人和团队其他成员一定要尊重受众发言的权力,集中注意力,认真聆听对方的讨论,吸收其中的有效信息,用来充实和完善自身的策划。

本章小结

- 策划是人们对未来将要发生的事情和从事的活动在当前进行谋划、设计和决策的行为过程。策划是一个系统工程，涉及一系列由表及里、由局部到整体、由静态到动态的系统分析和筹谋，既要大胆创想，又要讲求科学合理的程序与方法。现代策划实践需要遵循战略性原则、"三本主义"原则、竞争性原则。

- 策划的工作重点主要包括环境分析、目标设定、确保可行和激发创意。在策划工作中，人们需要综合使用经验思维、理性思维和创造性思维，才能实现将单线思维转变成复合思维，将封闭性思维转变成发散性思维，将孤立、静止的思维转变为辩证的、动态的思维，从事独具魅力的创意实践活动。

- 策划流程是对蕴含多个步骤的工作内容进行分解和排序，以确保工作能够有序推进。节事活动的策划包括提出策划案和指导策划案落地实施两部分内容，贯穿了节事活动运营管理的全过程，其流程按照时间顺序及其匹配的工作重点，分为三个阶段，即策划提案阶段、实施控制阶段、总结评估阶段。

- 蓝图设计先于策划案，是提出节事活动基本构想和整体概念的工作阶段。头脑风暴、SWOT分析和思维导图三种分析工具可以帮助策划人员围绕节事活动的目标，以问题为指引，激发想象，不断深化、细化思考内容，勾勒出节事活动的概貌。

- 节事活动策划的主要内容包括主题策划、日程策划、仪式策划、市场策划、风险预判和预算投入。策划人员要在蓝图基础上就上述内容逐一丰富和完善思考内容，进而提出一个相对完整的节事活动策划案。

- 策划书是针对节事活动的全局性、整体性、综合性的筹划而撰写的正式文本。写作节事活动策划书主要是为了实现对外立项沟通，对内指导运营的目的。

- 策划书一般写作格式包括标题与文头、前言、正文几个模块内容，其中正文应该包括节事活动举办的目标、基本信息、组织保障、日程与仪式、现场设置、营销推广、资源投入、风险管理、绩效评价的内容。如果有独立的可行性研究报告或者案例分析，可以以附件的形式纳入策划文本中。

- 策划书文案完成后，策划人员需要利用策划书与不同的利益相关者进行沟通。在策划书的陈述与沟通工作中，策划人员需要明确沟通的目的，分析目标受众，精心准备现场陈述，在提问回答环节与受众展开积极的互动，并认真聆听反馈意见，以不断完善策划工作。

核心关键词

节事活动策划(Festival and Special Event Planning)
策划流程(Planning Process/Procedure)
策划内容(Planning Content)　节事活动日程(Events Calendar/Schedule)
陈述目标(Stated Goals)　节事活动仪式(Ritual/Events Ceremony)
真实目标(Real Goals)　市场策划(Marketing Planning)
头脑风暴(Brain Storming)　风险预判(Risk Prediction)
思维导图(Mind Mapping)　预算投入(Budget Input)
节事活动主题(Theme of Event)　节事活动策划书(Event Plan)

 思考与练习

1. 什么是策划？策划与计划、规划有什么区别？
2. 策划的基本原则是什么？
3. 策划的工作重点有哪些？在节事活动策划中，这些重点如何才能落实？
4. 请结合自己的特点和策划的思维方式，谈一谈如何才能培养和提高个人的策划能力。
5. 节事活动的策划流程分为哪几个阶段？
6. 结合自己的学习体会谈一谈节事活动策划中如何使用头脑风暴法、SWOT分析法和思维导图。
7. 根据本章所讲授的节事活动策划流程和策划内容，尝试提出一个节事活动策划方案，并撰写一个完整的策划文本。你可以在学习小组内部陈述和展示你的策划方案，并尝试使用陈述和沟通的技巧。

案例讨论

问题：

1. 第二届荆楚文化旅游节的目标体系构成如何？请从陈述目标和真实目标两个方面进行阐述。
2. 根据第二届荆楚文化旅游节的策划内容，绘制一幅思维导图，并在学习小组内简要陈述该节事活动的基本情况。
3. 你认为第二届荆楚文化旅游节的可操作性如何？
4. 结合本章讲授内容，分析第二届荆楚文化旅游节策划案的优缺点。

第三章 节事活动的项目管理

- 理解项目管理的基本流程与工作要求。
- 了解常见的节事活动组织结构类型。
- 了解节事活动项目团队的角色与冲突管理策略、程序。
- 了解节事活动志愿者管理的工作内容。
- 掌握分解节事活动项目工作内容的方法。
- 掌握节事活动项目管理的进度安排与控制方法。

教学课件

问题导向

- 如何根据本章内容绘制一份思维导图,以获得节事活动项目管理的整体认知?

第一节 项目管理视角下的节事活动

一、项目与项目管理

项目是某种一次性任务,包括完成任务所需的一系列活动,这些活动通常具有以下特征。

- 有一个在特定计划周期内要完成的具体目标。这一目标相对短期,但会支持一个更为浩大和长久的目标。在不同的行业领域,相对短期的意义并不相同。保险项目也许 2 到 3 周;工程项目,也许 6 个月或两年;建筑项目,也许 3 年或 5 年;国防工业项目,也许 10 年,甚至更长。

- 有确定的开始和结束日期,时间约束明确而具体。
- 如果项目能够立项实施,则有明确的经费投入和限制。
- 需要消耗一定的人力和非人力资源(如资金、人员、设备等)。
- 具有多个职能,通常需要跨部门的合作。

对项目中开展的一系列工作活动的过程和结果进行管理就是项目管理。项目管理是组织内部的一种管理模式,是通过重构管理过程及采用特殊的管理技术,达到更好地控制和利用现有资源的目的,从而更加有效地完成某种一次性任务。项目管理,20世纪中叶兴起于美国国防工业的承包商和建筑行业,如今广泛应用于各行各业及政府公共管理中,甚至联合国也采用项目管理模式来完成某些专项任务。

项目管理专业性很强,对资源配置和管理效率有极高的要求。人员配置突破传统的组织模式,将不同能力和职业背景的人员从不同的组织、部门抽调出来,有机地组建一个临时性的项目组织,在已有资源条件的约束框架之下开展工作,实现既定目标。项目管理具有内在的规范性要求,一般包括五个过程组,见图3-1。

项目启动	项目计划	项目执行	项目控制	项目收尾
·在现有资源条件的限制下选择最佳的项目 ·认识项目的收益 ·准备项目许可所需的文件 ·委派项目经理	·确定工作需求 ·确定所需资源 ·制订项目的时间计划 ·评定各种风险	·为获得项目团队成员谈判 ·指导和管理工作 ·同团队成员一起工作,从而帮助他们得到提升	·跟踪进度 ·比较实际产出和计划产出 ·分析影响 ·做出调整	·核实所有的工作任务的完成情况 ·合同的收尾工作 ·账号的财务收尾 ·书面工作的管理收尾

图 3-1 项目管理的五个过程组

在项目管理的专业性有所保障的情况下,如果项目经理和团队成员能够积极面对项目的复杂程度,理解客户的特殊需求,有效构建团队组织,化解项目风险,应对技术环境变化和市场环境变化,那么项目管理的潜在优点就可以得到充分的展现,这些优点主要如下。

- 规避了人事安排中的障碍,在不需要考虑人事变动的情况下抽调人员组建高效的团队,职能责任明确,确保任务顺利实施。
- 具有一定的独立性,无须频繁、持续地向上级汇报,项目任务的专注度得以提高。
- 具有明确的项目进度计划时间限制,可以提高项目的执行力。
- 任务实施中的决策快速高效,有权衡利弊、协调利益的分析方法。
- 能够衡量计划完成的情况,提高过程控制的力度和有效性。
- 能尽早识别问题,以便采取必要的解决措施。
- 能够根据项目进程判断目标实现的程度,提高对未来的预测能力。

如果项目管理实现了"在一定的时间内、一定的成本约束下、一定的技术性能要求下做到高效配置资源,完成目标任务,满足客户需要,得到客户认同",那么该管理过程和结果可以被认定为成功的。

二、节事活动的项目化特征

根据项目的特征来比对分析节事活动,我们不难发现节事活动是具有前述特征的,对主办方和组织者而言是典型的项目化的管理任务。

第一,节事活动有鲜明的短期目标,即围绕既定主题顺利开幕或举行。这个目标是为了实现主办方和组织者的某种特定目的。这些特定目的各有差异,既有营利性目的,也有非营利性目的,但大体上都可以归在戈德布莱特教授总结的节事活动四种目的分析框架之下(详见第一章),并且这个目标会支持其他利益相关者的利益诉求,为活动举办地带来更为持续、综合的经济、文化、社会、生态等方面的综合效益。

第二,节事活动有清晰的起始和结束时间,这是在节事活动立项之初就要明确的关键内容。节事活动的起始时间并非指开幕或正式举行的时间,而是立项时间点,在此之后还有若干重要的时间节点,包括筹备期中关键任务完成时间、开幕时间、闭幕时间、总结评估时间等。

第三,节事活动的预算计划清晰,有明确的经费限制。预算是管理和控制成本的结果,是参考历史数据,并在合理、可行、基于合同商议的成本及工作章程的基础上提出来的。

第四,节事活动需要经费之外的人力、设施设备、物料等资源的投入。这些资源投入不一定从组织内部全部获得,可以借助灵活的商业机制和运营手段从外部获取,如赞助、合作、志愿服务等。

第五,节事活动需要策划和计划、财务、组织、领导、控制等多职能配合才能完成工作任务,其人员配备通常会采用跨部门调动和协调的方式来实现,通常经由直线领导来完成。

因此,节事活动具有鲜明的项目化特征,项目管理的理论和实践经验为节事活动的运营管理提供了良好的指导。但是,节事活动作为项目具有其自身的类型化特征。

第一,无形性。节事活动的产品和服务不具有持续性,通常只在举行周期内,在特定的时间和空间条件下以"舞台化"的方式集中呈现。顾客通过互动参与的方式在现场进行体验式消费,体验的内容、体验的过程都是节事活动产品和服务的有机组成部分,具有无形性特点。

第二,综合性。节事活动对举办地的基础设施、公共服务、媒体和社区居民的友好程度有较高的依赖性,其主题表达的内容与形式具有聚焦效应和传播效应,极易引发社会关注。因此除主办方、组织者和参加者以外,其他利益相关者,如赞助商、媒体、地方政府、社区公众等,各自的利益诉求都会汇集在节事活动中,这就要求节事活动的策划、运营、管理不能仅仅站在主办方、参加者的立场上追求利益的实现,还应充分考虑节事活动可能带来的综合效益。

第三,创新性。节事活动本质上是对人们精神文化需求的呼应,因此需要密切关注人们精神文化需求发展的趋势,有针对性地予以满足。创新性是节事活动的内在要求,即使是周期性的节事活动,因为每年的社会背景、资源投入、规模大小、目标受众等情况都不相同,每一届都需要专门策划,凝练主题,创新表达。

图 3-2 是节事活动项目管理的框架示意图,表明节事活动作为一种项目类型,是在一定的时间、资金和资源,以及技术条件的约束下,对既定目标任务进行统筹安排,对利益相关者的诉求加以整合,以一定的内容和形式来支撑节事活动的主题表达,吸引目标客户的参与体验,满足其特定的精神文化需求,进而在社会或社区范围内实现综合效益。

三、节事活动项目管理过程

节事活动项目管理过程同样可以分为五个过程组,但由于其特殊性,五个过程有其特定

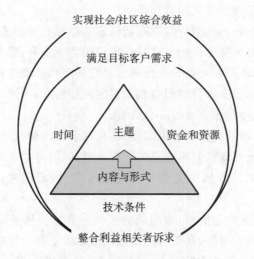

图 3-2 节事活动项目管理的框架示意图

的内容要求。

(一) 节事活动项目启动

节事活动的项目启动意味着该项目获得立项,这需要批准立项的主体单位(可能是政府部门、事业单位、行业协会、社团、社区等多种类型的非营利性组织,或者是以企业为代表的商业性机构)对节事活动的举办目的、举办意义、主题表达、内容形式、创新创意、资源投入、产出成果等要素都认同,在现有资源条件和社会背景下认为该节事活动具有重要性、必要性和可行性。为了获得立项,节事活动的主办方和组织者需要系统筹划,为审批主体勾勒节事活动的蓝图,明确投入产出要求,展现节事活动的内在价值和综合效益。在我国,根据《节庆活动管理办法实施细则》,对于政府举办(包括主办、协办、赞助、支持等名义)的节庆活动,申请和审批还有特定的管理细则,具体见下述拓展阅读材料。

为了实现立项,获得项目启动,主办方和组织者对节事活动的设计蓝图从概念创想到具体框架,是一个酝酿、研究的过程,需要对节事活动的举办意义、举办条件、公众认知、市场需求、投入产出等进行调查和评估,提出可行性研究报告,供审批单位或部门决策使用。这些工作过程和内容通常会与节事活动项目策划并行。

拓展阅读

全国清理和规范庆典研讨会论坛活动工作领导小组颁发
《节庆活动管理办法实施细则》(国清组发〔2015〕1号)节选

第三章　申请和审批程序

第十三条　各级党政机关原则上不再举办新的各类节庆活动。如确需举办的,应按程序从严审批。

第十四条　节庆活动审批的申请程序：

（一）省部级党政机关、人民团体、有关社团举办节庆活动，主办单位应当至少提前3个月，于每年4月或者9月按归口分别向党中央、国务院提出书面申请；特殊情况需临时举办节庆活动的，主办单位应当及时按归口分别向党中央、国务院提出书面申请，党中央、国务院收到申请日期距节庆活动拟定举办日期不足20个工作日的，将不予受理。

（二）省级以下党政机关、人民团体、有关社团，省部级党政机关、人民团体、有关社团所属事业单位等举办公祭类节庆活动，应当根据第一款规定的时间分别通过省（自治区、直辖市）党委、政府，中央和国家机关、人民团体、有关社团，向党中央、国务院提出书面申请。

（三）各省会（自治区首府）城市、副省级城市举办行政区划变更类节庆活动的，应当根据第一款规定的时间通过省（自治区）党委、政府按归口分别向党中央、国务院提出书面申请。

（四）自治州、自治县（旗）举办逢十周年庆典活动的，应当根据第一款规定的时间通过省（自治区、直辖市）党委、政府按归口分别向党中央、国务院提出书面申请。

（五）中央和国家机关、人民团体、有关社团所属事业单位举办各类节庆活动的（除第二款所列公祭类节庆活动外），由主办单位向上级主管部门提出书面申请。

第十五条　申请举办节庆活动，应提交以下材料：

（一）申请函，须包括活动名称（涉外节庆活动须提供中英文名称）、活动内容（包含是否评奖及设奖情况）、规模、时间、地点、周期、举办单位及举办理由依据等，加盖申请单位公章；

（二）两个或两个以上部门或单位共同举办的，应提供其他部门或单位的书面同意函；

（三）活动总体方案（含拟邀请领导、外宾范围）；

（四）经费预算方案：包括经费来源、计划支出明细；

（五）专家论证和公开听证材料（公祭类）；

（六）有关行业主管部门或外事主管部门同意举办的复函；

（七）处理突发性事件的应急预案；

（八）其他相关材料。

第十六条　举办公祭类、特色物产类、涉外、旅游类、行政区划变更类节庆活动，主办单位在向审批部门提出书面申请前，需事先履行以下程序：

（一）申请举办公祭类节庆活动，应当由省（自治区、直辖市）党委、政府，中央和国家机关、人民团体、有关社团事先组织专家论证和公开听证。

（二）申请特色物产类节庆活动，应当事先书面征得省级以上商务主管部门同意。

（三）申请举办涉外节庆活动，应当事先征得省级外事及业务主管部门同意。其中，须报党中央、国务院审批同意以及重要敏感外事事项的，应当事先书面征得

外交部同意;申请举办涉港、澳、台节庆活动,应事先书面征求国务院港澳事务办公室或国务院台湾事务办公室意见;须报业务领域的中央和国家机关审批同意的,还应当征得该机关同意。

(四)申请举办旅游类节庆活动,应当事先书面征得省级以上旅游行政管理部门同意。

(五)申请举办行政区划变更类节庆活动,应当事先书面征得省级以上民政部门同意,其中,申请举办自治州、自治县(旗)成立逢十周年庆典活动的,应当事先书面征得国家民族事务委员会、民政部同意。

(六)申请举办节庆活动涉及评奖的,应按照《评比达标表彰活动管理办法(试行)》等有关规定履行报批程序。

第十七条　党中央、国务院审批的节庆活动的审批程序:

(一)党中央、国务院接到各地区各部门上报的举办节庆活动的请示后,批转领导小组办理;

(二)根据主办单位上报的申请报告及有关材料,领导小组委托文化部对申请项目提出初审意见,提交成员单位研究审议,形成审核意见后,报党中央、国务院审批;

(三)经党中央、国务院批准同意后,以领导小组名义批复主办单位;

(四)主办单位根据批复严格按照有关规定举办节庆活动,并在该节庆活动结束后3个月内向领导小组报送总结报告。

第十八条　节庆活动的审批按照依据明确、数量适当、规模适度、经费合规的总体要求,从严审批,注重实效。

(一)严格控制节庆活动的周期化、系列化。举办节庆活动原则上不搞周期化,确需定期举办的,应当专项报批。系列化节庆活动审批实行一节一报批的原则。对于由多个子项目组成的综合性节庆活动,原则审批主体活动,子项目中如有涉及行政审批事项的,需按有关规定另行报批。

(二)严格控制举办行政区划变更、机关单位成立的纪念性庆典活动。

1.直辖市、省会(自治区首府)城市及副省级城市一般不举办城市周年庆典活动,省会(自治区首府)城市及副省级城市以外的市、地区、县不得举办任何形式的周年庆典活动。自治区、自治州、自治县(旗)确需举办的,按规定报党中央、国务院审批。

2.学校、医院、科研院所等事业单位一般不举办周年庆典活动,逢十逢百周年等确需举办的,应当按规定报批。

(三)严格控制工程奠基和竣工庆典活动。各级党政机关不得举办楼堂馆所的奠基和竣工庆典活动。

第十九条　节庆活动审批遵循单一申报主体原则。中央和国家机关原则上不得与地方联合举办节庆活动。对于多个部门、单位联合申请举办的节庆活动,申报和批复主体实行项目主导方或举办地优先原则。

第二十条　节庆活动应该规范名称,表述准确,名实相副。活动名称原则上不得冠以"中国""中华""全国""国际""世界""全球"等字样。如举办的节庆活动确需冠以如上字样,应当分别通过省(自治区、直辖市)党委、政府,中央和国家机关、人民团体、有关社团,向党中央、国务院提出书面申请。

第二十一条 各地区、各部门向上级报告其他事项的文件中涉及的举办节庆活动事项,不作为上级部门同意其举办节庆活动的依据,应按规定提出正式申请。

第二十二条 各省(自治区、直辖市)党委、政府及中央和国家机关、人民团体、有关社团可依据本地区、本部门有关规定制定审批程序。

(二)节事活动项目计划

计划是项目管理基本职能之一,包括制订计划、整合计划和执行计划三个方面的工作内容,细化规定个人或团队应负的责任、需要完成的工作、该工作对整体目标的影响、完成工作的时间、工作完成的评价标准等。节事活动具有相对短暂的执行期限和有限的资源投入,每项具体任务都需要制订详细的计划,以确保资源配置和行动有效。但经拆解后的工作任务配置给不同的工作小组,各自的计划较少顾及其他小组任务的完成情况,因此需要负责人对各个计划进行整合,并敦促和控制计划的执行过程。

节事活动项目计划将启动阶段的策划蓝图转化为项目团队的行动指南,是一个各方利益主体交互作用的过程,贯穿于整个生命周期。按照计划推进的不同阶段,整个计划阶段可以分为九个主要组成部分,见图3-3。

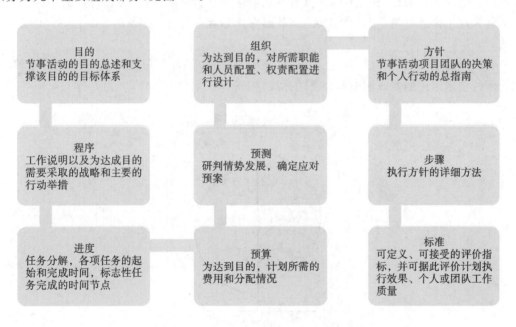

图3-3 节事活动项目计划的主要组成部分

除上述内容要求以外,节事活动项目计划还需要具备系统性和灵活性,足以应付复杂多变的外部环境和内部矛盾,能够通过对执行过程的控制而尽可能做到规范化。同时,节事活动项目计划还需保持一定的开放性,能够接受外部资源和功能的输入,以提高节事活动运营管理体系的应急性和能动性。

(三) 节事活动项目执行

执行阶段首先是完成节事活动项目团队建设。按照计划阶段对组织的设计,主办方和组织者通过委派调动、招聘招募等方式获得团队成员,并且开展项目组织建设。节事活动项目组织的核心人物是项目经理(负责人),代表主办方和组织者统筹项目的运营管理工作。这一角色是节事活动项目的领导者、决策者、管理者和重大决策的执行者,可以通过委派调动从内部确定人选,也可以通过招聘招募从外部确定人选。节事活动项目组织其他成员组成一个有共识、有默契、有执行力的团队,能高效率地完成筹备、运营、管理、营销等工作,推动节事活动的顺利举行。

其次,执行阶段以目的为导向,参照计划阶段中提出的预算、方针和步骤,通过一系列具体举措推进计划的实施,包括必要的基础设施建设、服务设施设备的完善、信息传播、商业运营、赞助营销、品牌建设、现场管理等工作。在这一过程中,项目经理会统筹、指导和管理团队的工作,并且通过团队文化建设,创造条件和团队成员协同,帮助团队成员与节事活动项目进展同步,获得工作上的进步。

(四) 节事活动项目控制

控制是管理基本职能之一,是监控、比较和纠正工作绩效的过程。所有的管理者都应当实施控制职能,以确定管辖的部门和员工绩效是否符合计划。但相较而言,节事活动项目经理承担着更为主要的控制职能,因为其有责任确保项目目标的实现,通过对营销、成本、风险等运营管理工作进行测量、评估和纠正,来推动计划有序进行,任务落实到位,并实现最终目的。

节事活动项目控制的过程有三个步骤:测量实际绩效;将实际绩效与标准进行比较;采取管理行动来纠正偏差或调整不合适的标准,如图 3-4 所示。

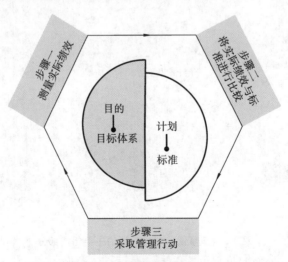

图 3-4 节事活动项目控制的过程

步骤一,测量实际绩效包括测量什么以及如何测量两方面的内容。测量什么,即测量内容,对团队成员的行为有导向作用,在项目启动和项目计划阶段就应该明确,如节事活动的成本控制、时间进度、设施建设、赞助营销、销售情况等,这些内容对节事活动项目执行具有极强的约束性。节事活动的举行时间一旦确定就不会轻易改变,因此在约束条件下,这些工作内容都是不可逆转的过程,尤其需要通过与执行阶段并行的项目控制来实现纠偏。至于如何测量,节事活动项目经理和其他管理者可以通过个人观察、统计报告、口头汇报、书面报告等方式来实施。

步骤二,将实际绩效与标准进行比较,即判断实际绩效与预定标准之间的偏差。节事活动项目执行过程中会面临内外部环境的各种变化,分解后的任务在执行中存在绩效偏差是常态,需要确定的是偏差是否在可以接受的范围内,这个范围被称为偏差范围(Range of Variation)。处于偏差范围之外的绩效就应该引起项目经理和直接管理者的关注。

步骤三,采取管理行动包括三种策略,即什么也不做、纠正实际绩效和修改标准。第一种策略是在认为绩效偏差在可接受范围内的基础上制定出来的。第二种策略纠正实际绩效是因为绩效偏差超出了偏差范围并带来负面效应,影响到节事活动中的其他工作任务和整体目标,所以要查找原因,通过成员培训、纪律措施、激励手段、冲突管理等具体的管理举措来纠正实际绩效,促使其回到可接受的轨道之上。第三种策略修改标准适用于另外一种情境,即绩效偏差是由于某种不切实际的标准所导致的,例如,节事活动入场券销售标准太高或太低,赞助金额标准太高或太低等。标准过低,意味着目标确定过于保守,不利于激发项目团队的积极性和主动性;标准过高,意味着目标确定过于激进,容易给项目团队带来消极情绪,增加节事活动运营风险。

(五)节事活动项目收尾

这是节事活动项目的最后一个过程,意味着该项目所有任务已经完成,节事活动已经落幕,或者是另外一种完全不同的情况,节事活动项目因为某种原因必须中止或终止。例如,2020年初暴发的新冠肺炎疫情就让全球众多著名的节事活动无法顺利筹备和举行,不得已选择中止或终止。节事活动中止,意味着暂时停止,时机合适时重新启动,但何时重启并未确定;节事活动终止,意味着因某种原因彻底结束节事活动,取消该项目。如果是前者,节事活动将另择时机与观众、参加者等目标群体及社会公众见面,但项目管理的过程也将重新启动,因此当前的项目依然需要收尾。如果是后者,节事活动(主要是一次性的节事活动)将没有机会问世,前期资源投入、任务执行、未履行的合同等事项都需要收尾。

项目收尾主要是对节事活动执行完毕后的绩效进行总结和评估,常见的工作内容包括费用决算、合同收尾、资料归档、效益分析、综合评价等。

四、节事活动项目管理的工作要求

节事活动项目管理对于从业者而言是富有魅力和挑战的工作领域。从业者需要明晰节事活动项目管理主要的工作挑战,并为之做好充分的准备,才能在具体的项目管理和个人的职业生涯上都取得成就。

(一)精通时间管理

时间在某种意义上说是稀缺资源,对于节事活动项目管理工作来说尤其如此。节事活

动项目有明确的时间规划,通常情况下不会轻易修订,因为一旦修订就有可能带来巨额经济损失。例如,受新冠肺炎疫情影响,国际奥组委和东京奥委会经过非常谨慎的评估做出决定,要将2020年东京奥运会延期至2021年。延期一年,东京奥运会直接经济损失约为60亿美元[①],包括奥运会本身的损失和推迟一年的财政消耗,间接损失更是不计其数。因此,节事活动项目的时间规划对从业者而言是一种严格的制约,必须通过有效的时间管理,以确保时间规划合理、可行。

节事活动项目的时间管理主要由项目经理负责统筹。这个角色既要控制好自己的"目标任务—工作时间"的匹配度,还要对整个团队的"目标任务—工作时间"匹配度负责。项目经理在其工作环境中面临着大量争夺时间的事务,如文书工作、日常行政事务、上下联络沟通、团队冲突处理等,这既是工作内容,也是工作干扰,需要高度的自律和精湛的时间管理技巧来协调这些矛盾。一般来说,节事活动项目经理要想有效工作,必须建立时间管理的基本思路,经常性地追问自己4个问题(见表3-1)。这一时间管理的理念对团队其他成员也同样有效。

表3-1 时间管理的技巧

基本思路	经常反思追问的问题
• 必须进行时间分析 • 为重要事项留出固定时间 • 将工作任务进行分类 • 确立工作任务的优先级别 • 确立各项工作任务的机会成本 • 与项目组织磨合 • 有效授权和委派工作 • 有计划地放弃一些不太重要的事情 • 抓例外管理 • 注重机会而不是问题	• 我现在做的事是否根本不必做? • 我现在做的事交由其他人做是否会做得更好? • 哪些正在做的事是其他人同样能做好的? • 我对自己的工作任务设定的优先级别合理吗?

在时间分析方面,图3-5列出了节事活动项目时间管理的工作表格示例,可以帮助项目经理和团队其他成员做好自我检视,提高时间利用效率,并加强对时间规划执行程度的控制。

需要强调的是,各项任务的优先级别是一个动态的识别过程。一方面,如果同一时间段出现过多的A级优先任务,将会给团队带来工作积压的压力,不利于工作推进。另一方面,如果一个B级的任务连续存在两三天,那么它很容易就升级为A级优先任务。这就要求项目经理及其团队成员做到"今日事,今日毕"。

---

① 数据引自新浪体育《奥运延期后果超乎想象 直接经济损失或达60亿美元》,2020年3月24日,http://sports.sina.com.cn/others/others/2020-03-24/doc-iimxxsth1508389.shtml.

任务	优先级别			工作状态		
	A	B	C	开始	进行	结束

日期：_____

时间	任务	优先级别
08:00—09:00		
09:00—10:00		
10:00—11:00		
11:00—12:00		
13:00—14:00		
14:00—15:00		
15:00—16:00		
16:00—17:00		

日期：_____

(a) 应做事项表　　　　　　　　　　(b) 日常工作日志

图 3-5　节事活动项目时间管理的工作表格示例

拓展阅读　节事活动项目经理时间管理的十一项建议

节事活动管理专家乔·戈德布莱特教授在其著作《特殊活动》（第 11 版）中，结合个人工作经历和人生经验指出，有效的时间管理始于设定个人生活和职业工作的优先权，尤其是在节事活动这样时常会面临高强度工作任务的职业领域。从业者应该在工作、家庭、休闲、娱乐和精神追求之间寻找一个平衡状态，这一点关系着个人是否能在这个行业里获得可持续的工作状态，成长为一个成功的节事活动项目的领导者。戈德布莱特教授给出了十一项建议，帮助从业者寻找这种平衡。

（1）制定时间预算，并将这种预算与个人的财务优先权和个人优先权挂钩。例如，如果你珍视你的家庭生活，那么你就应该在每周的时间预算中留出适当的时间与家庭成员相处。

（2）通过分析你的日常开支，确定你每小时的时间值多少。时常提醒自己时间的价值，压缩无关的电话和其他无利可图的活动。

（3）结束每天工作时梳理一下第二天要完成的任务清单。可以把所有要远程联系的任务列在清单上，随身携带，适时联络。当每一项任务完成时，可以愉快地把它划掉，未完成的任务则移动到第二天的列表中。

（4）确定会议是否必不可少，是否选择了最佳的信息方式。学会利用技术手段来提高信息沟通的效率。许多会议可以通过远程会议而不是面谈会议进行。有些会议可以取消，相关信息沟通可通过备忘录、电子邮件，甚至视频或音频记录实现。

（5）当有人向你咨询时，你要确定自己是否是最适合回答问题的人。如果你不是最合适的人，直接推介咨询者去寻找最合适的信息源。例如，当有人向你咨询节事活动产业的有关信息时，请立即向他们推荐专业网站或论坛，并告诉他们，如

果他们有其他问题，你将很高兴在他们联系专业网站、查询论坛后回答他们。

（6）打开电子邮件、邮件等信息时，每个邮件只处理一次并及时记录。在每天的工作时间中流出固定的时间段来处理这些事务，并及时回复信息，同时让客户和其他人知道你什么时候会对他们的询问做出回应。

（7）当你的旅行超过3个工作日时，请养成夜间处理邮件的习惯。这样做可以让你及时做出回应，而不会错过重要的工作或机会。

（8）为每次会议准备一份书面议程，无论多么简短。提前分发议程，确保每个议题都有一个讨论时间。与会者也应准备发言内容的书面摘要，并在会议开始前交给你。这一做法将帮助你和与会者高效率利用发言机会。

（9）建立一个综合日历，包括你需要会见的联系人姓名、地址和电话号码。尽量使用数字化和智能化的手段来储存、整合与携带这些信息。

（10）将不重要的任务委派给有能力的助手。唯一能让你的创造力成倍增长的方法就是克隆你自己。一个训练有素、报酬丰厚的行政助理会提高你的工作效率，甚至偶尔让你休息一段时间。

（11）使用智能手机、互联网技术、数字化技术等手段来实现个人工作的数字化、智能化，简化工作程序，并确保工作更加精确。

（资料来源：Goe Goldblatt 的《Special Event：Creating and Sustaining a New World for Celebration》，引用时略有修改。）

（二）掌握财务管理

节事活动的工作具有创意创新的要求，很多项目经理和从业者都擅长用右脑负责支配的工作，如无序性、跳跃性、直觉性的创意工作，依靠创造力、想象力的策划工作等，对那些高度依靠左脑支配的逻辑能力比较容易忽视，如财务管理知识和能力，但这正是确保节事活动成功的必要条件之一。因此要想成就一项节事活动，或者成就个人在这个领域的职业生涯，财务管理是必备的知识和能力之一。

节事活动项目的财务是指该项目在管理过程中客观存在的资金运动及其所体现的经济利益关系。财务活动与财务关系构成了财务概念完整的内涵。财务管理的基本依据就是国家法律和财经法规。节事活动项目的财务活动指为了项目立项、计划、执行、控制、收尾而进行的资金筹集、资金运用和资金分配等一系列活动。节事活动项目的财务关系包括项目与投资人、供应商、赞助商等主体的财务关系，以及项目与团队成员、短期招募的工作人员、志愿者之间的财务关系。节事活动项目经理不需要是财务管理的专家，因为这可以由专业人员完成，但项目经理应该有财务管理的背景知识，能够理解财务报表，这样才能从资金筹措、财务预算、成本控制的角度来对节事活动的整体运行进行掌控。

此处列出一些有助于培养和提升个人财务管理能力和素养的小技巧。

• 设定切实可行的短期财务目标、中期财务目标和长期财务目标（时间段的设置取决于节事活动项目的周期及其与其他常态工作的关联）。

• 寻求财务管理专家的专业意见。

- 学习并使用高效的财务管理技术手段。
- 经常性、系统性地审查节事活动项目的财务健康状况。
- 控制开销并积累财富。

（三）擅长团队管理

节事活动项目通常是根据任务需要将不同能力的人从不同的组织、不同的部门中抽调出来，组建的跨部门临时性项目组织，因此不具备严密的科层关系、清晰的职能划分，但更加强调团队建设与合作。节事活动项目管理的整体绩效取决于掌握关键职能的领导和个人，项目经理是其中最关键的角色。只有项目经理和其他管理者擅长团队管理，能够调动项目内其他成员精诚合作，才能在一个不可逆转的项目周期内将成员的人力资源价值有效地挖掘出来，实现共同目标。

团队管理是节事活动项目经理的一项基本任务，要能够在团队内部开展有效沟通，使成员之间彼此信任，对项目目标和对成员的承诺能达成共识。项目经理团队组建与管理需要有创新思维和人格魅力，拥有必备的专业知识和资源，有良好的人际关系处理能力和团队精神，具备一系列的管理技能，以求在相对松散的环境中构建出一个有效的管理模式。这一管理模式应该具备以下特性。

- 领导意见和指示清晰。
- 能吸引新成员，并促进新成员融入团队。
- 能平衡不同类型成员之间的关系。
- 能协同解决问题。
- 有群体决策机制。
- 有快速制定工作方案的能力和工作机制。
- 有高效的冲突解决机制。
- 能在更高层级的管理者面前得以展现。

第二节　节事活动项目管理的组织和团队

节事活动项目工作顺利开展离不开两个基本要素：一是合适的项目主题与项目内容；二是合理的组织结构。设计节事活动组织结构，一方面主办方需要选择符合项目环境的结构类型，另一方面需要有合适的人去承担各岗位上的角色与责任。这就要求项目经理熟悉并选择符合任务环境的组织结构类型，选聘适当的人才，并将他们组成一个相互协作的团队。

一、组织与组织结构

（一）组织

组织是管理的基本职能之一，是由人员、职位、职责、关系、信息等诸多要素按照一定方式相互联系起来的系统。其中，人员和职位构成组织的"硬件"，而职责、关系、信息则构成组织的"软件"。著名管理学家哈罗德·孔茨（Harold Koontz）认为，建立组织结构的目的就是要建立起一种能使人们为实现组织目标而在一起共同工作、履行职责的正式体制。行为科学的奠基人乔治·埃尔顿·梅奥（George Elton Mayo）认为，在正式组织的框架下，企业中的人是社会人，正式组织中存在着非正式组织，人的行为和人际关系都将影响组织效能和组织目标。从本质上来说，建立一个组织的根本目的就是有效实现组织的目标，提高工作效率。

（二）组织结构

组织结构是组织内部各要素相互联系、相互作用的方式或形式，是组织根据系统目标、任务和规模采用的各种组织管理架构形式的统称，是系统内的组成部分及其相互之间关系的框架。组织结构是组织的具体化，具有以下四个基本特点。

第一，组织目标的明确化。目标是组织构建的重要前提，有了目标，组织才有存在的意义和发展的方向。作为组织的上层建筑，组织目标应是有限的，并会受到物质及社会文化等环境的影响和制约。

第二，组织决策的集权化。在不同的组织中，决策的集权化程度也不相同，有的组织是高度集权的，决策权主要集中在高层领导，而有的组织则选择将决策权下放，即分权。在节事活动的组织决策过程中也会涉及集权与分权的问题。

第三，组织结构的复杂化。复杂化指组织内部结构的分化程度。随着劳动分工的扩大及市场的全球化，组织的纵向等级数不断增多，组织单位地理分布更加广泛，从而导致内部人员与工作的协调、控制更加困难。就节事活动而言，由于每个节事活动的内容、规模、范围以及构成结构不同，等级往往也不相同。

第四，成员行为的正规化。通常情况下，组织有正式组织和非正式组织之分。正式组织强调组织成员在共同目标实现的基础上，有意识地形成正式的、规范的职务结构，具有一定的稳定性。非正式组织强调在组织成员平时的交往过程中，由于具有共同的兴趣爱好或相互欣赏，逐步加深彼此间的了解，形成独立于正式组织之外的小团体。正式组织一般依靠规章制度来指导员工行为，而非正式组织主要依靠约定成俗的道德规范来约束员工。

（三）组织结构常见类型

设计组织结构时，需考虑工作部门设置、工作部门等级、管理层次与管理幅度三方面要素。工作部门的设置需根据组织目标和任务进行合理设置，并清晰界定该部门的职权和职责，做到责权利一致。工作部门的等级划分需与组织的集权或分权相对应，采取何种形式应根据组织的目标、领导的能力与精力、下属的工作能力与经验等进行综合考量。管理层次和管理幅度需根据工作的复杂性、信息传达速度的要求、工作地点的远近、管理者的工作能力与授权程度以及下级的工作能力进行合理设置。

在不同类型、不同发展阶段的组织中，组织结构的设计存在较大差异。截至目前，已经形成了直线型、职能型、综合型、联邦分化型与事业部制、矩阵型等经典组织结构。通常情况下，组织设立初期，组织结构主要表现为直线型；而随着组织规模扩增，组织结构将更加复杂。不同行业里，企业的组织结构也有所不同，比如，建筑类企业大多倾向构建矩阵型或职能型组织结构，因为该结构能够较好地兼容项目管理的组织框架。

1. 直线型组织结构

直线型组织结构是最久远的一种组织结构，相对简洁，以典型的上下级原则为基石。这种组织结构(见图 3-6)与劳动价值理论相适应,简单灵活,便于控制,管理费用低,指导协调系统简单,反应快速,职责明确,上级能快速地传达自己的思想,通常在组织设立初期采用。该结构虽然便于统一命令,但是组织内没有职能部门,而且等级森严,对突发事件处理较为迟钝和僵化。

图 3-6　直线型组织结构图

2. 职能型组织结构

与直线型组织结构相比,职能型组织结构既可使上下级之间的领导与被领导关系明确,也能在组织内部设立不同职能部门,如财务部、生产部、市场部、人力资源部、采购部、技术部等(见图 3-7)。各职能部门一方面听从上级指令,另一方面接受上级职能部门指导,在自己的业务范围内,也有权指挥和命令下级工作,在一定程度上实现了分权,推动了组织内的专业划分,有利于提高工作效率。但是由于不同职能部门之间目标与利益不尽相同,容易产生部门本位主义,不利于组织实现团结协作与总体利益最大化。

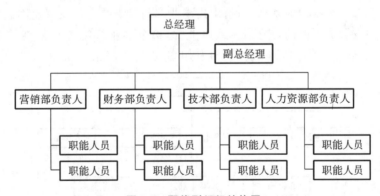

图 3-7　职能型组织结构图

3. 综合型组织结构

直线型组织结构的最大优势在于管理效率高,职能型组织结构的优势在于能够充分发挥各层级领导者的专业优势,但两种结构形式又各有弊端。为了能够充分发挥直线型与职能型组织结构的优势,部分组织尝试吸收两种组织结构的优势,形成了综合型组织结构(见图 3-8)。

综合型组织结构以直线型为基础,统筹规划相关职位,以职能型为核心,下设具体的职

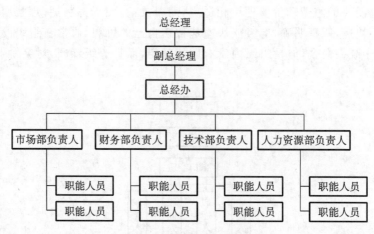

图 3-8 综合型组织结构图

能机构。该结构兼具直线型与职能型结构的优势和特征,既实现了命令上传下达,又保障了职能机构的专业优势。然而,这种结构可能面临职能部门与直线部门沟通不畅的问题,如果赋予职能部门过大的权力,还会对直线部门的领导造成威胁。

4. 联邦分化型与事业部制组织结构

联邦分化型组织结构是指在总经理下设若干中层管理干部,由每个中层管理干部分管一个或几个不同的职能部门,全权负责每个部门的运营,并对自己所管辖部门的经营利润负责。该结构有助于充分发挥中层管理者的积极性与管理能力,但也存在弊端:一是当中层管理者权力过大时,组织难以实现统一命令和控制;二是中层管理者的本位主义可能会令其以部门利益优先。

在联邦分化型组织结构的基础上,衍生出事业部制组织结构。在事业部制结构中,将联邦分化型的部门设置成不同的分支机构或事业部,每个事业部独立运营、独立核算、自负盈亏(见图 3-9)。事业部制结构能够提高资源利用率,促进内部竞争,但也可能导致组织离散。

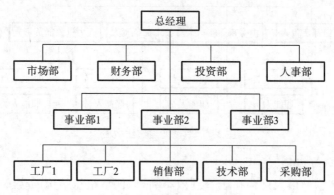

图 3-9 事业部制组织结构图

5. 矩阵型组织结构

矩阵型结构在以项目开展工作的组织中比较常见。当组织需要完成某个项目,而且项目需要不同部门、不同专业、不同能力的人结合到一起才能开展时,组织将建立矩阵型组织结构(见图 3-10)。以项目为主的企业(如建筑企业、咨询服务企业等)中,虽然也有不同的职能部门,但是为了完成某个具体项目,需要从各业务部门和职能部门分别抽取若干员工成立临时的项目小组,当项目完成后,这个小组将解散或转向下一个项目。这种组织结构有利于分工及部门之间的合作,并能提高组织内资源利用率。

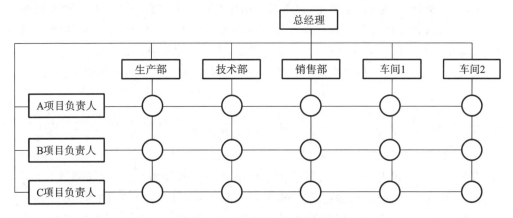

图 3-10　矩阵型组织结构图

上面几种常见组织结构各有优势和弊端,各有适宜的组织发展阶段和组织类型。在设计组织结构时,需综合考虑不同组织结构的优劣势和组织自身的发展阶段,选择最适合组织当下发展需求的结构模式。

二、节事活动项目组织与组织结构

(一)节事活动项目组织

节事活动项目组织的设立是为了完成特定的节事活动项目任务,实现节事活动目标。与其他组织相比,节事活动组织是在项目周期内临时组建的,是一种暂时性的组织,当节事活动结束时,该组织极有可能随之解散。节事活动项目组织具有以下四个特点。

第一,组织结构的柔性化。节事活动是基于创意灵感而策划立项的项目,需要根据环境的变化不断创新、调适,因此,节事活动项目需要构建灵活机动的组织形式和用人机制。同时,各利益相关者之间大多通过合同、协议以及法规等形式结合,他们之间的联系是有条件的、松散的,这在一定程度上反映为节事活动组织的柔性化。

拓展阅读　组织结构柔性化

所谓"柔性",是指组织结构具有能够连续做出临时性调整的弹性和适应性。由于组织是建立在个人、群体和组织内部子单位之间的动态合作以及与外部环境功能互补的基础之上的,因而柔性已成为组织在不确定环境中求得生存和发展不可或缺的因素。柔性化组织强调组织成员之间的信任、合作与信息共享,其隐含的管理理念主要表现为组织边界网络化、管理层级扁平化、组织结构柔性化和组织环境全球化。

其中,组织结构柔性化是以创新能力为宗旨,通过分工合作、共担风险,以适当的权限结构调整,向基层员工授权,并满足员工的高层次需要,增强员工的主人翁责任感,把组织意志变为员工的自觉行动。组织结构柔性化的特点就在于结构简洁,反应灵敏、迅速,灵活多变,以达到快速适应现代市场需求的目的。需要强调的是,组织结构柔性化产生的根本价值在于其能从员工、客户及其他利益相关者的多种需求出发,提倡"团队式合作"的责任意识,使组织能够根据环境的变化,迅速、有效地配置企业资源,通过发挥整体资源优势解决组织发展中所面临的特定问题。

(资料来源:https://baike.so.com/doc/7790052-8064147.html.)

第二,组织生命的周期性。节事活动是周期性的活动,节事活动项目组织是临时性、周期性的组织。该组织建设的基本原则就是根据项目的任务设置机构,因事设人,并不断更新,待活动结束后,项目组织将进行及时调整,甚至是撤销,很多由于活动的举办而调来的工作人员也将随着活动的完成而回归原本部门和岗位。许多需求量大、需求周期短的工作岗位则主要由志愿者来支持。这也是节事活动志愿者重要性之所在。

第三,项目团队的专业化。节事活动的运作和管理是一个复杂的过程,需要一个专业的团队来进行支撑保障。专业化的项目团队和成员将有助于提高组织工作效率。因此,节事活动运作组织的各部门负责人和工作人员都应该具备相应的教育背景和从业经验,以实现节事活动项目团队的专业化。

第四,组织管理的统一性。节事活动组织临时性的特点使得统一指挥和协调尤为重要。举办者在组建节事活动组织时,必须按照统一协调的原则进行,使组织形式简单、高效且运转灵活,从而提高节事活动运作的效率,避免因决策不统一而造成推诿或混乱。

(二)节事活动项目的组织结构类型

节事活动项目设计组织结构需要综合考虑以下几方面因素:节事活动举办组织(特别是承办企业)的业务特点和发展规模;节事活动项目所处的大环境和产权结构;节事活动项目的人力资源素质结构;节事活动项目的长远发展规划和战略步骤;市场环境和竞争对手;组织文化等。

职能型组织与矩阵型组织是节事活动项目中常见的两种组织形式。当节事活动规模较大、组织实施的主体较为多元时,项目型组织则比较适合。三类节事活动项目组织结构对比如表3-2所示。

表3-2 三类节事活动项目组织结构对比

组织结构 比较维度	职能型组织	项目型组织	矩阵型组织		
			弱	中	强
项目经理权限	很少或没有	很高甚至全权	有限	小到中等	中到大等
项目经理类型	兼职	全职	兼职/全职	全职	全职
项目经理常用头衔	项目协调员	项目经理	项目协调员	项目经理	项目经理

续表

组织结构 比较维度	职能型组织	项目型组织	矩阵型组织		
			弱	中	强
全职人员比例	几乎没有	85%—100%	0—25%	15%—60%	50%—95%
项目组织的独立性	完全没有	完全独立	没有	有限	独立

职能型组织：将节事活动项目放在节事活动策划公司（通常为承办企业）或政府的某个职能部门中运行。该公司或该部门对项目的组织运营负责，必要时其他职能部门提供协助。这种组织形式适合于规模较小、单一专业领域的节事活动。

项目型组织：这是一种独立于其他职能部门之外的、自成体系的项目运营管理机构，适用于大型会展项目，如奥运会、军运会等。

矩阵型组织：该结构是职能型组织和项目型组织的结合，能将职能型组织的纵向优势和项目型组织的横向优势有机结合，在现代大型项目中应用最广泛。当采用矩阵型组织时，各职能部门中与项目有关的人员被临时抽调出来，在项目经理领导下从事项目工作。这种组织形式有助于加强各职能部门与各项目之间的协作关系，还可以在局部充分体现柔性化和人性化管理。因此，大多数节事活动项目的组织结构采取的是矩阵型组织结构。根据组织结构的特征及项目团队领导责任与权限的不同，矩阵型组织结构又可分为弱矩阵组织、中矩阵组织以及强矩阵组织结构三种。

在弱矩阵组织结构中，没有明确对项目目标负责的项目经理，这种结构中的项目负责人大多只是一个项目协调者或项目监督者，而不是一个管理者。项目团队成员只有唯一的直接领导，即其所在职能部门的负责人，这种组织结构下，项目协调比较困难。

在中矩阵组织结构（或称为平衡矩阵组织结构）中，项目的管理得到进一步强化，将会从本项目团队的成员中任命一名项目经理，并赋予项目经理一定的权力，由项目经理对项目总体与项目目标负责。但是项目经理只是某一职能部门的下属成员，还需接受本部门负责人的直接领导，这就导致其权力和工作将可能受到限制与影响。

在强矩阵组织结构中，将由组织的最高领导任命对项目全权负责的项目经理，项目经理直接向最高领导负责，或者在组织中增设与其他职能部门同一层次的项目管理部门，并直接接受最高领导的指令，项目管理部门再按不同的项目，委任相应的项目经理。在这种组织中，项目经理为了实施项目目标，有权联合各个职能部门的力量和协调各部门之间的关系，有效地支配和控制组织资源。

（三）节事活动项目组织结构设计

节事活动的项目组织可根据工作内容分为活动组、宣传组、信息组、财务组、保卫组等，还可根据所负责活动的类型不同划分出若干工作机构，每个部门或工作机构根据自身的职责承担相应的工作任务。一些大型节事活动，一方面需要采用矩阵型结构或项目型结构，从不同的部门抽调所需人员进行项目的组织与开展，另一方面由于涉及的机构过多，人员繁杂，项目内部往往采用直线职能型。这样的节事活动在组织结构的整体面貌上属于综合型组织结构（见图3-11）。

以"中国·沧州纪晓岚逝世200周年暨纪晓岚文化节"为例，该节事活动在组织结构设置过程中,在活动组委会下设置了办公室、保障组、保卫组、宣传组、活动组以及财务处,并在保障组、宣传组、活动组下分设各具体负责小组(见图3-12),组织结构简洁、完善,每个职能小组在组委会的统一指导与办公室的综合协调下,各司其职,共同推进文化节的顺利举办。本章课后案例详细介绍了该节事活动的组织设计和责任分工。

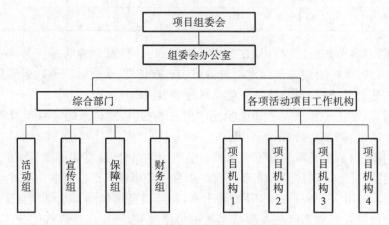

图3-11 大型节事活动项目组织结构示例

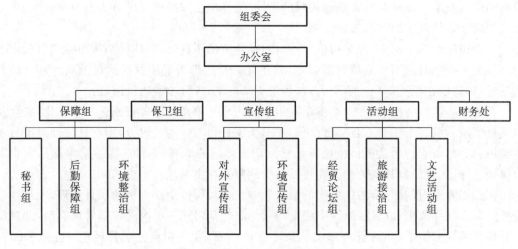

图3-12 中国·沧州纪晓岚逝世200周年暨纪晓岚文化节项目组织结构

三、节事活动项目的团队

(一)节事活动项目团队的概念与特征

团队是由两个或两个以上的人组成的,通过成员彼此之间的相互影响、相互作用,在成员行为方面形成共同规范的一种介于组织与个体之间的形态。总体而言,一个有效的团队具有共同的目标,有合理的分工与协作、高度的凝聚力与民主气氛、有效的沟通与相互信赖,并且能够满足个人发展需要。

节事活动项目团队是由多人组成的,为了实现节事活动项目目标而协同工作的系统集合，是一个由具备多方面知识、技能及协作精神的人员迅速组成的临时性组织。相比于其他类型的团队，节事活动项目团队具有以下几方面特征。

第一，团队的临时性。节事活动项目团队一般是临时性的，大多会随着节事活动项目的举办完成而解散。

第二，成员来源的广泛性。节事活动项目团队成员包括项目经理、管理人员、营销人员、财务人员、公关人员、技术人员等，来源比较广泛，尤其是大型节事活动项目，需要多个部门及不同领域成员共同参与。

第三，项目经理权力的有限性。节事活动项目团队大多是临时性的，项目经理对团队成员缺乏足够的正式行政权力，有些项目团队中的个别成员级别可能比项目经理还高。

第四，成员工作的双重性。节事活动项目团队成员大多身兼数职，或者是从其他部门抽调过来的，除了需要完成节事活动项目的工作内容外，还需要完成自己的本职工作。

（二）节事活动项目团队的发展阶段

节事活动项目团队会经历一个不断成长和变化的过程，一般可分为组建、震荡、规范、成效、解散五个阶段，在不同阶段，团队特征也各不相同，项目经理需要根据不同阶段的特点，采取不同的领导风格，见表3-3。

表3-3 节事活动项目团队发展阶段的特征及领导风格

项目团队发展阶段	特征	项目经理领导风格
组建阶段	团队成员试图确定自己在团队内部的角色与职责	指导型
震荡阶段	团队成员之间关系紧张，出现内部斗争，谋取权力控制，并向领导发起挑战	影响型
规范阶段	团队成员逐渐接受工作环境及其工作任务，项目规程得以改进和规范，开始形成团队凝聚力	参与型
成效阶段	团队成员之间相互理解、相互信赖、高效沟通、密切配合，项目经理充分授权，实现团队高绩效	授权型
解散阶段	项目目标基本完成，团队成员准备离开	指导型

1. 组建阶段

在本阶段，节事活动项目团队成员刚刚开始共事，总体上有一定的工作积极性，试图确定自己在团队内部的角色及应当承担的职责。项目经理需要对团队成员进行指导，向成员传达项目目标，并向他们描绘未来的美好前景及项目成功所能带来的效益，公布项目的工作范围、质量标准、预算和进度规划等，使每个成员对项目目标有全面、深入的了解。同时，明确每个项目团队成员的角色及主要任务和要求，帮助他们找好自己的角色定位，与团队成员共同讨论团队的组成、工作方式、管理方式、方针政策等，以便取得一致意见，保证今后工作的顺利开展。

2. 震荡阶段

这是团队内激烈冲突的阶段。随着团队工作推进，各方面问题会逐渐暴露出来，成员可能会发现任务繁重，或与某个成员相处并不融洽，或成本和时间进度限制太过紧张，这些都

会导致团队冲突的产生。在此阶段,节事活动项目经理应允许成员表达他们的不满,反映他们所关注的问题,充分发挥自身的影响力并做好导向工作,依靠团队成员共同解决问题、共同决策,增强团队成员的归属感,最终创造一个理解、支持的团队氛围。

3. 规范阶段

经过震荡阶段后,节事活动的项目团队将逐渐趋于规范。团队成员将慢慢冷静下来,接受工作环境及工作任务,表现出相互的理解、关心、友爱及团队凝聚力。同时,团队成员通过一段时间的共事后,对工作程序、操作方法以及新制度等,彼此逐渐熟悉和适应,新的行为规范得到确立并为团队成员所遵守。为了使这种良好的团队氛围继续保持,项目经理应尽量减少指导性工作,给予团队成员更多的支持和帮助;鼓励成员发挥能动性和个性特质;积极培育团队文化,注重培养成员对团队的认同感、归属感,努力营造协作、帮持、关爱和奉献的团队氛围。

4. 成效阶段

通过规范阶段,团队的结构完全功能化,团队成员之间相互理解、相互信赖、高效沟通、密切配合,共同解决困难和问题,创造出很高的工作效率和满意度。在这一阶段,项目经理应授予成员更大的权力,尽量发挥成员的潜力;帮助团队执行项目计划,集中精力了解关键环节的工作完成情况,以保证项目目标得以实现;做好对成员的培训工作,帮助他们获得职业上的成长和发展;客观评价成员的工作绩效并采取适当的方式给予激励。

5. 解散阶段

随着节事活动项目临近结束,多数团队将随之解散。由于对未来预期的不确定性,团队成员可能会出现焦躁、紧张等情绪及其他不稳定因素。这时,项目经理须改变工作方式,对成员的工作内容及工作方法进行明确指导,确保项目最后的各种收尾工作顺利完成。同时,项目经理也需采取措施收拢人心,稳住队伍,考虑成员以后如何安排的问题,甚至给成员推荐新的工作。

(三)节事活动项目团队角色

在项目管理的团队中,成员担任着不同的角色。合理界定每个成员的团队角色是项目团队管理的重要工作之一。剑桥产业培训研究部前主任梅雷迪思·贝尔宾博士(Meredith Belbin)及其同事研究提出著名的贝尔宾团队角色理论(Belbin's Theory of Team Role):利用个人的行为优势创造一个和谐的团队,可以极大地提升团队和个人绩效。成功的团队中必须包含担任不同角色的成员,而角色是由个体在团队内的行为、贡献以及人际互动的倾向性来定义的。一支结构合理的团队应该有八种角色组成(后来修订为九种角色),见表3-4。需要说明的是,在具体的节事活动项目团队中,有些角色分工是显性且必要的,如协调者、智多星、实施者等,而有些角色的存在则比较隐晦,甚至叠加在某些必需的角色中。

表3-4 贝尔宾团队角色理论中的角色分工与特征

角色	行动	特征
主席/协调者	阐述目标与目的,帮助分配团队成员的责任和义务,并协调统筹项目所有工作	稳重,智力水平中等,信任别人,公正,自律,积极思考,自信,具有较强的人际交往能力与协调能力

续表

角色	行动	特征
左右大局者	协调成员讨论模式,促进成员意见达成一致,并做出决策	易激动,敏感,好交际,喜欢辩论,有较高的成就感,具有煽动性,精力旺盛
外交家/资源调查者	团队的谈判高手,搜集、介绍外部信息	为人随和,热情,好奇心强,行动力强,有求知欲
内线人/智多星	提出建议和新观点,为团队行动过程提出新视角	创造力强,知识渊博,聪明,慎重,个人主义,非正统
监测者/评估者	客观地分析问题和复杂事件,评估其他人的成就	公平客观,理智,冷静,聪明,言行谨慎
凝聚者	为别人提供指导和帮助,给予其他成员最大支持	性格温和,灵活性强,适应能力强,善于交际
鞭策者	面对困难,积极找出解决办法,鼓励其他成员积极工作	充满干劲,精力充沛,渴望成就,喜欢领导并激励他人采取行动
专业师	专注于项目中的专业工作,并不断探究	专注于自己的领域,会为自己获得专业技能和知识而感到骄傲
实施者	强调完成既定程序与目标的必要性	力求完美,坚持不懈,勤劳,注重细节,充满希望

不论团队成员的角色如何,成员间的通力合作需要以某些关乎价值观和基本原则的共识为基石,特别是对于具有鲜明而短暂的存续周期的节事活动项目而言。这些共识应该是:

- 团队成员必须明确团队的目标、价值观及指导方针;
- 共享的目标应该是团队经努力能够实现的,对成员具有激励的作用;
- 共享的价值观具有行为指引作用,团队成员愿为之而努力;
- 团队的共识具有可发展性,成员能经常审视、反思和改善已达成的共识,以确保团队能够适应新的情况与环境。

(四)节事活动项目经理

项目经理在项目团队中是既定的主席和协调者,也承担着左右大局者的角色任务,既负责管理整个项目,又是项目重大决策的制定者和执行者。通过详细的计划、严密的组织、灵活的协调、有效的沟通、准确的控制,项目经理对项目实行全面领导和统一指挥,从而实现项目的最终目标。

1. 项目经理的职责

作为项目管理的第一责任人,项目经理的职责就是对项目进行有效的计划、组织、指导和控制,以确保全部工作在既定资源、成本和时间框架的约束下,按时、按质地完成。具体到节事活动的项目团队,其项目经理的工作职责同样分为计划、组织、指导和控制四个方面。

计划:节事活动项目经理在上级领导或委托方认同的基础上,设定清晰的目标,制订明

确的计划,提出所需资源、技术、设备和人员配备等,建立信息管理系统。

组织:节事活动项目经理需组织精干的项目团队,确定其管理结构,明确岗位责任,制定项目管理责任矩阵,建立项目内部与外部的沟通渠道,制定项目团队运行的规章制度和议事日程。同时协调小组成员制订工作计划,根据立项内容配置资源,以确保项目组织高效运转。

指导:节事活动的项目经理把握项目运营管理总体方向,指导小组成员有效完成工作任务。项目经理需对节事活动工作任务进行分解;定期检查、评价项目计划执行情况,必要时对计划、组织结构及人员进行调整;负责与项目内外部门联系、汇报、沟通与检查,处理冲突,化解矛盾,减少风险,确保纠正措施及时实施。

控制:节事活动项目组织实施过程中的各种信息、指令、目标、计划都需由项目经理决策后发出,来自内部和外部的信息也通过项目经理汇总。项目经理需要确定项目工作内容的优先级,对成本、进度和质量等进展情况进行控制,对分配下去的工作进行跟踪与反馈,同时,还需要根据各种反馈信息,不断地对项目计划进行调整与控制,以实现项目预期目标。

2. 项目经理的权限

对等的权限是确保项目经理履职的先决条件,也是项目管理取得成功的保证。一般而言,节事活动项目经理的权力主要包括四项。

一是行政权力,项目经理作为项目团队的管理者,有权招聘所需的团队成员,并对成员进行岗位、任务指派,考核成员业绩等。

二是决策权力,在项目团队中,重大决策需要根据公司的总体战略以及上层领导意志进行制定,而一些具体的项目工作则可以由项目经理进行独立决策,这也有助于提高项目团队的应变能力。

三是工作评价权力,项目经理有权对团队成员的工作进行鉴定与评价,并提供反馈意见,项目经理的评价结果有可能与成员的绩效考核、加薪、提拔等相关联。

四是资源配置权力,项目经理有效的控制手段之一就在于他能够掌管、支配人、财、物等项目资源。

3. 项目经理的素质要求

节事活动项目经理的素质关系到项目管理的成败。项目经理需具备与活动组织及实施相匹配的多方面素质,主要包括品德素质、知识素质、能力素质和身心素质,见表3-5。

表3-5 节事活动项目经理的素质要求

素质类型	具体内容
品德素质	正直、诚实的道德品质,认真负责,遵纪守法,锐意进取,造福社会的责任感
知识素质	相关专业知识、管理知识、财务知识、自然科学与人文社会科学知识等
能力素质	领导能力、人际交往能力、决策能力、管理能力、处理问题与解决冲突的能力等
身心素质	身心健康,有较强的抗压能力

4. 项目经理的选拔

人员选拔一般有内部选拔与外部招聘两种途径。一般情况下,节事活动项目经理通过内部选拔确定,主要优点在于选拔的人员熟悉组织特点、制度、流程以及项目成员,有利于更好、更快地完成任务。内部选拔的方法包括评议法、行动测定法、评议中心法三种。

评议法:公司领导逐个评议项目经理候选人员,将候选人的过往业绩、学习成绩和日常工作等考核记录作为评议基础,不仅要看候选人的学历、专业,更要看实际工作能力。

行动测定法:通过模拟一些项目实施中的紧急情况,让候选人去处理,观察他们处理问题时是否抓住了要害、是否坚决果断、是否发现了更深层次的问题并注意到各类问题之间的内在联系,最后评定其是否能担任项目经理。

评议中心法:将候选人评价工作交给专门的评议中心去完成。评议中心对候选人进行心理测试和实际工作能力考核,最后做出专业评价与推荐,再由公司领导人决定是否选拔。

对于规模巨大、持续时间较长的节事活动项目,或者是对于全新题材的节事活动,组织内部缺少相关专业人士时,项目经理则会经由外部招聘而确定。外部招聘有利于吸收新生的中坚力量进入项目团队,激发团队创新能力。外部招聘选拔项目经理需要明确阐述该职位所要求的政治素质、业务能力、领导能力等各方面素质要求,并说明招聘程序和招聘方式。

对于新提拔或者新录用的项目经理,均须进行系统培训,以丰富他们的项目管理知识和综合知识,提高他们的相关技能,使其能更好地适应新的岗位与环境,适应角色转变。

(五)节事活动项目团队的冲突管理

在项目环境中,冲突是不可避免的,甚至是项目结构的一种存在形式,因此项目经理也常被称为冲突经理。在不突破项目约束的情况下,有些冲突是"有意义的",会带来有益的结果。但整体而言,对项目的冲突进行预判和管理,及时处理或避免冲突,是节事活动项目团队管理的重要工作内容之一。

1. 冲突的来源

理解冲突的来源是解构冲突形成机制、确定冲突解决策略的基础。在节事活动项目团队中,冲突的来源可能是外部的,也可能是内部的,主要可分为以下几类。

管理程序的冲突。当项目团队管理程序、成员职责、工作范围、界面关系等不清晰时,将可能导致团队冲突。

资源分配和费用冲突。项目团队的资源分配是团队成员比较关注的事项,由谁来进行资源分配以及每个成员应承担哪些工作,所获得的资源有哪些,这些问题都可能产生团队冲突。而在项目实施进程中,也常常因为争夺工作所需的资源而产生冲突。

项目优先权的冲突。该冲突不仅会发生在项目团队和其他支持团队之间,在项目团队的内部也有可能发生。当某个成员被同时分配到几个不同的项目组中工作时,该成员常常面临工作任务优先次序的选择,容易产生优先权的冲突。

进度计划冲突。对于完成工作的次序及完成工作所需时间的长短,每个成员可能会有不同的意见,这些意见分歧有可能导致冲突的产生。

成员个性冲突。项目团队成员在个人价值观和态度上均会存在一定差异,这些差异也会在团队成员之间产生冲突。

冲突来源不同,所带来的矛盾对抗的激烈程度也存在差异,且在节事活动项目周期中也会有阶段性的变化。一般而言,最常见的冲突是进度计划冲突,带来的后果是进度拖后,将会对节事活动运营管理产生重大负面影响,需要严密防范杜绝。最具隐蔽性的冲突是个性冲突,将会严重影响团队的工作效率。

2. 团队冲突的解决策略

团队冲突的解决策略通常有回避或撤出、缓和或调停、妥协、正视、竞争或强制五种。

回避或撤出是一种消极的冲突解决策略,指当节事活动的项目团队发生冲突时,卷入冲突的成员从冲突情境中撤出来,避免发生实质的争端。这种策略只是一种临时性解决问题的方法,问题及其引发的冲突仍然存在,而且可能会使冲突积累起来,逐步升级。当团队成员无法获胜、利害关系不明显、团队成员认为问题会自行解决或者团队成员为了保持中立的时候可以采取回避或撤出策略。

缓和或调停策略即强化意见一致的方面,淡化意见不同的方面,努力排除冲突中的不良情绪。缓和并不足以解决冲突,但却能够说服双方继续留在谈判桌上,还存在解决问题的可能。在缓和的过程中,一方可能会牺牲自己的目标以满足另一方的需求。该策略能够缓和冲突,但不利于从根本上解决冲突。当为了达到一个全局目标,或者利害关系不明显,或责任有限,或任何方案都不足以解决问题的时候,可以采取缓和或调停的策略。

妥协常常是面对面协商的最终结果,通过努力寻求一种解决方法,使每个团队成员的需求都能在一定程度上得到满足。妥协有可能是一种"平等交换"的方式,会产生"双赢"的结果,也有可能任何一方的需求都没有得到完全满足,从而产生"双败"的结果。当冲突各方都希望成为赢家,或个人无法取胜,或为了保持与竞争对手的联系,或利害关系一般的时候,可以采取妥协的策略。尤其在两个方案势均力敌、难分优劣时,妥协是一种较为稳妥的冲突处理方法。

正视是一种积极的冲突解决策略,采用该策略时,冲突的各方都将积极正视冲突,面对面会晤,尽力解决争端。这一策略应当侧重于解决问题,而不是争强好胜,属于协作与协同的方法范畴。当你和冲突一方的需求都能得到满足,或者可以降低成本,或者可以建立共同的权力基础,或者可以攻击共同的竞争对手,或者彼此信任,或者最终目标还有待被认识时,适宜采取这一处理策略。

竞争或强制也是一种积极的冲突解决策略。在这种策略下,团队成员竭力将自己的方案强加于其他团队成员。当一项决议可能在最低的水平上达成时,强制的方法最能奏效,而冲突越厉害,就越容易采取强制的方式,其结果就是一种"赢—输"的零和博弈局面。当你有正确的方案,或者项目正处于一种生死存亡的局面,或者彼此利害关系很明显,或者可以争取到某个位置或某项权力的时候,可以采取竞争或强制策略。

3. 团队冲突的解决程序

无论采取前述哪种冲突解决策略,项目经理都必须遵循一定的步骤来落实该策略,见图3-13。

在团队冲突解决过程中,为了将冲突带来的负面影响尽量最小化,项目经理和团队中不同角色应该尝试建立彼此的信任,尝试理解冲突产生的动机和背后的诉求,广泛听取各方意见,保持开放、平等、交换的处理姿态,促进冲突的有效解决。对于项目经理而言,更应该做到以下几点,以确保项目团队的运行不偏离既定的轨道:熟悉和秉持项目团队的目标;带着理解去倾听意见而不是评价;从源头弄清冲突的属性;就解决分歧的程序提出建议;保持与

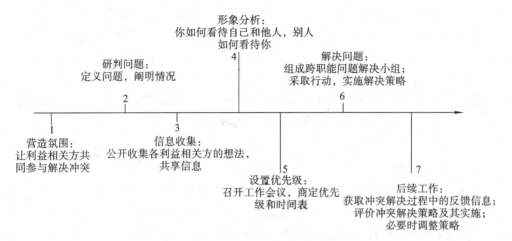

图 3-13 项目冲突解决的基本程序

冲突各利益方的联系；促进沟通过程；积极寻求解决办法。

四、节事活动项目的志愿者管理

志愿者是支持公共文化服务活动顺利开展的重要力量，政府与社会各界都非常重视志愿者的发展。2013年12月，由共青团中央、中国青年志愿者协会提出的《中国青年志愿者行动发展规划（2014—2018）》中对青年志愿者工作提出了明确要求和基本原则。节事活动项目在举行期间有大量工作岗位是临时性的，需要志愿者予以支持，因此，志愿者是节事活动项目成功与否的关键约束条件之一，相关管理内容包括志愿者的招募、培训、激励与评价。

（一）志愿者的招募

节事活动的志愿者主要是通过外部招募而获得，如发布招募公告、他人推荐等。志愿者的招募应设置系统的选拔程序和招募机制，需考察志愿者自身条件、对志愿服务的组织或项目是否认同、是否具有业务能力等情况，了解志愿者的特点与特长，从而安排相匹配的服务工作。

在美国，不少专门从事节事活动策划与组织的公司经理人通过所在公司的公共事务办公室、公关部或人力资源部招募大批现场的志愿者等，由志愿者来管理节事活动现场的酒水商亭、游艺设备、进出秩序等事项。同时，市民和互助性组织也是志愿者来源的重要渠道之一。这些组织的使命之一是为社区提供服务，因此，这些组织是志愿者招募的重要渠道和对象。学校是志愿者另一个重要来源。在美国，许多学校所在地区要求高中学生必须完成最低限度的社区服务时间才能毕业。在我国，高校大学生也是体育赛事、世博会、园博会等大型节事活动志愿者的重要组成。

2010年,中国上海世博会期间,志愿者招募工作于2009年5月正式启动,计划面向全球公开招募约17万名志愿者,包括约7万名园区志愿者以及约10万名城市志愿服务站志愿者。其中,园区志愿者招募了包括园区信息咨询、接待协助、残障人士援助、活动及论坛组织协调、参观者秩序引导协助、语言翻译、媒体服务、志愿者管理协助八大类岗位;城市志愿服务站志愿者则于世博会期间在全市交通枢纽、旅游景点、宾馆饭店、商业中心等地设立的1000多个服务站点提供文明宣传、信息咨询、语言翻译和应急救援四类服务,这类志愿者要求对上海城市情况比较熟悉,因此招募主要针对本地居民。

(二)志愿者的培训

志愿者培训是提升志愿者服务水平和服务质量的重要手段。志愿者培训的内容包括培育志愿精神、认识志愿服务标识、理解志愿服务理念、学习志愿服务规范与礼仪、统一志愿服务口号、普及志愿者歌曲等,以促使志愿者获得认同感和归属感,并在此基础上培训志愿服务所需技能。

志愿者培训的方式包括短期的集中系统培训、定期社会性集会活动以及在节事活动举办场所进行实地演练等。志愿者培训方式可以丰富多样,以适应不同志愿者群体的学习特点,但必须对训练的结果进行测验,以考核他们是否掌握所传授的技能。培训结果测验可采取试卷测验、实地考核测验,或是两相结合的综合测验方式。为了减少志愿者培训时间,主办方可以提前为每名志愿者提供一份志愿者手册,概述活动政策和程序,让志愿者提前学习。

拓展阅读　2019年武汉军运会志愿者招募与培训

——主要针对赛会志愿者

第七届世界军人运动会于2019年10月18日在武汉开幕,该次军运会共招募5万余名赛会志愿者及20万余名城市志愿者。武汉军运会执委会志愿者相关负责人表示,军运会志愿者分为志愿者形象大使、骨干志愿者、赛会志愿者和城市志愿者等几大类,通过来源多样化、服务专业化和管理规范化的方式,打造一支"军味"十足、专业高效、时尚动感的志愿者队伍,为武汉军运会赛会各项工作和活动做好服务。

1. 赛会志愿者招募

赛会志愿者主要任务:为赛时竞赛活动和相关事宜提供服务,分为抵离、礼宾、语言、交通引导、医疗卫生、新闻宣传、观众服务等13个大类,将主要服务于机场、火车站、酒店、军运村、媒体中心、比赛场馆、裁判员驻地等场所。

赛会志愿者招募对象:主要为驻汉军队院校学员、武汉地区在校大学生及知名志愿者团体。

赛会志愿者报名条件:遵守中国法律法规和各项规章制度,具有良好的思想道德品质和热心参与社会公益事业的奉献精神;不限地域和国籍;年满18周岁,身心健康,吃苦耐劳;有较强的沟通能力、合作精神和组织纪律性;具备基本的外语交流能力;具备相应志愿服务岗位所必需的专业知识和技能。

赛会志愿者招募时间:分两批次进行,第一批次招募时间为2018年4月—6月,第二批次招募时间为2019年2月—5月。

赛会志愿者报名途径:①关注"第七届世界军人运动会"官方微信,留言关键词【报名】,后台即可自动跳出报名链接;②关注"第七届世界军人运动会"官方微信,在菜单栏进入【志愿者报名】栏目,即可进入报名页面;③登录第七届世界军人运动会官方网站,从首页军运会赛会志愿者报名查询入口,点击注册,根据提示,填写个人信息字段,即可报名成功。

武汉军运会执委会对报名者进行筛选、面试和复审工作,择优录取。

2. 赛会志愿者培训

赛会志愿者须经过执委会组织的系统培训后上岗。培训内容包括通用培训、专业培训、岗前实训和行动演练4个部分,结合线上培训、线下面授和上岗实践等形式,提升志愿者综合素质和能力,打造一支"军味"十足、专业高效、时尚动感的赛会志愿者队伍。

2018年9月下旬,赛会志愿者通用培训正式启动,2018年12月1日,赛会志愿者通用培训进高校全面实施。为确保赛会志愿者培训效果,提高培训的规范性和标准化,执委会通过公开招投标确定了一家具有国际大型赛会培训经验的机构为赛会志愿者开展线下及线上培训,并根据部分专业岗位的需要开展相应的延伸培训。这是国内大型赛会中首次由一家培训机构完整承接全部赛会志愿者培训任务。为督促培训机构科学设计和实施培训,让全体赛会志愿者都能明确掌握提供志愿服务所需的知识和技能,还聘请独立的第三方评估机构对培训效果进行评估,这也是国内大型赛会志愿者工作中的首创。

通过建立规范合理、科学高效的志愿者招募、培训体系,本届军运会招募、培养了一支热心志愿服务、通晓军运知识、熟悉武汉城市、掌握服务技能、注重团队协作、彰显文明风采的志愿者队伍,实现了志愿服务的有序化、专业化与品质化。

(资料来源:http://www.wuhan.com/travel/9891.html;https://baijiahao.baidu.com/s?id=1618958503405183613。)

(三)志愿者的激励与评价

节事活动中招募志愿者的知识素养、技能水平参差不齐,因此,必须委派志愿者小组负责人或其他监督者协调、监督、评价每位志愿者的工作表现,指导或辅导那些工作表现还需进一步改进的志愿者,提高他们的服务技能与水平。

志愿者的激励与评价是志愿服务制度化的重要抓手,是提升志愿服务水平、优化志愿服务类型结构、扩大志愿服务覆盖面的关键因素。主办方和项目团队在获得志愿者默默服务、无私奉献的同时,也应关注到志愿者的精神需求,采取激励措施提高志愿者的工作积极性。因此,主办方应针对志愿者建立完善的激励机制,实施科学的考核评价制度,并根据志愿者服务工作的考评制度建立志愿者激励奖评措施。

2019年,武汉军运会志愿者的激励就遵循"以人为本"的原则,针对志愿者的共性需求与个性需求,显性激励与隐形激励结合,精神激励与物质激励同步,有效满足并超越志愿者的期待与预期。一方面,军运会执委会为在赛会服务期间的志愿者提供了人身意外伤害保险、工作餐与饮用水、服装与相关装备、必要的交通和通信补贴等。另一方面,执委会还在赛会结束后开展了志愿者工作总结表彰活动,能够完成赛会服务任务,累计服务时长达到规定时间的志愿者,不但可以获得军运会志愿服务证书,还将按不同服务时长获得不同徽章,集齐相关徽章的志愿者可参评"军运会志愿服务之星",并获得军运会志愿者金质徽章一枚。通过这一系列举措,不断完善激励机制,表彰和鼓励志愿精神在我们的社会中薪火相传,生生不息。

第三节 节事活动项目管理的工作内容

一、节事活动的项目描述

项目描述是围绕节事活动立项目标和策划框架对具体工作内容进行定义和沟通的过程。实施节事活动项目管理时,首先要确认和描述该项目的具体目标、特定范围和内容,把各项构成要素加以细分,以便更好地管理和控制,并在执行项目的组织、供应商和委托方等利益主体间达成共识,让项目团队的努力方向和产出要求更加具体明确。

节事活动项目描述可以用表格的形式来呈现,主要内容包括但不限于节事活动名称、节事活动目标、交付成果、完成标准、工作内容、工作规范、预估周期、重大里程碑事件、负责人审核意见等,示例表格见表3-6。其中,目标的描述应该超越策划立项时提出的概念性目标,转向细化、量化的目标,受工作范围、进度计划和预算投入的约束,明确阐述为一定期限内、一定预算内、一定范围内完成节事活动的运营管理。交付成果涉及节事活动的呈现效果,例如,参与规模、媒体报道程度、持续时间等。完成标准则由委托方、项目执行组织、赞助商等多方利益主体共同协商明确,例如,邀请重量级嘉宾的标准、赞助商品牌曝光度的标准、参加者和观众满意度的标准等。

表3-6 节事活动项目描述表(示例)

节事活动名称	
节事活动目标	
交付成果	
完成标准	
工作内容	
工作规范	
预估周期	
重大里程碑事件	
负责人审核意见	

二、节事活动项目的工作分解结构

节事活动的项目描述达成共识后,下一步就是确定需要执行哪些工作要素或活动来完成它,这就要求项目团队提出一份关于所有工作内容的一览表。制定一览表有两种方法。一是让项目团队利用"头脑风暴法"集思广益,生成该一览表,这种方法适合规模较小的节事活动。二是利用工作分解结构(Work Breakdown Structure,WBS)对工作内容进行全面的梳理和分解,适用于大型、复杂的节事活动。此处重点讲解工作分解结构方法的应用。

工作分解结构可将一个大型、复杂的节事活动分解成易于管理的几个部分或几个细目,以帮助项目团队识别完成项目工作范围所需的所有工作要素。它是项目团队在节事活动运营管理期间要完成的最终细目的等级树,所有细目的完成或产出构成了节事活动的整体面貌。工作分解结构最终会将项目分解到相对独立、内容单一、易于成本核算和检查的工作单位(或称为"工作包"),这是分支最底层的工作细目,并以等级树的结构图形式直观地表现各工作单位在项目中的地位和构成,见图 3-14。

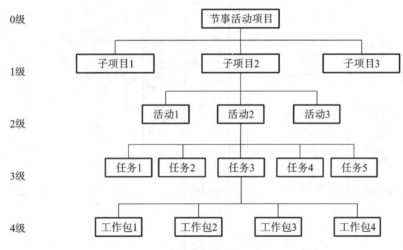

图 3-14 节事活动项目工作分解结构示例

任何一个节事活动项目都不会只有唯一正确的工作分解结构方案,不同的执行组织提出的工作分解结构方案可能会存在较大差异。最终决定工作分解结构详细程度和等级多少的因素是节事活动项目的组织和团队力量、个人职业素养、时间约束情况和预算水平。

图 3-15 所示为以某城市节日庆典中的文娱节目板块为例制作的工作分解结构。该图的结构将节日庆典中的文娱节目作为一个独立项目分解为若干工作细目,直到底层细目——工作包。对于大型节事活动来说,拆解为多个独立项目分别运营管理是通常的工作思路和实践方法,以此来确保各项工作齐头并进。工作分解结构中的所有分支不必都分解到同一水平,应视具体情况完成分解。图 3-15 中,大多数工作包是 2 级水平,但有 4 个工作细目被进一步分解为 3 级水平,1 个工作细目(志愿者一栏)的分解只限于 1 级水平。工作分解结构也为每一个工作细目指定责任人提供了可视化的便利。多数情况下,节事活动项目团队的核心成员数量不多,但需要分别承担一项主要任务,兼顾参与多项工作任务,因此尤

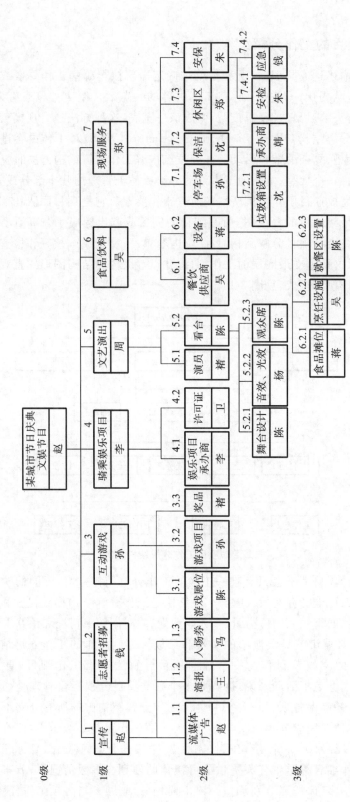

图 3-15 某城市节日庆典中文娱节目的工作分解结构举例

其需要在安排项目管理工作内容时明确工作细目的主要责任人和次要责任人,避免推诿拖延,影响工作进度。为了演示方便,图中各工作细目的责任人以姓来指代,同一姓指代同一人。

三、节事活动项目的责任矩阵

责任矩阵(Responsibility Matrix)是用表格形式来展示完成工作分解结构中工作细目的个人责任的工作方法。责任矩阵以分配工作任务、明确工作职责为目的,清楚地显示了个人在项目团队中的作用、关系、责任地位和汇报路线,同时也显示了每项工作细目的事权在谁手上,以此来确保项目实施中不会出现因事权不清晰而引发的责任推诿。表3-7是与图3-15某城市节日庆典中文娱节目项目的工作分解结构相关联的责任矩阵。

因工作习惯的差异,有些责任矩阵会用其他符号在责任矩阵的表格中标识谁是各项工作细目的责任人,例如X、■等,旨在明确工作推进的关键人物。有些责任矩阵会区分各项工作细目的主要责任人和次要责任人,分别用P、S来标识,这不仅可以明确关键人物,还可以明确协作完成工作细目的相关人员,以确保工作推进的效率。另有一些责任矩阵区分了项目团队人员在各项工作细目中承担责任的重要程度,明确相应的责任地位,分别用R、A、C、I来标识。其中,R(Responsible)代表第一责任人,是该工作细目的核心责任人,A(Accountable)为主要参与人/负责人,C(Consulted)为商议人,参与议事,I(Informed)为知晓人。R、A、C、I的责任地位依次降低。这种责任矩阵适用于项目规模较大、项目组织成员较多的节事活动,需要将工作内容分解和人员配备做得更加细致,以确保节事活动项目推进有效率。

表3-7 某城市节日庆典项目文娱节目责任矩阵

WBS细目	工作细目	赵	钱	孙	李	周	吴	郑	王	冯	陈	褚	卫	蒋	沈	韩	杨	朱
	文娱节目	P	S	S	S	S	S	S										
1	宣传	P							S	S								
1.1	流媒体广告	P																
1.2	海报								P									
1.3	入场券	S							S	P								
2	志愿者招募		P															
3	互动游戏				P				S	S								
3.1	游戏展位				S				P	S								
3.2	游戏项目				P				S	S								
3.3	奖品									P								
4	骑乘娱乐项目				P						S							
4.1	娱乐项目承办商				P													

续表

WBS细目	工作细目	赵	钱	孙	李	周	吴	郑	王	冯	陈	褚	卫	蒋	沈	韩	杨	朱
4.2	许可证				S								P					
5	文艺演出					P				S	S							
5.1	演员										P					S		
5.2	看台									P	S							
5.2.1	舞台设计									P	S							
5.2.2	音效、光效																P	
5.2.3	观众席										P					S		
6	食品饮料						P					S						
6.1	餐饮供应商						P					S						
6.2	设备						S			S		P						
6.2.1	食品摊位											P				S		
6.2.2	烹饪设施						P											
6.2.3	就餐区设置									P								S
7	现场服务				S		P							S				S
7.1	停车场			P														
7.2	保洁											P		S				
7.2.1	垃圾箱设置											P						
7.2.2	承办商																P	
7.3	休闲区						P											
7.4	安保	S														P	P	
7.4.1	安检	S	S														P	S
7.4.2	应急	P																

注:P 表示主要责任;S 表示次要责任。

四、节事活动项目工作细目的界定

节事活动项目的工作内容一览表确定后,每一项工作细目将由相应的责任人分别完成。此时,责任人需要进一步明确工作细目的内涵及要求,以确定需要投入的时间、精力和资源。就节事活动项目而言,多数责任人会同时负责好几项工作细目,这是由节事活动项目的特点决定的,因此责任人需要做好统筹,同时推进各项工作细目。

界定工作细目是要明确该项工作需要哪些活动才能完成,每个活动都需要消耗一定的时间,但不一定消耗人力。责任人弄清楚工作细目的活动构成,才能有效安排工作进程,分配时间和精力。例如,节事活动现场粉刷工作完成后,需要 1—2 天时间来等待墙面干燥,但此时不需要投入新的人力,因此这个时段的人力可以用来完成其他活动。

以图 3-15 中的工作包 3.1 游戏展位为例,该项工作包可能包括 8 个活动(不同的项目团队的工作条件和资源状况存在差异,因此工作细目的活动界定也会有所不同);设计展位;确定材料;购买材料;搭建展位;粉刷展位;拆除展位;移至庆典现场重新搭建;拆卸展位并送回仓库。

当所有活动都已经明确时,工作包的责任人就能非常清晰地盘算工作时长、资源消耗以及不同工作细目的时间进度安排。这也为节事活动项目的时间管理提供了依据。

五、节事活动项目管理工作内容的网络计划

节事活动项目管理的工作内容由许多工作细目组成,彼此之间相互关联,因此需要做好整体统筹。目前常见的统筹工具是网络计划,它是项目管理计划职能的产物,用网络图来表明活动的顺序流程,以及它们之间的相互联系。

(一)网络原理

绘制网络图必须首先掌握一些基本原理。网络图有两种不同形式,一种是用节点表示工作活动(AIB),又叫节点活动(AON),另一种是用箭头、线表示工作活动(AOA)。

在用节点表示工作活动的形式中,不同工作活动间的逻辑依存关系可以用图形来表示,见图 3-16。

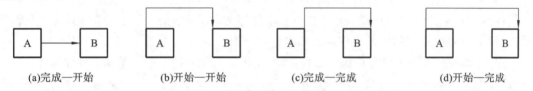

图 3-16 四种类型的逻辑依存关系

节点表示工作活动的基本图形如图 3-17(a)所示。如果工作活动消耗时间,对其描述通常以一个动词开头。每项工作活动由且仅由一个方框标识。每个方框制定唯一的工作活动序号,例如前面的例子中,"招募志愿者"给定的工作活动序号为 7。

工作活动有次序关系,表明彼此的先后顺序。连接工作活动方框的箭头即表示这种先后顺序。有些工作活动只有在通过箭头与它联系的所有前面的工作活动完成后才能开始。例如"粉刷展位"只能在"搭建展位"结束后才能开始,参见图3-17(b)。

有些工作活动可同时进行,例如"招募志愿者"和"购买材料"。当两项工作都完成以后,"搭建展位"启动,然后才能启动"粉刷展位",参见图 3-17(c)。

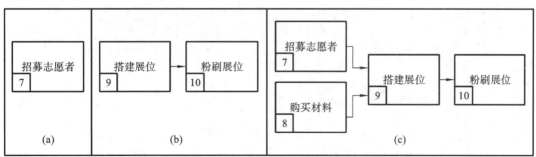

图 3-17 节点表示工作活动示例

用箭线表示工作活动的形式中,一项工作活动在网络图中由一条箭线表示,并且活动描述写在箭线上。每项工作活动由且仅由一条箭线表示,箭尾代表活动的开始,箭头代表活动的结束。在用箭线表示活动的形式中,活动由代表事件的圆圈连接起来,一个圆圈代表指向它的工作活动结束,离开它的工作活动开始。工作活动的开始(箭尾)事件叫作该工作活动的紧前事件,结束(箭头)事件叫作该工作活动的紧随事件,同样表示先后次序。按照这种形式,图3-17(c)的表达形式将转化为图3-18,其含义是:当前面的工作活动结束以后,箭头指向6,此时"招募志愿者"的工作活动开始,当前面的工作活动结束以后,箭头指向7,此时"购买材料"的工作活动开始;两项活动共同指向8号,意味着当且仅当这两项工作活动都完成以后,"搭建展位"才能开始,结束时指向9号,再开始下一项工作活动"粉刷展位"。

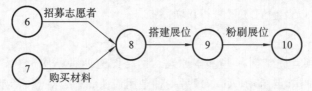

图3-18　箭线表示工作活动示例

绘制箭线表示工作活动的网络图时,以下基本规则能够帮助项目人员识别活动、绘制网络图:网络图中每一事件(圆圈)须有唯一的事件序号,即网络图中不会出现相同的事件序号;每项活动须由唯一的紧前事件和紧随事件序号组成。

图3-19展示了一个典型错误。工作活动A和B由相同的紧前—紧随事件序号1—2组成,这在用箭线表示活动的网络图中是不允许的,因为提及工作活动1—2时,人们无法确定是A还是B。

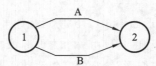

图3-19　箭线表示工作活动的错误示例

在用箭线表示工作活动的形式中,有一种特殊的活动叫作虚活动。它不消耗时间,在网络图中用虚箭线表示,主要作用是识别活动的内容,体现虚活动代表的某种先后关系。如图3-20所示,插入虚活动后,A和B都由唯一的紧前—紧随事件序号组成。图3-20(a)中,A由1—3表示,B由1—2表示。图3-20(b)中,A称为工作活动1—2,B称为工作活动1—3。

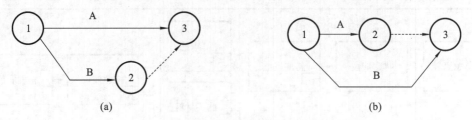

图3-20　箭线表示工作活动(含虚活动)

有些情况下必须用虚活动来表明次序关系,否则逻辑不成立。具体情况是:A和B可以同时进行;只有A完成后,C才能开始;只有A和B都完成后,D才能开始。为了描述这种逻辑性,项目人员需要插入虚活动,如图 3-21 所示。虚活动 3—4 在某种意义上是 A 的延续,以表明它不仅是 C 开始所必需的条件,也是 D 开始的必需条件。图形中,D 开始还有另一个必需条件,即 B 完成。

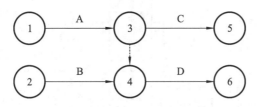

图 3-21　虚活动的逻辑关系示例

值得注意的是,在节事活动项目中,工作分解结构不是唯一的,因此工作细目进一步拆解为工作活动的方案也不是唯一的。很多任务之间也缺乏严格的界限和先后顺序,因此出现交叉也是常见的。这是节事活动项目区别于工程类项目的一个重要特征,也是节事活动项目工作统筹的难点之一。但在统筹任务、制订网络计划时,遵循网络原理对任务进行拆解,可以在基本面上提高节事活动项目管理的效率。

(二)制作网络图

根据节事活动的工作分解结构和网络原理,项目团队可以绘制网络图。第一步是确定选用的格式,使用节点形式还是箭线形式;第二步是按照逻辑优先顺序绘制活动。在决定以某种顺序绘制工作活动,以表现彼此之间的逻辑次序关系时,工作人员可以针对每项工作活动回答以下三个问题:在该活动开始之前,哪些活动必须完成?哪些活动应该与该活动同时进行?哪些活动只能在该活动完成之后才能开始?

这些问题指引项目人员绘出一个网络图,一边描述完成节事活动项目管理所需的活动之间的相互关系和次序,一边展现项目管理的整体统筹。网络图应尽量绘制在一个页面上,以确保一目了然。对于一些大型节事活动,网络图十分复杂,需要多个页面来展示,那就需要建立一个参考体系和一组符号来表明各个页面之间的联系。

假设前述案例某城市庆典活动包含了一个赞助商要求的消费者市场研究子项目,项目组决定以问卷调查方式来完成该项目工作。工作分解结构见图 3-22。此处简要展示工作分解结构,并未包含各工作细目的责任人。

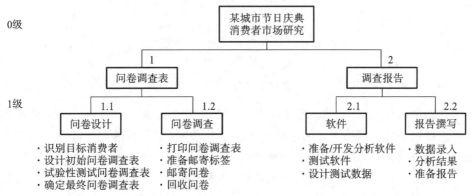

图 3-22　某城市节日庆典消费者市场研究子项目的工作分解结构

图 3-23 和图 3-24 分别表示了该项目用节点形式和用箭线形式的网络图。两个图形均添加了责任人,以展示统筹节事活动项目的网络图需要包含的具体信息。

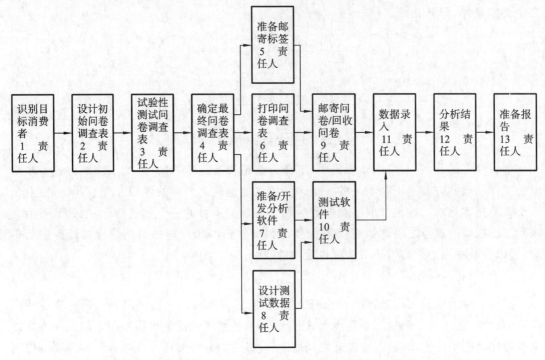

图 3-23　某城市节日庆典消费者市场研究子项目网络图(节点形式)

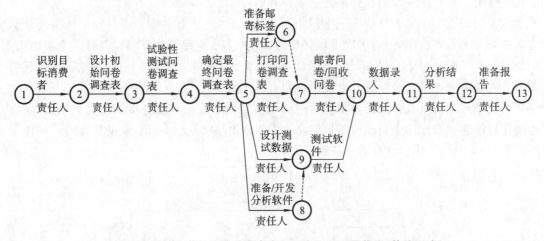

图 3-24　某城市节日庆典消费者市场研究子项目网络图(箭线形式)

本节介绍的两种网络图形式,在实际工作中取决于个人偏好。两种形式都是根据活动次序关系应用网络的。网络图是网络计划的图形化展示,将节事活动项目管理的工作内容及其统筹安排可视化,形成一份完整的项目工作的路线图。网络图也是项目团队的一种交流工具,因为它能够表明每项工作活动的责任人,责任人的工作在项目里的位置,以及如何与其他工作细目融为一体。

第四节　节事活动项目管理的进度安排与控制

一、进度安排的内容与步骤

进度是各项工作内容的时间表。确定节事活动的进度安排，需要项目团队明确以下内容：
- 估计每项工作活动的时长；
- 确定整个项目的预计开始时间和要求完工时间；
- 在预计开始时间的基础上，计算出每项工作活动必须开始和完成的最早时间；
- 根据要求的完工时间，计算每项工作活动必须开始和完成的最迟时间；
- 确定每项工作活动能够开始（或完成）与必须开始（或完成）时间之间的正负时差，即明确每项活动时间安排的余地；
- 确定关键（最长）活动路径。

（一）工期估计

工期估计是估计完成一项工作活动所经历的所有时间，包括必要的等待时间。例如，"粉刷展位"的估计工期为3天，就包括了粉刷时间和等待干燥的时间。工期估计最好让该项活动的负责人来完成，既可以赢得该负责人的承诺，又可以避免其他人估计工期带来的误差。当然，有经验的项目管理者可以提出建议。如果是特大型或大型节事活动，工作分解层级多、活动多，分头估计工期则不利于项目统筹，这种情况下可以将一组或一类活动交给一位有经验的成员来进行工期估计。

在节点形式的网络图中，工作活动工期估计一般在图框的右下角表示出来。在箭线形式的网络图中，工作活动工期估计在箭线下方表示出来，见图3-25。

(a)节点表示的形式　　　　　　　　(b)箭线表示的形式

图3-25　网络计划图中活动工期估计图示

（二）起止时间测算

节事活动项目预计的开始时间和要求的完工时间为所有工期估计提供了一个参照和约束。这里的预计开始时间不是节事活动开幕时间，而是立项时就已明确的正式启动阶段，是筹备工作的起始时间。完工时间不是节事活动闭幕时间，而是整个项目收尾、总结、评估完成的阶段。当然，开幕和闭幕时间都是非常重要的时间节点，也是项目目标的一部分，无论是立项文件还是各类采购、服务合同，相关的时间承诺都要严格遵守开幕和闭幕两个时间节点。

（三）进度计算

一旦估计出网络图中每项工作活动的工期和项目必须完成的时间段，就要根据工期和先后顺序来确定这些工作活动是否能在要求的时间内完成。甘特图和里程碑两个工具可以帮助项目团队完成进度计算。

甘特图，又称条形图、横道图、棒状图，是安排进度计划最常用的一种工具。甘特图早在1917年就已提出，在生产管理中普遍应用，由于直观、简洁、明了，节事活动项目管理中也时常使用甘特图来安排进度计划。

甘特图是一个二维平面图，横轴表示进度和工作时间，纵轴表示项目工作内容。它在坐标轴的位置表示了拆解后的每项工作内容的开始时间、结束时间和各项工作内容的先后顺序。图3-26是根据图3-15举例的部分信息绘制的节事活动项目甘特图示例。

工作内容编码	工作内容名称	1月	2月	3月	4月
1.1	流媒体广告				
1.2	海报				
1.3	入场券				
2	志愿者招募				
3.1	游戏展位				
3.2	游戏项目				
3.3	奖品				
5.1	文艺演出				
5.2	看台				

图3-26 甘特图示例

里程碑事件是指节事活动项目管理中对整个项目有重大影响，决定节事活动是否成功的关键事件。里程碑事件对项目中其他工作内容有重大参考价值。里程碑方法在节事活动项目管理中主要由管理者使用，实现管理者对进度计划的全面把握。它并不代替其他的进度计划安排工作。里程碑编制一般按照以下步骤进行。

第一步，利用逆向思维和倒逼机制，从而达到项目的最后一个里程碑，即从节事活动的最终成果开始，反向推算。

第二步，利用头脑风暴，判断项目管理进程中哪些事件可以成为节事活动运营管理的里程碑事件。

第三步，反复推敲，通过复查来增设或删除某些事件，最终确定里程碑。

第四步，图形设计、制作。

一般来说，里程碑作为节事活动项目进度管理的工具，适用于持续时间较长、规模较大的节事活动，可以从总体上把握工作进度，在此基础上细化进度安排。图3-27所示为里程碑图示例。

里程碑事件	1月15日	2月13日	次年6月8日	9月19日	9月25日
审批完成	■				
筹备工作开始		■			
倒计时100天			■		
开幕式				■	
闭幕式					■

图 3-27　里程碑图示例

二、进度的控制

一旦节事活动项目的进度计划开始执行,项目团队就需要实时掌握实际进度,并将它与进度安排进行比较。如果出现实际进度落后于进度安排时,就必须采取纠正措施,以维持正常的进度计划。

（一）影响节事活动项目进度的因素

节事活动的利益相关者比较多样,一些大型项目持续时间比较长,因此总体上影响进度的因素较多,可以分为外部影响因素、内部影响因素和突发性干扰因素等。

1. 外部影响因素

外部影响因素主要来自节事活动相关单位的影响。这些单位都是节事活动的利益相关者,常见的有主管部门、供应商、赞助商等。有些节事活动对公共服务,例如卫生防疫、交通管制、水电供应、安全保障等,有较高的依赖性,必须与政府及其部门衔接、协商,以获得公共服务和管理方面的支持。有些节事活动商业化程度很高,经过工作分解结构,节事活动的工作内容被拆分为多个层级的活动,其中不少都是通过供应商来提供的,这样可以实现服务专业化、高效率,在产业层面也促进产业分工,拉长了产业链。但与供应商的合同执行状况一旦出现延误,就会影响到整个进度,特别是会直接影响到"紧随事件"的完成情况。

2. 内部影响因素

内部影响因素主要包括节事活动项目团队组织结构、人力资源配置、项目经理或其他关键人物去留等,这些会直接影响到节事活动策划实施的进度,从而影响到运营管理的整体绩效。

3. 突发性干扰因素

节事活动,特别是大型节事活动,产出效益综合、影响面巨大,容易受到突发事件和不可抗力因素的影响。受其影响,项目将面临延期或取消的风险,整体进度打乱,不能执行,需要重新安排进度。2020年新冠肺炎疫情使我国多个城市计划上半年举行的城市马拉松、展览会、庆典等中止、延期或取消。例如,原定于3月22日举办的"2020沃尔沃汽车成都双遗马拉松"取消,项目组委会在3月中旬临时调整工作内容和进度安排,吸收防疫举措,推出"健康跑"。3月17日—18日报名,征集1000名跑友参加22日举行的"2020成都双遗马拉松健康跑"。图3-28包含了该项目马拉松logo、受疫情影响更改为健康跑的活动场景。

图 3-28　2020 成都双遗马拉松健康跑①

（二）节事活动项目进度控制方法

进度控制方法主要是跟踪和协调。跟踪指在节事活动项目管理全过程中，进行实际进度与进度安排的比较，出现偏差就及时采取措施调整。协调是指项目经理协调与进度偏差相关的单位、部门或团队成员之间的进度关系。

对项目进度安排执行情况的跟踪主要有日常观测跟踪和定期观测跟踪。

日常观测跟踪要求对工作分解结构中的各项工作细目实际开始时间、实际完成时间、实际持续时间、实际完成状况等进行记录，以此作为进度控制的依据。记录时要注意信息集成和图形化展示，可以利用实际进度前锋线法、图上记录法、报告表法等方法和工具来进行记录和展示。实际进度前锋线法需要与网络计划结合使用，将日常观测跟踪信息汇总在网络计划中，参见图 3-29。图中项目执行时间为 12 天，网络计划采用的是箭线形式，标注了工作细目、工作细目顺序、每项工作细目的预估工期、进度计划执行情况等信息，可视化程度高。图上记录法与进度安排的甘特图结合使用，在图中用不同的线条分别表示进度安排和进度执行情况。报告标法是将实际进度情况反映在表格里，具体表现形式和内容可以根据节事活动项目的实际情况来设计。

定期观测跟踪是指每隔一段时间对节事活动项目进度实施情况进行一次较为全面、系统的观测和检查。间隔时间可由项目团队和主管单位根据需要商定，也可与进度安排的里程碑事件相结合。观测内容包括关键性工作（里程碑事件）完成情况、非关键性工作完成情况、各工作细目之间的逻辑关系变化情况及变更信息。掌握这些情况有助于项目团队及时调整进度，确保进度计划和目标的实现。

---

① 图片来源：网络新闻"成都双遗马拉松千人健康跑 用脚步诠释社会恢复正常秩序信心"，https://xw.qq.com/cmsid/20200322A0BQEW00。

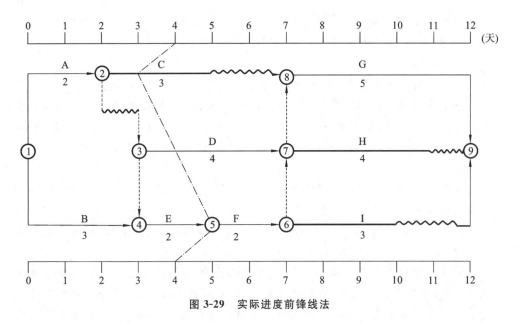

图 3-29　实际进度前锋线法

（三）节事活动项目进度控制的措施

节事活动项目进度控制采取的主要措施有组织措施、技术措施、合同措施、经济措施和信息管理措施等。

组织措施主要指落实各层次的进度控制的人员、具体任务和工作责任；建立进度控制的组织系统；按照节事活动项目的结构、进展的阶段或合同结构等进行项目分解，确定其进度目标，建立控制目标体系；确定进度控制工作进度，如检查时间、方法、协调会议时间、参加人员等；对影响进度的因素进行分析和预测。

技术措施主要是采取加快进度的技术方法。

合同措施主要指与承接设施设备和服务供应的供应商通过合同来加强合作，确保关键时间完成关键任务，与项目整体进度进化目标相协调。

经济措施指实现进度安排所必需的资金保证措施。

信息管理措施指不断收集实际进度的有关资料，汇总、统计、展示，与进度安排相比较，随时掌握进度偏差（含正负偏差）信息，项目经理和团队成员掌握信息，并定期向主管机构汇报。

 本章小结

• 作为项目的一种类型，节事活动既有项目的共性特征，即有鲜明的短期目标，有清晰的起始和结束时间，有清晰的预算计划，有必要的人、财、物资源投入，有策划和计划、财务、组织、领导、控制等多职能配合，又有自身的类型化特征，即无形性、综合性、创新性。

• 节事活动项目管理包括启动、计划、执行、控制、收尾五个过程。从事节事活动项目管理工作需要满足时间管理、财务管理、团队管理三方面的管理要求。

- 组织结构是组织的具体化。大型节事活动常见的组织结构形式兼有矩阵型（或项目型结构）和直线职能型结构，整体上属于综合型组织结构。
- 节事活动项目团队通常为临时性组织，其发展过程一般可分为组建、震荡、规范、成效、解散五个阶段，不同阶段，需要项目经理采取不同的领导风格。
- 节事活动项目团队里一般有主席/协调者、左右大局者、外交家/资源调查者、内线人/智多星、监测者/评估者、凝聚者、鞭策者、专业师、实施者等角色分工。有些角色分工是显性且必要的，有些角色的存在则比较隐晦，甚至叠加在某些必需的角色中。
- 节事活动项目经理是项目管理的第一责任人，承担项目计划、组织、指导和控制的管理职责。项目经理拥有行政权力、决策权力、工作评价权力、资源配置权力，需要具备与节事活动组织及实施相匹配的品德素质、能力素质、知识素质和身心素质，项目经理可以通过内部选拔或外部招聘获得。
- 冲突管理是节事活动项目团队管理的重要工作内容之一。管理程序的冲突、资源分配和费用冲突、项目优先权的冲突、进度计划冲突、成员个性冲突是常见的引发团队冲突的要素。冲突的解决策略有回避或撤出、缓和或调停、妥协、正视、竞争或强制五种。项目经理须遵循"营造氛围—研判问题—信息收集—形象分析—设置优先级—解决问题—处理后续工作"的工作步骤来落实解决冲突的策略。
- 实施节事活动项目管理时，首先要围绕节事活动立项目标和策划框架对具体工作内容进行定义和沟通，即项目描述。然后确定需要执行哪些工作来完成它，即提出一份关于所有工作内容的一览表。
- 大型节事活动适合采用工作分解结构对工作内容进行全面的梳理和分解，以帮助项目团队识别完成项目工作范围所需的所有工作要素。同一项目的工作分解结构并不唯一，具体情况取决于项目的组织和团队力量、个人职业素养、时间约束情况和预算水平。
- 责任矩阵是用表格形式来展示完成工作分解结构中工作细目的个人责任的工作方法，可以实现分配工作任务、明确工作职责的目的。
- 界定工作细目意味着明确工作细目的内涵及要求，确定需要投入的时间、精力和资源，为节事活动项目经理统筹工作、安排进度奠定基础。项目经理可以使用网络计划来统筹整体工作。网络图是网络计划的图形化展示，将节事活动项目管理的工作内容及其统筹安排可视化，形成一份完整的项目工作的路线图。
- 节事活动项目管理的进度安排遵循工期估计、起止时间测算、进度计算的工作程序。进度可能受到外部影响因素、内部影响因素和突发性干扰因素的影响，可采用跟踪和协调两种方法来控制项目进度。具体的控制措施有组织措施、技术措施、合同措施、经济措施和信息管理措施等。

第三章 节事活动的项目管理

核心关键词

项目管理(Project Management)　　网络计划(Network Plan)
组织结构(Organization Structure)　　网络原理(Network Principle)
项目团队(Project Team)　　网络图(Network Diagram)
志愿者(Volunteer)　　日程安排(Schedule)
工作分解结构(Work Breakdown Structure)　　甘特图(Gantt Chart)
工作项目(Work Items)　　进度控制(Progress Control)
责任矩阵(Responsibility Matrix)

思考与练习

1. 为什么说节事活动具有项目化特征？
2. 从事节事活动项目管理有哪些工作要求？
3. 节事活动项目常见的组织结构是什么样的？
4. 志愿者对节事活动的运营管理有哪些意义？大型节事活动中应该如何管理数量庞大的志愿者？
5. 如何确定和分解节事活动项目的工作内容？结合第二章课后完成的节事活动策划方案，提出一份完整的工作分解结构，并在学习小组内讨论分享。

案例讨论

问题：

1. 请在学习小组内讨论"中国·沧州纪晓岚逝世 200 周年暨纪晓岚文化节"组织结构设计和责任分工的必要性与合理性。如有改进建议请在小组内分享、讨论。
2. 参照"中国·沧州纪晓岚逝世 200 周年暨纪晓岚文化节"的组织结构设计和责任分工，为自己策划的节事活动绘制一份组织结构图，明确相应的责任分工。

第四章

节事活动的项目运营

 学习目标

- 理解项目运营的概念和价值链管理理念。
- 掌握节事活动项目场地运营的内容和要求。
- 了解节事活动项目运营流程推进的一般程序。
- 掌握节事活动项目现场人员管理的内容和要求。
- 掌握节事活动主要的服务供应内容和管理要求。

教学课件

 **问题导向**

- 如何才能做到节事活动现场运营井然有序?

西方学者往往把与工厂联系在一起的物质产品的生产称为"制造",而将服务产品的提供称为"运营"。进入21世纪,生产要素加速汇聚到商业、交通、通信、金融和其他服务性行业和领域,知识、创意、信息等非物质性要素日益成为产品高附加值的来源,制造与运营开始融合。现在所指的运营通常涵盖了产品研发、产品生产、供应链、质量管理、营销管理、资金管理、人力资源管理、设备管理、服务管理、现场管理等多领域的内容。运营在制造型组织(Manufacturing Organization)和服务型组织(Service Organization)中都能普遍适用。本章通过解析运营概念和运营基础,树立节事活动项目运营中的价值链管理理念,并以之为指导,讲解节事活动的供应商管理和现场运营,以期不同价值节点的供应商和不同职能领域的人员能够整合力量,共同为节事活动的顾客提供满足其需要和欲望的价值。

第一节 运营概述

一、运营的概念

运营(Operation),是运营管理(Operation Management)的简述,指把各种资源转化为产品和服务的过程。图 4-1 以一种简化的形式描述了这个过程。该系统吸收各种资源投入,包括人员、技术、资本、设备、材料、信息和创意,然后通过不同的流程、程序、工作活动等方式,将它们转化为产品和服务。由于一个组织的每个部门或单元都会产出某种东西,可能是有形的产品,也可能是无形的服务,或者是二者的结合,管理者需要熟悉运营概念,高效率地实现组织的目标。

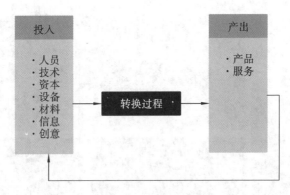

图 4-1 运营系统

运营对组织(包括项目组织)和管理者都非常重要,有以下三个原因:①运营涵盖了服务业和制造业,适用性强;②运营的目的导向突出,对有效率、有效果地管理生产率至关重要;③运营对组织在竞争中获得成功发挥着战略性的作用。

对组织而言,无论是制造型组织还是服务型组织,都希望提高生产率以维持生存,尤其是当组织面临着低成本竞争者的挑战时,因为高生产率能够带来更具竞争力的成本结构,使组织的产品和服务能够提供更具竞争力的售价。对国家和社会而言,高生产率可以带来从业人员收入的增加,促进经济增长和发展,推动社会发展与进步。

生产率是由人员变量和运营变量组合而成的。为了提高生产率,管理者必须对二者都予以关注。著名质量专家 W.爱德华兹·戴明(W. Edwards Deming)认为,管理者,而不是工人,才是提高生产率的主要源泉。他为管理者提供了许多建议,包括:为长远的未来做计划;永远不要对自己的产品质量感到骄傲自满;查明问题究竟是源于生产过程的某个特定环节还是源于整个生产过程本身;在要求员工从事某项工作之前先对员工进行相关培训;提高一线主管的素质;要求员工高质量地完成工作,等等[①]。戴明深刻把握了人员和运营之间的

---

① Deming W E. Improvement of Quality and Productivity Through Action by Management [J]. National Productivity Review,1981(1).

相互作用,认为仅仅是良好的"人事管理"并不能够带来高生产率。真正有效的组织会通过使人员成功地融入整个运营系统来实现生产率的最大化。在制造型组织中,人员与运营系统的互动能够促进企业转型。例如,美国佐治亚州的 Simplex Nails Manufacturing,一些生产工人被安排从事新的任务,首先是接受全厂范围内的整顿和组织活动,使工厂腾出大量的生产和办公空间。销售人员重新接受培训,并被要求重点销售顾客真正需要的产品,而不是库存产品。结果是良好的。库存减少了一半以上,工厂多了20%的生产和办公空间,订单更加连贯和稳定,员工士气明显提高。在服务型组织中,将服务过程、服务人员和科技手段相结合,服务效率会大幅度提高。例如,医院引入网上预约挂号的服务,利用 App 对外提供可供预约的时段、科室、医生等信息,使医疗资源配置更加高效。在节事活动中,利用电子入场券减少纸张消耗,利用红外线测温仪器、扫码进场、人脸识别等技术手段大大提高了入场效率,还可以配合疫情防控的需要(见图 4-2)。这些都是人员、技术和运营系统之间相互作用的结果,提高了现场服务的效率。

图 4-2 节事活动项目利用技术手段优化运营流程示例:入场优化(31 会议提供)

二、运营的基础

运营使不同职能领域的人员(可能是庞大数量的人员)之间实现高度一体化的工作协同成为可能。运营之所以能够做到这一点,其基础在于价值链管理。

每一个组织,即使是非营利性组织,都需要顾客来使用它的服务或购买它的产品,以实现组织的生存与发展。顾客从中会获得某种价值,并且只有顾客才能决定什么产品或服务具有价值。价值是顾客愿意用一定的投入(一般是金钱)来换取的产品或服务的功能、特性、属性以及其他任何方面的表现。

价值如何才能传递给顾客呢?通过把原材料和其他各种资源转化为最终用户在特定时间、特定地点、以特定方式需要的某种产品或服务。这个转化过程包括了大量供应商、制造商、服务人员(甚至还包括顾客)等实施的一大串相互关联的工作活动,也就是说,这个转化过程包含了整个价值链。价值链是整个组织在从原材料到成品的每个步骤中依次能够增加价值的工作活动集合。价值链管理(Value Chain Management)是沿着整个价值链来有序管理各种工作活动和信息的完整过程。这个管理过程以效果为导向,重点关注流入及流出组织的产品和服务,致力于为顾客创造最大的价值。价值链管理中顾客实际上是拥有权力的,因为是顾客定义了什么是产品和服务的价值以及如何创造和提供这些价值。通过价值链管理,管理者希望找到这种独特的组合:以最快的速度真正满足顾客的独特需求,并且提供竞争对手无法匹配的低廉价格。

从以上分析可以看出,价值链管理的目标是创建一种价值链战略来满足(甚至是超越)顾客对产品和服务的需求和欲望,以及实现价值链中所有成员之间的协同。一条好的价值链可以使价值链中所有参与者像团队一样密切合作,而且每个参与者都能为整个过程增添某种价值要素,例如更好的客服,更具有设计感的现场环境,更精准的信息推送,更富有主题性和体验性的餐饮等。价值链中不同成员之间协作越好,向顾客提供的解决方案就越好。当顾客所要求的价值被创造出来,而且顾客的需求和欲望得到满足时,价值链中的所有成员都会受益。

三、基于价值链管理的运营

对任何一个组织而言,从价值链的视角来实施和管理运营过程都不容易,因为有权定义价值的是顾客,他们的需求和欲望总会随着社会、经济、技术等环境的变化而发生变化。这种动态的变化要求组织不断提出新的解决方案或新的商业模式,运营过程要相应做出调整,甚至是质的变革。

图 4-3 展示了一个成功的价值链战略满足的六项主要要求:协调与协作、技术投资、组织过程、领导、员工/团队成员、组织文化和态度。其中组织过程、领导、员工等与组织的团队建设相关的要求在前面第三章已经讲述,此处将从价值链战略的视角出发,予以解释和强调。

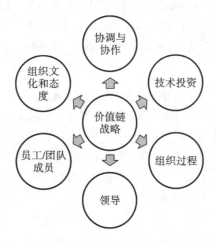

图 4-3　成功的价值链战略满足的主要要求

(一) 协调与协作

为了使价值链实现其目标,即满足和超越顾客的需求和欲望,价值链中各成员之间必须

保持协作关系。每个合作伙伴必须找出那些自己可能不重视但顾客重视的事情。在创建协调与协作时,价值链中各个合作伙伴要就"谁在价值链中做什么事情"共享信息,并采取灵活的措施。共享信息和分析结果要求各合作伙伴之间进行更加开放的沟通。例如,节事活动的项目团队需要和现场环境搭建的供应商保持高度的信息共享,以便及时交付产品和服务,满足顾客需求,实现举办者的目的。

（二）技术投资

不对信息技术进行大量投资,就不可能实现成功的价值链管理。这种技术投资带来的回报使信息技术可以重组价值链,从而更好地服务于最终顾客。例如,上海八彦图信息科技有限公司(31会议)向会议、展览、节庆的举办者提供定制的信息科技服务,帮助举办方依托信息技术重组价值链。

（三）组织过程

价值链管理要求组织过程要有力支持价值创造,不能增加价值的工作活动要予以剔除。这一要求与节事活动项目的属性特征和管理要求高度吻合。项目组织以价值创造为组织建设、团队建设成效的评价标准,实现团队成员围绕节事活动价值创造协同开展工作。在这样的组织过程中,有以下三个要点。

第一,项目组织及其成员应保持与顾客、与供应商的密切联系,准确地预测顾客对节事活动的需求,并及时将信息与服务供应商共享,确保供应商能提供有效满足顾客需求的服务供应。

第二,有些特定的工作职能应该由价值链中不同组织的多个成员协作完成,甚至需要共享员工来完成。在节事活动项目的价值创造中,这不仅意味着许多供应商的工作人员需要全程参与到节事活动现场运营中,而且是影响整体效果的重要因素。例如,现场音效师、灯光师、演艺团队等,受所属公司(供应商)委派,全程参与节事活动现场工作。

第三,价值链中各项工作活动的绩效应该通过聚焦价值创造的测量方法来予以评价。价值链管理的目标是满足和超越顾客的需求和欲望,因此管理者需要更好地了解组织创造和交付这种价值时的表现,以便更好地识别价值创造中的障碍、问题或困难,并及时解决。

（四）领导

价值链管理需要坚强有力的领导。不同层级的管理者都必须支持、推动、促进价值链管理的建立和持续运营。管理者须严肃认真地确定组织创造的价值是什么,如何最好地提供这种价值,以及组织付出的努力能够获得多大成功。管理者还需要指出组织在实施价值链管理的过程中应该开展哪些工作活动。在节事活动中,这些工作与项目管理的工作内容密切相关。管理者应当清晰、明确地指出每个成员和供应商合作伙伴在价值链中扮演的角色,从而确保价值链能有效地为顾客创造价值。

（五）员工/团队成员

在价值链管理中,灵活性是工作设计和推进的关键,组织必须围绕那些能够为顾客创造和提供价值的工作流程来设计工作,相应的,组织也需要具有灵活应对能力的员工。员工可能被分派到工作团队中去处理某个特定的流程,也可能会被要求在同一工作周期同时协调完成不同的工作任务,这取决于价值创造的具体需要。就节事活动而言,后一种情况基本是常态,绝大多数团队成员都是工作中的多面手,能同时协同多项工作任务(参见第三章节事活动项目分解结构的相关内容),以确保在预定的周期内实现节事活动的目标。

(六)组织文化和态度

价值链管理的最后一项要求是具有一种能够提供支持的组织文化和态度。价值链管理的成功实施需要共享、协作、开放、灵活、互尊、互信的组织文化。在价值链中,不仅是组织内部要建设和发展这样的组织文化和成员合作的态度,组织与外部的供应商或其他合作伙伴之间也需要这样的组织文化和态度。

第二节 节事活动的现场运营

在服务业中,现场是指接洽与服务于顾客的地方。对应于节事活动,现场是项目团队为顾客参与体验而创设的场景,是承载节事活动产品和服务内涵的物理空间。节事活动的现场运营不仅决定着整个项目的进度和产出的质量,还对投资回报产生重要影响。这是因为节事活动具有长期筹备、短期呈现的运营特点,如果现场运营不能保障产品和服务供给的质量,那么价值链上所有的参与者,包括供应商、举办方、赞助商、顾客等,都无法实现价值转化,整个价值链战略化为虚无,节事活动彻底失败。同时还要注意,节事活动现场运营与风险防控密不可分,周全的现场运营可以提高节事活动现场风险防范的能力,降低风险出现的概率,规避风险因素带来的负面影响。第七章专门讲解了风险防范的内容,此处不再赘述。这里主要从场地运营、流程推进、人员管理三个方面来分析节事活动的现场运营。

一、场地运营

节事活动场地运营包括场地选择、功能分区、环境营造、设施设备等方面的内容,运营目标是打造一个能够呈现节事活动策划效果、满足顾客需求的临时性体验空间,能够充分烘托节事活动主题演绎所需的氛围。

(一)场地选择

在节事活动策划阶段,地点选择是策划的重点内容之一,但彼时重点考虑的是目的地选择,即节事活动落户在哪个区域,场地选择方面仅需掌握场地基本情况并做出初步构想即可。主要关注的要点有建筑结构、容量、软硬件条件、与主题匹配的程度、交通区位、周边配套、租用价格等。进入场地运营阶段,项目团队需要考虑更多的细节问题,要针对节事活动的主题、内容、流程和人员管理等具体内容,提出相应的设计方案或解决问题的方案。

节事活动项目组织选择具体场地时要考虑的因素有以下几点。

1. 交通条件

场地的交通条件是否便利,尤其要注意是否有便利的公共交通、充足的停车场,是否会因节事活动举办而造成公共交通拥堵。如果交通条件不甚理想,举办方应提出有效的解决方案来提高便利程度,使该场地能满足举办方的需要。常见的解决方案包括但不限于:获得交管部门支持,提供关键时段的临时交通管制方案;获得交管部门支持,开辟专用通道;鼓励观众(参加者)选择公共交通前往现场,必要时与公交公司、地铁公司合作开辟专用时段的专用线路;举办方安排区间摆渡车,提高公共交通的便利性和舒适性;设置临时停车场,不仅要增加停车位数量,还要考虑车辆进出、疏散路线和通行效率。

2. 场地性质

场地的属性特征是否与节事活动的属性和主题相匹配。

 会展中心场地应用

3. 空间大小

场地的空间容量是否与节事活动规模相匹配,特别要结合疫情防控常态化背景下,主管部门和举办方关于现场人员密度、社交距离等具体要求,判断空间容量是否足够。

4. 搭建条件

场地是否符合节事活动现场搭建、装饰布置的要求,以及是否能够满足相关设施设备物流、装卸的需要。

5. 设施设备

场地的水电供应、通信设施是否满足节事活动要求。如果是室外场地,尤其要考察电路安全性,以确保雨天、夜间等情况下用电安全。如果水电不符合举办方要求,还可考虑是否有条件通过改造满足需要。例如,某餐饮界的节事活动中有一项内容是烹饪技能大赛,举办场地在会展中心室内,电线功率不能满足比赛设备需要,临时改造才能达到要求。这些细节就需要提前考虑。通风条件、空调设备是否完备,是否有符合防疫要求的消杀举措和配套服务。

6. 进出通道

场地出入口数量是否足够,出入口是否开阔通畅,有无物品堆积,消防通道是否符合要求,能否满足现场人流和秩序管控的需要。

7. 配套设施

洗手间、医疗室等配套设施是否完备。疫情防控常态化情况下,举办方还应考虑场地是否具有或者有条件改造一个合理的临时隔离空间,方便活动现场防控应急处理。

8. 应急条件

场地的应急设施和紧急出口是否符合消防安全和紧急情况下应急处置、人员疏散的需要。

9. 使用档期

场地的档期是否与节事活动的举办周期相吻合,有无可能因某些重要活动而出现场地无法使用的情况。

（二）功能分区

场地的功能分区是指对节事活动现场空间进行分割，划分出不同的空间区域，满足不同的功能需要，实现对空间的有效利用。

首先，功能分区是对整个场地进行空间规划（尤其是规模较大的节事活动），使节事活动中每一个具体的内容能在特定的空间里落地实施，各空间的功能设置符合参加人员的活动规律，整个空间利用有序、高效。空间规划还需要结合道路交通、设施设备、环艺景观等条件综合考虑。此处以第30届青岛国际啤酒节为例，来说明活动现场的空间规划。

青岛国际啤酒节始于1991年，首届活动在青岛市中山公园举办。自面世以来，青岛国际啤酒节深受人民喜爱，作为青岛的标志性节事活动不断发展壮大，逐渐成为亚洲最大的啤酒节。第30届青岛国际啤酒节于2020年7月31日至8月23日举行，分设崂山、西海岸、即墨三个会场，汇集40多个国家和地区的1500余款啤酒、200余场时尚活动，以及名人大咖、艺术家、知名音乐人、设计师、主播/博主等嘉宾，开展国际交流、经贸展示、文化巡演、文娱活动、体育竞技、亲子活动等体验活动。现场设置了啤酒大棚、酒吧街区、城内场馆、时尚娱乐等多种类型的功能空间，参见图4-4。

图4-4 第30届青岛国际啤酒节全景图①

这些功能空间按照"一主、三辅、六区、全域"的理念布局（总平面图见图4-5），主办方为现场运营新开了3条线路，优化调整了14条线路，设置了18处停车场（见图4-6），以提高青岛国际啤酒节的交通便利程度。

其次，活动现场的功能分区体现在空间细部的功能设置上，比如现场的安检区、迎宾区、舞台区、娱乐区、餐饮区、购物区、疏散区等。对于一些规模不是太大的节事活动而言，场地的功能分区更多是在这个层面开展工作，主要根据活动的主题、内容和场地特点设置功能区。具体设置十分灵活，但总体上要充分考虑功能需求。比如，礼宾区应该开阔便捷，体现礼遇标准，会议交流区要根据会议宗旨考虑是突出主旨演讲嘉宾还是倡导平等畅谈的气氛，相应选择主席台式布局或者圆桌式布局。

图4-7是一个小型节事活动"中国故事——苏州人的诗意生活摄影展"场地功能分区。该活动由苏州市人民政府新闻办公室和苏州市文化广电和旅游局主办，2016年11月29日

---

① 图片来源：中国青岛国际啤酒节公众号。

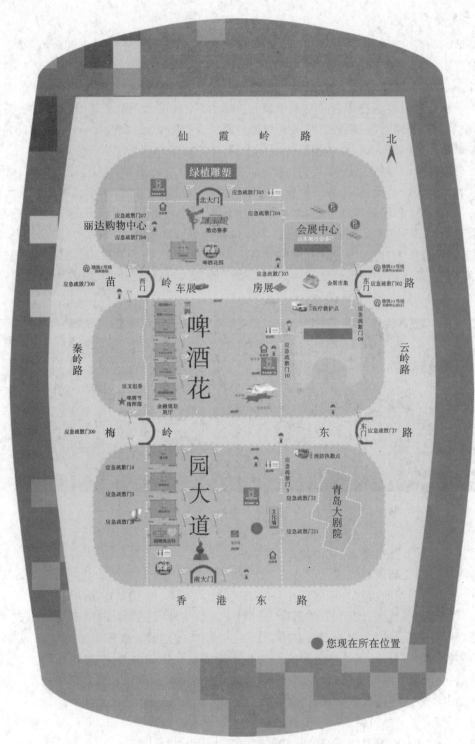

图 4-5 第 30 届青岛国际啤酒节总平面图[①]

---

① 图片来源:青岛国际啤酒节官方微博,https://m.weibo.cn/2254674597/4538546403158107。

至12月7日开展,是一项以文化交流、城市推广、旅游推介为目的的小规模展览和交流活动,场地选择了美国华盛顿罗纳德·里根大厦和国际贸易中心(简称里根中心)的中庭区。里根中心交通便捷,本身也是该市的标志性建筑物之一,识别度高。该项目规模不大,因此承办方(主办方委托当地一家营销咨询公司 PHG Consulting 具体承办)只租用了建筑内部一个中庭区和一个联通廊道,并作相应的功能分区和装潢设置。

 苏州旅游局(现苏州市文化广电和旅游局)在华盛顿举行摄影展

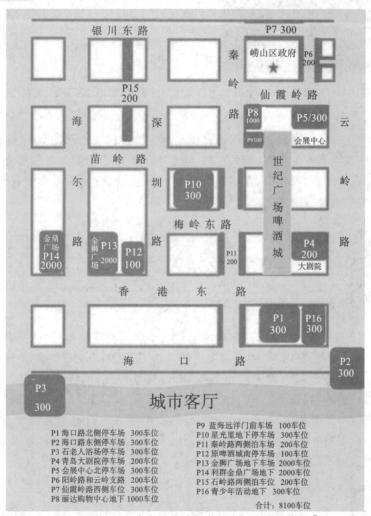

P1 海口路北侧停车场　300车位
P2 海口路东侧停车场　300车位
P3 石老人浴场停车场　300车位
P4 青岛大剧院停车场　200车位
P5 会展中心北停车场　300车位
P6 阳岭路和云岭支路
P7 仙霞岭路西侧车位　300车位
P8 丽达购物中心地下 1000车位
P9 蓝海远洋门前车场　100车位
P10 星光里地下停车场　300车位
P11 秦岭路两侧泊车场　200车位
P12 原啤酒城南停车场　100车位
P13 金狮广场地下车场　2000车位
P14 利群金鼎广场地下　2000车位
P15 石岭路两侧泊车位　200车位
P16 青少年活动地下　300车位
合计：8100车位

图 4-6　第30届青岛国际啤酒节停车场布局示意图①

① 图片来源：青岛国际啤酒节官方微博,https://m.weibo.cn/2254674597/4538546403158107。

1. 中国故事
——苏州人的诗意生活摄影展
场地：美国华盛顿里根中心

2. 接待区　3. 自助简餐交流区

4. 观展区　5. 取餐区

图4-7　"中国故事——苏州人的诗意生活摄影展"场地功能分区（蒋昕 摄）

（三）环境营造

环境营造包括设计与装饰，主要任务是将场地改造为具有主题特色和意境的适用空间。环境营造除了强调主办方的意图、目的以外，还要关注节事活动参加者和观众的认知规律与体验观感，综合调动触觉、嗅觉、味觉、视觉、听觉五种感官，满足参加者和观众的需要，尽量做到在第一印象中调动人们的兴趣和情绪。

　场地特效　

环境营造需要有专门的设计方案，最好能结合节事活动品牌塑造、赞助营销等计划展开设计，提高品牌塑造的可视化、赞助商品牌的曝光度，同时基于美学原理设计现场的主题色彩、主题装饰物等。环境营造常用的物品有舞台、背景板、电子显示屏、拱门、植物造景、摆件、彩带、横幅、灯光等物品。图4-8为户外环境营造示例，以第30届青岛国际啤酒节为例，展示了主题造景、户外啤酒大棚、灯光装饰、植物拱门等环境营造道具和设施。图4-9为室内环境营造示例，以第5届会展业未来领袖论坛发起人之夜晚宴为例，展示了室内灯光、主题摆件、背景板、显示屏等环境营造道具和设施。

　酒店婚礼的环境营造

图 4-8 户外环境营造示例(第 30 届青岛国际啤酒节)①

图 4-9 室内环境营造示例(第 5 届会展业未来领袖论坛)②

---

① 图片来源:青岛国际啤酒节官方微博,https://weibo.com/u/2254674597.
② 图片来源:第 5 届会展业未来领袖论坛官方提供.

环境营造时,出于气氛烘托、主题展示、成本控制、安环保障的考量,设计人员应该要注意以下几点。

(1) 无论装饰效果如何,现场要有充足的照明。

(2) 无论装饰效果如何,现场要有清晰的标识系统,包括视线以上及底部、地面等不同部位,以防紧急情况下,人群需要匍匐或爬行前进。

(3) 选择场地(场馆、建筑等)允许使用的内外部装饰品。

(4) 掌握相关政策对装饰装潢搭建的具体要求,尤其是户外搭建。

(5) 理解现场观众和参加者的人口统计特征和心理特征,环境营造有的放矢。

(6) 明确环境营造的预算,并严格执行预算。

(7) 明确环境装饰品能够传递的信息和主题能够聚焦,不会导致歧义或误解。

(8) 树立环境装饰品的整体风格,保持风格一致。

(9) 了解装饰品要持续使用的时间,确保持续使用、安全可靠。

(10) 了解已有的装饰品能否经过改造后适用于本次活动的需求。

(11) 确认环境装饰物品和道具的安全性,不会出现跌落、垮塌等安全事故。

(四) 设施设备

节事活动现场有大量临时安装的、专业性较强的设施设备。这些设施设备的引入既要考虑活动现场的实际需要,也要考虑安装和使用的安全性,还要考虑成本因素。常见的设施设备有舞台和表演区设施设备、灯光设施、音响设施、视听设备、主席台设施、观众席设施、其他设施设备等。下面具体介绍几种设施设备。

 武汉欢乐谷灯光节(1)

1. 舞台和表演区设施设备

舞台和表演区是节事活动现场的焦点区域,根据活动设计,可能有一个或多个区域,相应的设施设备也要分别安置。舞台和表演区的设施设备一般包括舞台、灯光、音响、视听设备和特效、布景和装饰等。舞台的布置和管理需要由专业的舞台监督、技术监督和执行人员负责,他们负责舞台设计、设施设备安装、布景、场景转换等工作。同时组织者还要特别关注舞台的构造是否坚固合理、出入口是否通畅等问题,以确保现场的安全性。舞台的设置既要满足所有表演者和上台人员的需要,又要保证观众欣赏和参与的质量。尽量采用开放式的舞台,半圆形或圆形舞台会让表演者面对观众更加均衡,各个方向的观众都有良好的视野。如果是现场比较小型的或者分散的舞台和表演区域,则一般选择搭建简洁、观赏距离较近的舞台设置,并且与周围环境相适应。例如,中国台湾台东县池上乡"池上秋收稻穗艺术节"是一种乡野艺术节、稻田音乐会舞台设置的良好范例。该节事活动源于2009年中国台湾钢琴家陈冠宇受邀到池上乡做的一场演出,为当地收获了海内外媒体的一致好评,引发池上乡深耕乡村稻田与音乐艺术的结合,开启了"池上秋收稻穗艺术节"的持续创作与发展道路。连续 10 年来,每到秋收之际,稻穗艺术节就在池上最天然的金黄舞台与中央山脉衬托之下,以音乐、击鼓、舞蹈等多元表演方式开展,欢庆大地的丰收。图 4-10 展示了该活动 2018 年的海报和舞台设置情况。

图 4-10 "池上秋收稻穗艺术节"海报和舞台设置①

2. 灯光设施

节事活动现场的灯光一般有两个作用:照明和烘托艺术效果。灯光的设计和安排必须注重实用性,尤其是表演区域出入口的指示、场地内的照明等。舞台上的灯光应用则要注重艺术效果,营造独特的现场气氛。灯光的应用要与活动主题相吻合,通过灯光组合变化来强化现场的互动体验,调动现场观众的情绪。

武汉欢乐谷灯光节(2)

3. 音响设施

音乐是人类共同的语言。节事活动现场会通过音乐来传递信息、烘托气氛、激发情绪。音效在一定程度上反映了节事活动现场的质量和效果。举办方在现场要引入专业的音响设施,并且聘请专业技术人员(通常是音响设施租用的配套服务)对设施进行调试和现场控制,避免现场出现杂音或者失音。在户外活动中,音响设施调配要求更高,既要满足现场观众对音量和音效的需求,也要控制音量,减少对社区周边居民的干扰。

4. 视听设备

节事活动现场越来越多地引入电子显示屏,按照应用场景分为门头屏、舞台屏、室内屏、

---

① 图片来源:https://www.sohu.com/a/272918437_100171032。

户外屏等。显示屏已经普遍代替了曾经常用的主题背景板。这些显示屏在现场可以用来播放音像资料、投影等,也能够与现场人员进行互动,还可配合气球、冷焰火、干冰或其他的镭射灯光、音效等组合使用,创造现场高潮气氛。一些户外搭建的活动场地,可以通过租用的方式来临时安装显示屏,满足现场需要。

5. 主席台设施

会议、论坛等形式的节事活动现场都要求设置主席台,可用作开幕、表演、颁奖、演示、演讲等多种用途。主席台的大小和形状应依据屏幕、投影或主题背景板等多种设备的位置来安排,还要特别注意台下观众对良好视线的需求。大型会议或开幕现场等活动环节通常会在主席台右侧放置讲台,供主持人、演讲人使用。设施配置包含麦克风、鲜花、文件等。

6. 观众席设施

观众席设施配备主要是坐席设置。观众席可以分为不同的区域来布置。首先是位于最佳观赏视角的贵宾席,有些活动现场会为贵宾席的座位增加一排长条桌,设立桌签和饮用水,通道两侧竖立指示牌。国际活动中还应使用中英文对贵宾席进行标注。其次是普通观众席。大多数席位都是普通观众席,现场运营时要确认每个座位都是完好而安全的。如果是户外临时设置的席位,还要注意观众视角、进出通道和席位密度,确保观众的现场体验质量。在疫情防控常态化背景下,节事活动现场观众席设置,无论是室内还是室外,都要考虑安全距离,座位不宜太密集。图 4-11 为武汉大学 2020 届毕业典礼现场席位设置,充分考虑

图 4-11 节事活动现场观众席设置示例(武汉大学 2020 届毕业典礼)①

---

① 图片来源:长江日报微信公众号。

了疫情防控对社交距离的要求,同时图中展示了环境营造、功能区划分、舞台区、显示屏、装饰道具等场地运营要素。最后是记者席。节事活动现场应该开辟专门的记者区,通常会设在现场第二层的前几排,进出要方便,空间要适度开阔一些,这是为了方便记者架设摄影摄像器材。现在越来越多的节事活动在现场为记者和观众提供无线网络服务,方便记者工作、观众上网互动分享。

7. 其他设施设备

节事活动现场还有许多其他辅助性的设施设备。

首先是贵宾室。一些国际性的节事活动会邀请海内外贵宾出席现场,这是节事活动权威性、重要性的一个表征。按照惯例,贵宾应有专门通道入场,一般会在入场之前先到贵宾室稍作停留休整,一方面进行小范围交流,另一方面为贵宾整理妆容(如佩戴胸花等)。贵宾室一般设在距离现场主席台或贵宾区较近的地方,室内应有沙发、茶几等设施,现场还要有鲜花、茶水等配置。

其次是休息室(区)。节事活动现场应该为参与者和工作人员提供必要的休息区域。室内现场一般选择开阔的门廊、走道等地设置休息室,室外现场一般选择各个功能区的节点处设置休息区。休息室(区)应配有座椅、免费饮用水、会刊海报等。特别强调一下,室外休息区必须考虑现场人员的体感舒适度问题,尽量选择阴凉处或者能够提供凉棚、走廊的地方,能够提供降温喷雾设施,尽量与室外洗手台、饮水台靠近,而且距离公共卫生间不宜太近或太远。

再次是储藏区。节事活动现场有大量的设施设备和物料供应,应该设置专门的储藏区,存放现场所需的物品、设施、设备,并且提供简单的休息座位,供有关工作人员短时休整。

最后是特殊人士需要的设施设备。特殊人士主要指残障人士,节事活动现场应该考虑他们的需求,提供坡道、电梯等无障碍通道,残障人士专用卫生间、停车场等设施设备以及可借用的轮椅等。

二、流程推进

节事活动的性质、目标和计划不同,其现场运营的流程也不尽相同,但有一些基本流程是具有共性的。

第一步,准备环节。在节事活动开幕之前,项目团队应确保与现场相关的各个工作环节都有专门的人员或机构负责。如果是由其他服务供应商提供产品或服务,则要有团队内部人员与之对接,确保供应时间和质量。常见的服务供应商有物流公司、餐饮公司、广告公司、搭建公司、礼仪公关服务公司等。项目团队应该在开幕前按照节事活动工作内容的网络计划、进度安排逐项检查确认。

第二步,调试验收。节事活动开幕前夕,项目团队应组织专业人员(必要时可邀请外部专业人士参加)对现场各个工作和服务项目进行调试或验收,以确保设施设备符合活动要求,供电供水设施没有故障,应急方案、备用方案等能快速启用。有些专业设备需要专门调试,一旦调试完成后,任何人员不得随意乱动。一旦发生事故,负责技术维修的工作人员必须在第一时间解决问题。

第三步,信息核实。节事活动开幕前夕,项目团队负责现场议程的人员需要进一步核实信息,包括嘉宾、演出人员、观众、记者等人员是否能够准时出席。如有变动,相关信息要及时反馈给司仪、礼宾等岗位的工作人员。

第四步,现场控制。节事活动项目团队需要指定有经验的成员担任场控工作,对现场流程推进、现场秩序进行控制和管理。如有突发事件出现,场控人员需要快速通报信息,团队要给予快速应对,并且统一口径,共同做好危机公关。

三、人员管理

节事活动现场主要有三大类人员:观众(参加者)、嘉宾和媒体记者、工作人员(包括志愿者和短期聘用人员)。现场对人员管理的要求不尽相同,对观众和受邀嘉宾、媒体记者的管理,主要是做好接待服务,确保人身、财产安全,对工作人员的管理,主要是协调人员配置,合理分配工作任务,保障现场工作有序推进。

(一)观众(参加者)管理

多数节事活动项目席位观众(参加者)人数众多,这反映了节事活动受欢迎的程度,也代表着节事活动目标实现的程度。但观众(参加者)规模是在策划阶段和项目管理阶段就要设定的,现场观众(参加者)数量要严格遵循这个设定,避免人员过量。超过接待规模和组织能力对举办方而言是一个非常严重的风险信号,稍有不慎将出现重大事故。因此,现场观众(参加者)管理首先是要控制观众(参加者)数量,其次是要为观众(参加者)创造良好秩序,提供舒适体验。常见的观众(参加者)管理有以下几个工作环节。

 2020上海游泳SPA展现场人员管理

1. 入场和退场管理

在多数节事活动现场,观众(参加者)入场和退场时间比较统一,容易出现拥挤现象,外部疏散的交通也容易出现拥堵情况。举办方可以尝试适度提前开放入场时间,方便人们分时入场。不过这就需要在现场增加一些暖场活动、互动体验项目,降低先入场观众(参加者)的枯燥感。退场时,人员更加密集,工作人员要尽量开放通道,并且及时发布通告,说明各个通道的方向及就近的目的地,以方便人们结合个人需求选择最方便的通道。退场时,举办方还应尽量提供大规模运输的公共交通,方便人群快速疏散。例如,美国每隔四年会举行一次新当选总统的就职典礼。典礼举行前几个小时,开往现场的地铁、公交等公共交通就不再开放,私人车辆也不能驶入现场,避免人员过度聚集,也能促使观礼人群提前到达现场。典礼结束时,华盛顿国家广场沿线的几个地铁站全部开放,并且增加地铁运行频次,以最快速度帮助现场人员离开现场。

2. 排队管理

节事活动现场排队是不可避免的环节,多数观众(参加者)都能够接受有秩序的排队,因此现场工作人员需要有效引导和管理排队秩序。举办方要尽量使用技术手段来分流观众

(参加者)或者提高通行效率。例如,在迪士尼主题公园,人们可以通过 App 随时查看每个活动项目的排队时间,据此合理规划自己的时间和精力。另外,举办方还应该密切关注排队时人们的心理变化和实际需求,做好相应的引导,提高观众(参加者)排队期间的参与感、舒适感。具体包括但不限于:为排队人群提供遮挡廊道或大棚;提供降温喷雾;沿着队伍安排小型布景、互动玩具、展览解说等;播放与活动主题相关的暖场视频;工作人员现场互动等。

3. 紧急疏散

节事活动现场如果遭遇突发事件,项目经理和现场运营负责人一定要保持清醒头脑,立即启动有效的应急措施并迅速疏散人群,同时及时上报,争取有关部门的指导和支持。导致人群需要紧急疏散的突发事件可能是自然灾害、人群拥挤、建筑物和设施坍塌、火灾、燃气泄漏、疫情等事故,甚至是恐怖袭击或其他犯罪活动。紧急疏散作为现场运营中的特殊情况,一定要有预案,要遵循既定的严格流程。首先,事前制定紧急疏散程序,规划好疏散路线和方法,并对工作人员进行培训和演练,确保工作人员在紧急情况下按规范程序应对。值得注意的是,培训和演练是两项不同的工作,目的不同,不能相互替代。培训是让工作人员知道该怎么做,演练是让工作人员能形成条件反射,事发突然时能真正规范、快速地处理应对。其次,分配任务到个人,明确权责。再次,设置正确的指示牌,现场配有安全通道、安全指示灯,有广播通报信息,能及时向人群公布危险状况并迅速组织撤离。最后,第一时间联系主管部门,联系医疗、消防、警察等机构寻求指导支援。

4. 特殊人士管理

节事活动现场观众(参加者)中可能会有残障人士,这就要求组织者做更周全的安排。前面已经提及现场要为特殊人士提供专门的设施设备,在这类人群管理中要注意安排专人为他们提供服务或者协助,切实保障他们参加节事活动的正当权益。

(二)嘉宾和媒体记者管理

节事活动举办方邀请的嘉宾主要包括领导、贵宾、赞助商代表、评委、专家等,这些人员的参与往往代表着节事活动的合理性、权威性和重要性,因此举办方一般会将这些人员作为单独的群体与其他观众(参加者)分开管理。媒体记者因工作需要参加活动,他们的观感和体验直接影响着他们对节事活动的报道,影响着节事活动的媒体曝光率、知名度和美誉度,因此,举办方也会对媒体记者进行单独管理。

1. 嘉宾管理

规格较高的嘉宾在邀请环节需要项目团队安排专人对接,落实日程和接待规格。对于党的机关、人大机关、行政机关、政协机关、审判机关、检察机关、人民团体、经国务院批准免于登记的社会团体以及上述单位所属的事业单位等或国有和国有控股企业举办的节庆活动,如果涉及邀请领导干部、海外人士出席现场,或者是邀请名人、明星,根据《节庆活动管理办法(试行)》《节庆活动管理办法实施细则》要求,还需履行必要的行政手续,遵守相关管理规定,具体条款内容参见拓展阅读。节事活动举行期间,项目团队应设置专门的嘉宾接待工作小组,全程负责嘉宾的落地接待、活动日程、媒体采访和传播推广等具体工作。

拓展阅读　　嘉宾邀请相关规定

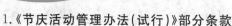

1.《节庆活动管理办法(试行)》部分条款

第六章　领导干部出席

第二十二条　严格控制县处级以上领导干部(包括离退休领导干部)出席节庆活动。未经批准,领导干部不得出席各类节庆活动,不得在活动中挂名任职、发贺信贺电、题词、剪彩等。

领导干部原则上不得出席与本职工作无关的节庆活动。

第二十三条　各地区各部门举办的节庆活动,原则上不邀请党和国家领导人出席。确需邀请党和国家领导人出席节庆活动的,举办单位应当提前3个月按归口分别报中央办公厅、全国人大常委会办公厅、国务院办公厅、全国政协办公厅批准。

第二十四条　中央和国家机关各部门主要负责同志出席节庆活动,应当报中央分管领导同志批准;其他负责同志出席活动,应当向主要负责同志报告;其他领导干部出席活动,应当报上级领导批准。

第七章　监督检查

第二十六条　纪检监察、审计机关和财政等部门应当加强对举办节庆活动的监督检查。对擅自举办节庆活动、违规邀请领导干部出席以及领导干部违规出席活动,以举办活动为由向基层、企业和群众收费、摊派、拉赞助,挥霍浪费、滥发钱物等违规违纪行为,依照有关规定严肃处理。

2.《节庆活动管理办法实施细则》部分条款

第三章　申请和审批程序

第十五条　申请举办节庆活动,应提交以下材料:

(一)申请函,须包括活动名称(涉外节庆活动须提供中英文名称)、活动内容(包含是否评奖及设奖情况)、规模、时间、地点、周期、举办单位及举办理由依据等,加盖申请单位公章;

(二)两个或两个以上部门或单位共同举办的,应提供其他部门或单位的书面同意函;

(三)活动总体方案(含拟邀请领导、外宾范围);

(四)经费预算方案:包括经费来源、计划支出明细;

(五)专家论证和公开听证材料(公祭类);

(六)有关行业主管部门或外事主管部门同意举办的复函;

(七)处理突发性事件的应急预案;

(八)其他相关材料。

第四章　备案管理

第二十五条　经党中央、国务院批准后需再次举办的节庆活动,备案内容包括:

（一）备案函：包括活动名称（涉外节庆活动须提供中英文名称）、活动内容、规模、时间、地点、周期、举办单位等，加盖主办单位公章；

（二）首届或上一届节庆活动批准文件复印件；

（三）两个或两个以上部门或单位共同举办的，应提供其他部门或单位的书面同意函；

（四）活动总体方案（含拟邀请领导、外宾范围）；

（五）经费预算方案：包括经费来源、计划支出明细；

（六）有关行业主管部门或外事主管部门同意举办的复函；

（七）处理突发性事件的应急预案；

（八）其他相关材料。

第六章　监督检查

第三十四条　节庆活动举办过程中不得有以下情形：

（一）互相攀比、大操大办、铺张浪费；

（二）擅自"造节""办节"；

（三）违规邀请领导干部出席以及领导干部违规出席活动；

（四）党政机关与企业联合举办节庆活动；

（五）以举办活动为由向下级单位、企业和个人收费、摊派、拉赞助、转嫁费用；

（六）使用各级财政资金邀请各类名人明星；

（七）借举办活动发放礼金、礼品、贵重纪念品和各种有价证券、支付凭证；

（八）党政机关、人民团体所属事业单位、社会团体以挂名主办节庆活动为由变相收取费用；

（九）利用节庆活动为单位或者个人谋取私利；

（十）其他违规违纪活动。

第三十五条　按照中央有关规定，严格控制县处级以上领导干部（包括离退休领导干部）出席节庆活动。邀请重要外宾出席节庆活动，应严格按照有关外事管理规定履行报批手续，未经批准，不得擅自对外发出邀请。

2. 媒体记者管理

节事活动项目团队应有专人负责对接媒体单位，特别是有明确合作关系（如特邀媒体、媒体支持单位等）的媒体单位，提前落实媒体单位派驻的记者，明确对方在现场报道所需要的工作条件和具体要求，在合理而可能的情况下尽量满足。常见的工作要求包括但不限于：提供交通条件；设置媒体接待区；开发和执行媒体专访环节；举行和推广新闻发布会；提供媒体通稿和节事活动官方推广资料；提供现场办公条件；提供休息条件。

（三）工作人员管理

根据工作内容划分，节事活动现场的工作人员大体上可分为三种类型：管理和服务人员、技术人员以及临时人员。工作人员的管理主要在于创造恰当的工作机制和工作条件，满足不同类型工作人员的需求,保护他们的正当权益。管理和服务人员主要是负责现场运营统筹、服务接待和秩序控制等工作的若干人员。技术人员主要是为现场各个活动板块提供技术支持的专业人员,包括各类艺术创作和表演人员、各类设备设施运行和维护人员。这些人员可能是节事活动项目团队的内部人员,也可能是各供应单位委派的支持人员。临时人员主要是项目团队通过临时聘用、志愿者招募等方式吸收的节事活动现场工作人员,主要承担后勤安保、医疗急救、礼仪服务、秩序维持、观众服务等工作。

节事活动现场运营好比一架启动的大型机器,每一个零配件都在发挥作用,任何一个零配件的"缺位"或"失误"都有可能导致机器停摆或发生重大事故。现场工作人员数量多,任务琐碎,相关管理必须做到任务分解细致,责任落实到人,并且必须及时共享信息,以备人员缺位时能及时启动预案。特别是在临时人员现场管理中,尤其要注意信息及时更新与共享。因为这一人群与节事活动项目团队之间缺乏具有约束力的管理与被管理关系,因此需要建立动态的、富有激励因素的管理机制,并且随时更新人员变动信息,确保现场运行顺畅。例如,志愿者属于临时人员,对志愿者的管理,不仅要从招募、培训中着力,更应在节事活动现场运营期间关注志愿者工作状态和工作意愿,建立保障志愿者合法权益的工作机制(如轮班制、合理的工作时长等),鼓励志愿者坚持完成预定的志愿服务。

第三节　节事活动的服务供应

服务供应是价值链管理的主要和重要内容。对节事活动项目团队而言,价值链上每一个服务供应者都是价值创造的节点,是节事活动能够落地运营的基础和保障。项目团队通过向供应商采购项目实施所需的各类产品和服务,并在现场确保产品和服务的数量和质量,最终保障节事活动的顺利进行。

一、搭建服务

搭建服务主要指节事活动现场环境搭建和装饰装潢。节事活动现场搭建需求多样,常见的搭建有室内舞台搭建、室外舞台搭建、展区搭建、主题装饰物品搭建等,有时还需要和灯光、音响、投影、显示屏等设施设备的安装相配合。图 4-12 展示了部分节事活动现场搭建实例,包括 2010 吉他中国音乐节户外舞台、2020 互联网岳麓峰会主题装饰物、2016 多伦多爵士音乐节活动大棚、2020 抖音内容创造者大会签到处、2020 互联网岳麓峰会室内舞台、2020 长沙国际公共卫生防控产业论坛暨展览会户外观众入场通道等。

 世界 VR 产业大会搭建

图 4-12　节事活动现场搭建实例组图[①]

举办方和项目团队在计划阶段将节事活动的策划意图转化为明确的现场氛围营造需求，然后考察和征询搭建公司的设计方案，最终在预算约束下选定搭建服务供应商，签订并履行合同。一些大型节事活动的搭建费用在整体预算中占比非常高，因此需要通过招标来公开选择供应商。搭建服务供应商的遴选标准主要是预算要求、供应商品牌与资质、设计方案、施工能力、合作意愿，并参照供应商以往施工案例和双方既有的合作经历，综合选择。

选定了搭建服务供应商以后，举办方需要和供应商签订合同，明确设计方案、搭建要求、成本控制、验收标准等具体事项以及费用支付标准和支付方式，做到责、权、利明晰。项目团队应该安排具有丰富搭建工程经验或监理经验的专业人士和法务审核合同条款，并督促合同履行。

二、物料供应

节事活动的物料包括印刷品、标志牌、会刊、横幅、鲜花、礼品、奖品、奖杯或奖牌及各类用于暖场的物品等。其中有些物料可以通过采购获得，但为了突出节事活动的主题，提高会徽、口号等品牌元素的展示度，采购时可以要求供应商提供定制图标。有些物料则需要专门制作，例如印刷品、会刊、横幅等。这些物品通常会选择广告供应商来制作。供应商选择的标准与前述搭建供应商遴选标准相仿。

不同节事活动对物料的需求大不相同，而且物料品类十分繁杂。这就要求节事活动项目团队有专人或专门小组来统筹安排这些物料的采购和供应。表 4-1 列举了部分常见的节事活动物料清单及运营中的责任分工，作为参考示例。

[①] 图片来源：2010 吉他中国音乐节户外舞台，http://img.guitarchina.com/img2010/0507gc/11.jpg，其余图片由蒋昕拍摄。

表 4-1 部分常见的节事活动物料清单及运营中的责任分工

物品名称	数量	负责人	备注
会刊	200	×××	会刊印制前,内容需由主管确定。提前1天准备到位,放置于每个礼品袋内
签到本	1	×××	提前1天准备到位
签到桌和鲜花	1	×××	
签到嘉宾礼品袋	200	×××	
嘉宾胸花	20	×××	
抽奖箱	1	×××	提前1天准备到位
抽奖号牌	200	×××	
抽奖礼品	20	×××	
礼品领取登记本	1	×××	
奖杯	15	×××	
隔离带	4	×××	
易拉宝展架和海报	5	×××	提前1天准备到位
横幅	2	×××	
荧光手环	200	×××	开幕前放置在每个观众座席上

三、餐饮服务

民以食为天,餐饮服务是节事活动现场运营的必要内容,但在不同节事活动中,餐饮服务具有不同的功能,供应商选择标准也有所差异。有些以美食、美酒为主题的节事活动,例如美食节、啤酒节、小龙虾节等,餐饮服务就是活动的重点内容,需要精选不同的供应商提供现场餐饮服务,强化活动主题,实现活动目的。有些节事活动中会有专门的晚宴,对餐饮服务有极高的要求,既要有主题宴席,还要有致辞、答谢、颁奖、演出等环节。有些以娱乐、休闲为主题的节事活动,例如摇滚音乐节、沙滩派对等,餐饮服务既要满足观众(参加者)需要,丰富其体验,也是现场主要的消费项目和举办方主要的利润来源之一。有些节事活动在日程中会穿插一些轻简的餐饮服务,以做调剂,烘托气氛,例如茶歇、沙龙简餐等。

前述餐饮服务分别满足了性质、规模、主题各不相同的节事活动需求。从运营角度来看,举办方和项目团队首先是以目的为导向,将策划构想转化为具体的餐饮服务工作内容和运营要求,其次是寻找合适的供应商。供应商选择既要考察其餐饮供应能力和供应质量,更要考察其食品安全保障能力,特别是一些在户外制作或者是餐厨制作完成后运送到现场的餐饮供应,尤其要关注临时搭建的户外制作环境是否符合食品卫生要求,运输过程是否满足食物储运要求。一般来说,有良好品牌背书、有严格食品安全管理流程、有合作经验或为其他同类型节事活动服务经历的餐饮供应商,在举办方组织的餐饮服务采购竞标(或竞争)中更有优势。

餐饮服务内容不同,价格差异较大,因此举办方和项目团队在完成餐饮服务供应管理时必须严格遵循预算约束,厉行节俭办节的原则。有时候,餐饮服务的效果不在于食物、饮料有多名贵稀缺,而在于食物、饮料的创新性及其对节事活动主题的呼应。图 4-13 为中国驻美国大使馆 2016 年国庆节庆祝活动现场蛋糕,以熊猫为符号,凸显了鲜明的中国特色。

图 4-13　中国驻美大使馆 2016 年国庆节庆祝活动现场蛋糕(蒋昕　摄)

四、安保服务

"安全第一"是所有节事活动举办方最为看重的一个举办原则。"安全的节事活动"意味着现场人员安全和财产安全。强化安保服务是提高节事活动安全性的必要选择,"安全第一"取决于一系列务实的运营举措。

首先,全员树立"安全第一"理念,提前做好安全检查。安全管理不仅是现场安保部门和安保人员的责任,更是全体工作人员的责任,包括各个供应商委派参加现场工作的工作人员。只有全员参与,才能真正保证节事活动的安全举措和安保环节能够全面落实。

其次,完善安全防范措施,尽量将危险的苗头控制住,消除隐患。常见的具体做法有:设定不同运营阶段安全工作的具体考核目标;制定安全管理和安保方案,责任落实到人,并且责、权、利匹配;设立安全管理委员会,确定最终安全计划及其实施进度表,监督各项安全管理项目的实施;配置设施设备,做好安全备案,接受消防、防疫、公安等部门的安全检查,并确定达标;如果有燃放烟花等活动设计,必须上报消防部门,获批后方可实施;现场设立医疗急救中心;安排秩序引导员随时维持现场秩序,建立突发事件紧急信息快速沟通机制,提高

应急能力；配合治安管理部门检查现场，商讨并制定最佳的管理方案和重点区域安保方案。

最后，购买专业服务，提高现场安保服务的质量和效率。对于一些大型或特大型的节事活动而言，现场人员众多，安保压力巨大。举办方和项目团队可以购买安保公司、现场服务公司、信息服务公司的服务，依靠先进的设备、专业的服务来提高现场的安全系数。

 本章小结

- 运营是把各种资源转化为产品和服务的过程。运营涵盖了服务业和制造业，适用性强，具有目的导向，有助于有效率、有效果地管理生产率，能帮助组织在竞争中获得战略性的优势。
- 运营的基础是价值链管理。有权定义价值的是顾客，运营过程要适应顾客需求变化而做出调整或变革。一个成功的价值链战略满足了协调与协作、技术投资、组织过程、领导、员工/团队成员、组织文化和态度六项管理要求。
- 节事活动的现场是项目团队为顾客参与体验而创设的场景，是承载节事活动产品和服务内涵的物理空间。现场运营决定着整个项目的进度和产出的质量，还对投资回报产生重要影响。
- 节事活动场地运营主要有场地选择、功能分区、环境营造、设施设备等内容，运营目标是打造一个能够呈现节事活动策划效果、满足顾客需求的临时性体验空间，能够充分烘托节事活动主题演绎所需的氛围。
- 节事活动现场流程推进的基本步骤是"准备环节——调试验收——信息核实——现场控制"。
- 节事活动现场人员管理主要是观众(参加者)管理、嘉宾和媒体记者管理、工作人员管理。观众(参加者)管理首先是控制人员规模，其次是要为观众(参加者)创造良好秩序，提供舒适体验。主要管理内容有入场和退场管理、排队管理、紧急疏散和特殊人士管理。嘉宾的参与一定程度上代表着节事活动的合理性、权威性和重要性，举办方一般会将这些人员作为单独的群体专门管理。媒体记者的观感和体验直接影响着他们对节事活动的报道，影响着节事活动的媒体曝光率、知名度和美誉度，举办方对媒体记者也会进行单独管理。工作人员管理主要在于创造恰当的工作机制和工作条件，满足不同类型工作人员的需求，保护他们的正当权益。
- 节事活动的每一个服务供应者都是价值创造的节点，是节事活动落地运营的基础和保障。常见的服务供应有搭建服务、物料供应、餐饮服务和安保服务。项目团队需要向供应商采购上述各类产品和服务，并在现场确保产品和服务的数量和质量，最终保障节事活动的顺利进行。

第四章 节事活动的项目运营

核心关键词

观众/参加者规模(Audience/Attendee Size)
价值链管理(Value Chain Management)
场地选择(Site Selection)　　物料供应(Material Supply)
功能分区(Function Partition)　　餐饮服务(Catering Service)
环境营造(Environment Construction)　　安保服务(Security Service)
设施设备(Facilities and Equipment)　　流程推进(Process Promotion)

思考与练习

1. 运营对于组织有哪些重要意义?
2. 什么是价值链管理?为什么说价值链管理是运营的基础?
3. 如何选择节事活动适用的场地?
4. 节事活动现场一般需要设置哪些功能区?
5. 节事活动现场环境营造常用的道具有哪些?使用这些道具时应该注意哪些事项?
6. 节事活动现场常用的设施设备有哪些?一般情况下,如何获得这些设施设备?
7. 节事活动观众(参加者)管理的目标是什么?如何实现这些目标?
8. 为什么节事活动现场要将嘉宾和媒体记者分别作为单独的人群来加以管理?
9. 节事活动现场工作人员有哪些?针对工作人员有哪些管理要求?
10. 节事活动常见的服务供应有哪些?在选择这些服务供应商时,应该注重哪些因素或选择标准?

案例讨论

问题:

1. 请根据节事活动现场运营中的相关知识点评本案例节事活动的创想和实施情况。

2. 请根据本案例给你带来的启发,为自己策划的节事活动选择一个适用的场地,并提出环境营造构想。

第五章

节事活动的营销与赞助

教学课件

  学习目标

- 了解节事活动品牌的特征。
- 掌握节事活动品牌塑造和品牌定位的思路、方法与注意事项。
- 掌握节事活动营销体系。
- 理解营销组合策略的概念、内涵与特征。
- 理解节事活动营销组合 4P 策略及其具体应用。
- 理解基于赞助商立场的节事活动赞助内涵、动机与具体做法。
- 理解基于主办方立场的节事活动赞助计划、要价和管理内容。

 问题导向

- 节事活动如何与市场对接?

营销与赞助是节事活动运营管理重要的商业机制和市场动能塑造的重要环节。形象和品牌建设为节事活动积累品牌资产、开发周边产品、开展营销传播、吸引商业赞助创造条件。营销组合策略是经过实践检验的成熟的市场营销理论,对节事活动举办方以产品和服务联结顾客、满足市场需求、实现预期目标有良好的指导作用。赞助是节事活动举办方和赞助商合作挖掘节事活动潜在价值、开展间接营销的平台和机制,在现代节事活动市场化、商业化、品牌化发展中具有突出的作用。

活动运营管理

第一节 节事活动的品牌

一、节事活动品牌概述

(一)相关概念

1. 品牌的概念与内涵

美国市场营销协会(American Marketing Association)将品牌定义为一种名称、术语、标记、符号或设计,或是它们的组合运用,其目的是借以辨认特定的产品或服务,并使之同竞争对手的产品和服务区别开来。菲利普·科特勒、凯文·莱恩·凯勒在《营销管理》中指出,品牌提供了一组特性,代表着品牌拥有者悉心打造的差别性功能。这些差别可能是功能性的、理性的、有形的,通常与产品性能有关,也可能是象征性的、感性的、无形的,通常与品牌所代表的观念有关。品牌也代表着品牌拥有者对消费者的一种承诺。品牌的表现形式十分简单,但其背后蕴含了深厚的商业价值和商业文化。

- 品牌为品牌拥有者提供了与众不同的特色及为相关产品提供了法律保护。品牌名称可以通过注册商标得到保护,生产过程可以通过专利得到保护,包装可以通过版权得到保护。这些知识产权保证了企业能安全地投资于品牌并且从有价值的资产中获益。

- 品牌代表着能影响消费者行为的、有价值的、有法律效力的巨大资产,可以被买卖,并且为品牌拥有者提供了未来收益的安全支持。

- 品牌确定了一个产品的来源或制造者,代表着产品的品质或制造者的经营素质,消除或减少了消费者面临的信息不对称现象,为消费者简化购买决策、降低购买风险提供了保障。

- 品牌为品牌拥有者获得消费者的忠诚创造了条件。品牌忠诚可以为品牌拥有者提供对需求的预测,制造出其他公司进入市场的障碍,同时转化为消费者为品牌支付溢价的意愿——通常是多出20%—25%。对于竞争者而言,复制甚至是超越原产品设计和生产过程可能是容易的,但模仿某一品牌经过多年的市场培育而在消费者心目中确立的形象是困难的。因此品牌提供了一种保护竞争优势的强有力的方法。

现代市场上,品牌概念已不仅仅是指产品或服务,实际上可被人们在任何地方有选择地使用。它可能是一个有形商品的品牌(iPhone、iPad)、一种服务(法国安盛 AXA 的金融服务)、一家餐厅(肯德基 KFC)、一个人(中国孔子、德国歌德)、一个地方(杂技之乡吴桥、风筝之乡潍坊)等。

2. 节事活动品牌的概念及其作用

节事活动品牌是赋予该节事活动与竞争性节事活动不同属性,并能将这些差异传递给不同利益相关者的名称、术语、标记、符号设计及其组合运用。节事活动品牌与节事活动产权相辅相成。品牌可以保障节事活动营销传播的合法性、合理性,产权可以保障节事活动的所有者商业运营(包括投融资、出售、并购、赞助等)的合法性与合理性,品牌与产权推动节事活动在全球范围内快速扩张,成为庞大的经济产业。

节事活动品牌在不同层面具有积极作用。在举办地,节事活动,特别是大型节事活动,是经济社会发展到一定阶段的产物。当地拥有的节事活动品牌的数量和声望从一个侧面反映了经济发达程度、社会开放程度、文化丰富多元程度、公共服务完备程度。因此,许多举办地将节事活动品牌视为当地发展的名片和窗口。

对消费者而言,节事活动品牌包含了消费者对活动产品与服务的全部体验。节事活动品牌被赋予一种象征性意义,向消费者传递举办方对节事活动体验内涵及质量的若干承诺,激发消费者对节事活动的积极想象,进而促进潜在消费者转化为现实消费者。

对赞助商而言,节事活动品牌是制定赞助决策的重要依据。赞助商赞助节事活动,总的目的是要实现自身品牌与节事活动品牌持续性的联合营销,因此是否赞助,以及如何赞助,最终取决于节事活动品牌的商业价值、拓展空间和节事活动与赞助品牌之间的匹配度等。

对供应商而言,节事活动品牌能对"采购—供应""外包—服务"等业务环节提供信任背书。好的品牌更值得供应商信任,也能为供应商带来"为优质品牌服务"的附加价值,提高供应商的积极性。

(二)节事活动品牌的特征

节事活动品牌具有四个基本特征。

第一,可识别性。这是节事活动品牌最基本和最重要的特征,是品牌塑造的第一目标。可识别性建立在差异性和个性化的基础上,意味着节事活动品牌蕴含独特的风格,与众不同,区分度高,能在消费者、社会公众和其他利益相关者心目中获得不同于其他节事活动的认知。

第二,可塑性。这是指节事活动品牌顺应市场需求和发展规律,能够以创意赋能,做出相应的拓展、延伸、开发和传播,可以丰富节事活动产品和服务供给的体验内涵。可塑性在法律层面要求节事活动品牌在视觉表现上具有专属性,不至于引发法律纠纷。

第三,相对稳定性。这是指一旦节事活动品牌在消费者、社会公众和其他利益相关者中已经产生了具有一定共性的心理图景,就应该尽量持续而稳定地开展建设和营销活动,避免频繁地更换品牌或品牌元素,以规避可能带来的品牌认知混淆或误区。

第四,可传播性。这是指节事活动品牌(特别是其中的可视化元素)形成了良好的符号体系和话语体系,有利于开展营销传播活动,能够对节事活动的精神价值和文化内涵进行良好的演绎和推广。

(三)节事活动品牌形象

1. 节事活动品牌形象的概念

形象是一个客观事物(可能是某人、某地、某品牌、某文艺作品、某节事活动等)能引起人们思想和情感活动的具体意向,是可视化的、情感性的、观念性的要素的综合。从心理学角度讲,形象是客观事物通过一定方式在人们的主观认知中建构而成的心理图景,不仅生动鲜活,给人们的行为带来影响,而且具有显著的主体差异性。这是因为每个主体建构同一事物的心理图景的基础和过程是不同的,是具有主观能动性的,正如"一千个读者心里有一千个哈姆雷特"。从营销学角度看,形象是营销主体向市场、消费者和公众传递价值、信念和信息

的一个载体,能够承载营销主体的主观意图、产品和服务的文化和商业价值、消费者和社会公众的期望等,对消费者行为决策具有影响。

节事活动品牌形象是消费者、社会公众及其他利益相关者因节事活动品牌所传递的理念、主题、可视化表现形式、服务供给等要素而产生的关于节事活动品牌的综合性心理图景和主观评价。节事活动品牌形象是品牌塑造和营销传播的基础,也是举办方强化节事活动吸引力的重要抓手。

2. 节事活动品牌形象的分类

节事活动品牌形象的构成既有抽象的组成部分,也有具象的组成部分,具体可根据以下标准进行分类。

按照表现形式分类,节事活动品牌形象分为内在形象和外在形象。内在形象主要包括节事活动理念、产品和服务供给的文化内涵等,外在形象指节事活动品牌的可视化表现形式,主要是节事活动品牌的视觉识别系统,如会徽、吉祥物、口号等。

按现实性标准划分,节事活动品牌形象分为期望形象和实际形象。期望形象是节事活动举办方希望在消费者、社会公众及其他利益相关者心目中树立的品牌形象。实际形象是消费者、社会公众及其他利益相关者事实上构建的具有一定共性的关于节事活动的心理图景和主观评价。期望形象和实际形象之间必然存在一定的落差,弥合差距正是节事活动举办方品牌形象建设努力的方向。

按可视化程度分类,节事活动品牌形象分为有形形象和无形形象。有形形象指人们能通过感官直接感觉到的节事活动中的实体要素,一般有特色标识、现场装饰装潢设计、活动参与环节、纪念品等。无形形象指在有形形象的基础上,通过人们的记忆、联想、想象等思维活动升华而成的关于节事活动品牌的认知,一般表现为对节事活动精神内涵、风格以及人们关于其文化价值的印象和评价。

二、节事活动品牌塑造

(一)选择品牌元素

品牌元素包括能鉴定并且使品牌有差异的那些可以识别的文字和图案。节事活动品牌一般包含名称(文字表述)、徽标,有时还会包含时间、地点、口号等信息。好的品牌元素可以为品牌塑造服务。测试、评价和选择品牌元素需要关注不同利益相关者如何思考或感受这些元素,并产生哪些与节事活动有关的联想。根据菲利普·科特勒和凯文·莱恩·凯勒的营销管理理论,选择品牌元素有六个准则。其中前三个准则涉及品牌塑造,后三个准则更多地与防御相关,涉及该品牌元素如何在品牌竞争中保护品牌。六个准则分别如下。

1. 可记忆

其主要判断节事活动品牌元素的可识别度和可记忆程度,特别要测试这些品牌元素是否能够真实地受到节事活动消费者和社会公众的关注和记忆。

2. 有意义

其主要判断品牌元素是否与节事活动所依托的历史文化、地域特色和活动理念、主题、内容相关联,是否能够引发有关联的想象。例如,2018 江小白年 JOYBO 街头文化艺术节的品牌元素包含了江小白的经典包装瓶形象,能够建立由该节事活动到主办方江小白的品牌的联想。再如,第32届夏季奥林匹克运动会会徽选择的品牌元素(见图5-1)有日本江户时期的格纹理、日本的传统蓝色,用三种大小不同的矩形进行组合,表达各国在国情、文化和思想三方面的差异以及"多样性的统一"的理念。

图 5-1　第 32 届夏季奥林匹克运动会会徽①

3. 可爱的

其主要判断品牌元素是否能转化为可爱的设计形象,是否具有亲和力,能够被消费者、赞助商等利益相关者接受和喜爱。第32届夏季奥林匹克运动会以奥运会徽和富有未来感的机器人为品牌元素组成吉祥物(见图5-2),塑造了东京奥运会的品牌形象。

图 5-2　第 32 届夏季奥林匹克运动会吉祥物 Miraitowa②

---

① 图片来源:https://baike.baidu.com/item/%E5%A5%A5%E8%BF%90%E4%BC%9A%E4%BC%9A%E5%BE%BD/930856? fr=aladdin。
② 图片来源:https://www.sohu.com/a/224557755_114731。

4. 可转换

其主要判断品牌元素是否能用来介绍新产品、新项目,是否能跨越地理边界和市场细分群体,使品牌能够继续发展。例如,青岛国际啤酒节多年来一直以中国十二生肖为品牌元素设计吉祥物,塑造节事活动品牌,每年都能够在消费者和社会公众心目中实现顺利转换。2020年第30届青岛国际啤酒节吉祥物的设计元素就是鼠年生肖(见图5-3)。

图5-3　第30届青岛国际啤酒节吉祥物"赢赢"①

5. 可适应

其主要判断节事活动品牌元素的适应性和更新水平,是否可以在保持相关元素基本稳定的情况下做出微调,以适应不同时代的审美标准,确保节事活动品牌稳定发展。

6. 可保护

其主要判断节事活动品牌元素的独特性与原创性,能够受到法律保护,不会导致侵权行为。

根据前述准则列出节事活动品牌元素以后,营销人员在目标顾客中进行测试和选择。相关测试包括:联想测试,判断这些品牌元素在人们心中会产生什么形象;学习测试,判断这些品牌元素在人们心中会引发怎样的学习过程,是否清晰明了;记忆测试,判断这些品牌元素是否容易记忆;偏好测试,判断哪些品牌元素更受欢迎。

品牌元素确定后,营销人员再结合前面品牌设计和视觉化,设计完整的品牌表述方案,并进行必要的搜寻,确保节事活动品牌方案没有重复雷同,能够受到法律保护。

(二)视觉化开发

视觉化开发主要指根据节事活动的主题和定位的需要,对节事活动品牌的视觉识别系统进行创意设计,以获得品牌良好的视觉传达效果。具体开发内容包括但不限于会徽、会旗、吉祥物、口号等。

视觉化开发以美学、设计学、心理学、传播学等学科知识为基础,以节事活动主题、理念、内涵的提炼和升华为基础手段,通过简洁醒目、易于理解而富有寓意的文字、图案、色彩等符号组合来传递节事活动的形象,实现定位的目标。

会徽通常由艺术化的图案、色彩和文字构成,经过设计加工转化为象形符号,传递节事

---

① 图片来源:https://baijiahao.baidu.com/s?id=1673063040941061261&wfr=spider&for=pc.

活动的形象、特征和信息。会徽有助于节事活动形象用视觉冲击的方式来激发消费者和社会公众的关注和想象,易于识别,便于传播。此处以下面两个例子加以说明。图 5-4 是"武汉国际渡江节"的徽标。该徽标为 2009 年活动组委会面向全国公开征集、评选确定,以武汉首字母"W"为设计元素创意构成,三个抽象的游泳人像为徽标主体,寓意群体活动,字与形融为一体,传达了"武汉国际渡江节"的举办地点、基本形式等信息。图 5-5 是"2018 江小白 JOYBO 街头文化艺术节"的徽标,包含了江小白包装瓶的抽象图案(也可理解为涂鸦颜料瓶)、江小白品牌文字、活动中英文名称等信息,图案简洁,信息全面,色彩鲜明,视觉冲击强烈。

图 5-4　武汉国际渡江节徽标①

图 5-5　2018 江小白 JOYBO 街头文化艺术节②

　　口号是节事活动形象推广的语言文字,寓意深刻,简明扼要,朗朗上口,最能反映节事活动的本质特性,时常与会徽、活动名称等配合使用。口号的文字凝练也会考虑节事活动举办方、赞助商的商业需要。例如,武汉东湖国家自主创新示范区内的光谷中心城自 2016 年起,每年举办一届户外徒步活动,旨在让参与者在徒步过程中感受光谷中心城的绿水青山,也借此开展有针对性的招商引资工作。2018 光谷中心城户外招商推介会暨第三届"有氧森呼吸"徒步之旅的口号为"创出彩　新未来"(见图 5-6),将主办方光谷中心城发展的价值取向和

---

　　① 图片来源:https://baike.baidu.com/item/%E6%AD%A6%E6%B1%89%E6%B8%A1%E6%B1%9F%E8%8A%82/19692044? fr=aladdin.
　　② 图片来源:https://baike.baidu.com/item/%E6%B1%9F%E5%B0%8F%E7%99%BDJOYBO%E8%A1%97%E5%A4%B4%E6%96%87%E5%8C%96%E8%89%BA%E6%9C%AF%E8%8A%82/22369813? fr=aladdin.

该节事活动的形象设计充分融合,具有活力与张力。

图5-6 2018光谷中心城户外招商推介会暨第三届"有氧森呼吸"徒步之旅[①]

吉祥物是节事活动形象的物化表现形式,时常与举办地的文化传统或某种特色相关,举办方会通过拟人的手法将其人格化,使得节事活动形象更加生动鲜活,且富有生命和情感,强化节事活动与消费者、社会公众对话交流的载体。例如,第十一届北京亚运会吉祥物熊猫"盼盼"、第二十九届夏季奥运会吉祥物"福娃"、中国2010年上海世界博览会吉祥物"海宝"、第十届中国(武汉)国际园林博览会吉祥物"楚楚"等,都是鲜活而富有生命力的形象,家喻户晓。吉祥物一旦设计完成,就可以独立地传递节事活动的价值理念,并且可以衍生出不同的周边产品。

(三)注意事项

文化属性是节事活动基本属性之一。品牌塑造中要注意挖掘文化内涵,特别是与节事活动相关的地方文化和时代特色。品牌还需要与消费者和社会公众交流沟通,因此受众的文化心理也是品牌塑造中需要重点关注的事项。品牌塑造过程中需要注意尊重文化心理、民风民俗和社会伦理道德,摒除消费者和社会公众忌讳、厌恶的元素,确保节事活动品牌具有社会广泛接受的合理性。

服务是节事活动塑造品牌的基本手段。前述若干工作大多处于品牌的规划、设计和传播阶段,真正在市场树立品牌,还需要依靠精细化、高品质的服务,只有服务做到位,举办方和营销人员关于品牌塑造的意图才能得到消费者、社会公众的认同,品牌的价值才能得到积累,进而转化为品牌资产。

三、节事活动品牌定位

(一)定位概述

定位(Positioning)一词由两位广告经理艾·里斯(Al Ries)和杰克·特劳特(Jack

---

① 图片来源:https://www.sohu.com/a/228210973_610465。

Trout)提出,并发展为定位理论。他们认为定位不是对产品(任何形式的产品)采取什么行动,而是要针对潜在顾客的心理采取行动,即要将产品在潜在顾客的心目中确定一个适当的位置。菲利普·科特勒(2006)对定位的定义为,对公司或组织(本书主要指运营和管理节事活动的项目组织)的供应品和形象进行设计,使其能够在目标顾客心目中占有一个独特位置的行动。

所有的营销举措都是建立在 STP 战略的基础上的,即细分(Segmentation)、目标(Targeting)和定位(Positioning)。当一个公司或组织在市场中发现有不同的需要和群体,它就以一种更好的方式把这些需要和群体作为目标市场,对自己的产品和服务进行定位,使目标市场能够识别出自己独特的产品和形象。一旦定位成功,余下的营销计划和差异化策略都能从定位战略中衍生出来。

在知识经济时代,商业竞争的重心由市场竞争转移到对消费者心智资源的竞争,这种变化也同样发生在其他竞争领域,因此能够通过消费者心理认知的变化来实现公司或组织优势最大化的定位战略成为新的生产工具。根据哈佛大学心理学博士米勒的研究,顾客心中最多只能为每个品类留下七个品牌的认知空间。定位理论的提出者杰克·特劳特(Jack Trout)发现,随着竞争的加剧,最终连七个品牌也容纳不下,只能给两个品牌留下认知空间,这就是定位理论中的"二元法则"。进入移动互联网时代,特劳特强调"二元法则"进一步演变为"只有第一,没有第二"的规则,如果没有在顾客心中占有独一无二的位置,那么供应品和形象及其背后的组织很快会被选择的暴力摧毁。

(二)节事活动品牌定位的意义

从供给方式来看,节事活动不同于一般意义的产品和服务,它并不是持续供应的,而总是在特定的时间段里才能出现在消费者、社会公众和其他利益相关者面前。因此,塑造品牌,设计鲜活的形象,并使其在人们心中占有独特的地位,是节事活动向外部环境中的利益相关者进行营销传播的重要条件。具体意义表现在以下几个方面。

(1)通过品牌定位,面向目标顾客强化节事活动的个性和特色,提高可识别性,实现差异化竞争。

(2)以品牌定位为抓手,持续开展营销传播(尤其是在非举办时间),提高公众的关注度,引发潜在顾客的兴趣和喜爱,创造良好的舆论环境,争取社会支持。

(3)通过品牌定位,提高节事活动的知名度和美誉度,提升品牌价值,吸引供应商和赞助商的关注,创造商业合作的有利条件。

(4)通过品牌定位,增强社会公众对节事活动的好感和信任度,奠定吸引人才(包括志愿者)、资金等资源的坚实基础。

(三)节事活动品牌定位的思路

定位是一套系统的寻找心智空位的方法,其基本着力点不是创造某种新的、不同的事物,而是通过品牌和品牌形象调动消费者和社会公众心中已有的认知,建立新的联系,或重新连接已经存在的联系。此处从以下三个方面剖析节事活动品牌定位的思路。

1. 基本原则

第一，"少即是多"①原则。本原则强调品牌定位需要极度简化信息。品牌定位本身是针对人们的心理展开的工作，因此认知规律是必须遵循的基本原则。身处一个信息传播过度且冗余普遍的时代，顾客和公众为了防御海量信息传播给心理带来的不适和冲击，会建立起一个让心理极度简化的机制，筛选和排斥大部分信息。因此，品牌定位要创造出鲜明的形象，其中蕴含的信息应像现代建筑一样，"少即是多"，在定位的表述方面，"削尖"信息，提高准确性，精简到无法再精简，直击人们的心理，以求给人们留下长久而深刻的印象。

第二，刺激联想原则。定位本身不能创造产品和服务，但可以调动消费者和社会公众心中已有的认知，建立联系，从而让节事活动的品牌及其形象能够深入人们的心中。根据学习理论，如果品牌定位的信息以某种富有意义的方式与消费者、社会公众以往的认知联系在一起，那么它就能够获得更多关注和记忆，甚至成为消费者、社会公众心中的一个固有的知识。节事活动品牌定位可以依托历史文化背景来创造和建立这种联系。因为历史文化是人们共有的文化记忆，有助于唤起人们在文化心理上的共鸣，这也是很多节事活动立足于挖掘历史文化内涵的动因之一。节事活动品牌定位也可通过突出地域特点来实现与消费者和社会公众的联系。因为地域特点有助于激发人们对特定地域的地脉和文脉的想象，唤醒人们对当地自然风貌、地域精神、民风民俗的兴趣和向往，从而产生参加节事活动的欲望和动机。

第三，市场导向原则。节事活动品牌定位必须面向市场，以市场需求的差异化为基础，选择特定的目标市场，进而针对潜在的目标消费者进行形象设计和定位工作。市场导向其实也是竞争导向，定位就是要针对竞争对手，确定自己品牌在目标顾客心目中占有最具优势的位置。该原则要求节事活动品牌定位之前，首先要分析市场环境，确定竞争对手是谁，竞争对手的价值是什么，然后避开竞争对手在顾客心目中的优势，或是利用其优势中潜藏的弱点，确立自己品牌形象的优势位置，再为这个定位寻求一个可靠的证明来获得顾客的认同，最后将该定位整合进节事活动的其他营销计划和运营管理的方方面面，以实现将该定位植入顾客心中的目的。

2. 主要策略

（1）特色定位。

根据主办方、赞助商、消费者所重视的要素，总结节事活动的一个或少数几个鲜明特色，以特色来强调节事活动能够为他们带来的某些明确的利益。例如，江小白在2018年主办的JOYBO街头文化艺术节②，该活动包括"JOY IN BOTTLE 涂鸦赛事""JOYBO市集"两大板块，以"潮酷"特色定位，满足了主办方对该节事活动的诉求，即通过主办或赞助年轻、潮酷特色的节事活动来摆脱白酒传统刻板印象，刻画江小白品牌的青春特色，实现培育新生代消费群体作为自己目标市场的目的。

---

① "少即是多"是由德国建筑师路德维希·密斯·凡·德罗（Ludwig Mies Van der Rohe，1886—1969）提出的建筑设计哲学，具有极简主义的精神内涵，主张技术与艺术互相统一，以新材料、新技术为主要的表现手段，提倡精确、完美的艺术效果。

② 江小白JOYBO街头文化艺术节，https://www.bilibili.com/video/BV1ZW41177Hj/.

(2) 功能定位。

遴选节事活动功能中符合主办方、赞助商、消费者的一项或几项特别功能,凸显形象定位。

(3) 优势定位。

以节事活动在人才、技术、质量、成就等方面的独特优势作为形象定位的基础,向消费者和社会公众传递节事活动的独特价值,进而在人们心目中占据优势地位。

(4) 理念定位。

以节事活动的主题策划为基础,深挖主题蕴含的价值理念,并在定位中予以价值阐释和传播,从而争取消费者、社会公众和赞助商等利益相关者的认同和信任。

(5) 比附定位。

这是一种借梯上楼、借船出海的定位策略,通过与消费者所熟知的竞争性的节事活动进行对比,反衬自身的形象、地位和价值,适用于新举办的节事活动。

(6) 利益定位。

将节事活动能够给主办方、赞助商、消费者等利益相关者带来的直接利益作为节事活动定位的主要内容,以利益来激发人们。例如,2020年8月15日至21日举行的"2020武汉啤酒节"①,此次啤酒节是武汉经历新冠肺炎疫情之后,城市"解封"以来重点筹备的一项大型文娱消费活动,旨在促进城市复苏,拉动夜间经济,为提振消费赋能。活动的形象定位是"激情惠聚 全程嗨啤",在形象定位表述中直接将"优惠""欢乐"等核心利益传递给目标消费者。

(7) 公益定位。

将节事活动与公益、慈善事业相结合,倡导文明新风,阐述活动自身的价值理念,强化社会责任,争取赞助商、消费者、社会公众的认可。例如苏珊科曼赛(Susan G. Komen Race for the Cure),该活动由苏珊科曼乳腺癌基金会(Susan G. Komen for the Cure)组织,是世界上最大的乳腺癌筹款活动,通过一系列的五千米跑和健身散步来筹集乳腺癌治疗基金,提高公众对疾病的认识,为乳腺癌存活者庆祝,为病亡者悼念。该活动自20世纪80年代问世以来,在全世界多个地方举行,是节事活动形象公益定位的典范。

需要强调的是,以上各个形象定位策略并不是孤立、割裂的。许多节事活动在确定形象定位时,会综合使用多个定位策略。

3. 实施过程

(1) 自我检视。

举办方首先要对节事活动的实际形象进行检视和评价,判断实际形象是否清晰,是否具有吸引力,是否与期望形象匹配(即使存在落差,也应该在方向上保持大体一致,不至于存在明显误区),是否在驱使潜在消费者转变为现实参与者方面发挥了积极作用。这一过程是明确节事活动形象定位工作目标的基础。

(2) 市场调查。

举办方对节事活动的潜在消费者、赞助商、社会公众及其他利益相关者展开调研,掌握不同群体对节事活动形象的认知和评价,以及产生这种认知和评价的理由是什么,并把相关

---

① 2020武汉啤酒节,http://hb.people.com.cn/GB/194094/398227/index.html.

信息与竞争对手进行对比,明确节事活动的优劣势。

(3) 细分市场。

根据一定的细分标准,如地理因素、人文因素、心理因素、行为因素等,区分节事活动细分市场,并明确不同细分市场里潜在消费者的需求差异。

(4) 选择目标市场。

结合节事活动本身的特点,基于细分市场规模、可进入性、可盈利性等因素的考量,选择一个或几个细分市场作为形象定位的目标市场。

(5) 定位设计。

针对目标市场,对节事活动定位进行设计和筛选,明确以什么策略来进行定位,这实际是在确定节事活动的期望形象。

(6) 营销推广。

根据定位设计制订后期的营销计划和预算,开展相关的衍生开发和营销传播,强化节事活动的形象定位,并根据实际效果进行修订和完善。实际效果需要基于量化标准展开评价,常见的指标有知名度、美誉度、市场占有率、销售情况和赞助情况等。

第二节 节事活动的市场营销

一、节事活动营销概述

(一) 节事活动营销的概念

根据美国市场营销协会(American Marketing Association)的定义,营销是创造、沟通与传递价值给顾客,以及维系和管理顾客关系,以便让组织与其利益相关者受益的一种组织功能与程序。

节事活动营销是将节事活动的组成部分和整体呈现效果视为特殊的产品和服务,通过创造、沟通和传达其中蕴含的价值给目标顾客,通过满足顾客需要而实现举办方的利益诉求,并让其他利益相关者受益的一系列组织功能和程序。

(二) 节事活动营销体系

节事活动与其他产品和服务相比较,不是常态、持续供给的产品和服务,而且举办方包括多元主体,利益相关者的关系十分复杂,因此其市场营销工作有其自身的特殊性。已有的营销理论和实践经验固然能够提供良好的理论指导和参考借鉴,但开展节事活动营销还需首先明确自身的要素体系,以明晰不同主体在节事活动营销中的动机、目的、手段等。此处从营销主体、营销客体、营销对象、营销目的四个维度梳理节事活动营销体系,并解释不同语境下,营销主体和营销对象之间的转化。

1. 营销主体——谁来营销?(Who)

节事活动举办者比较多元,常见的有主办方、承办方、赞助商,详见第一章第四节利益相关者分析的内容。这些主体在一定语境下都是节事活动的营销主体,在营销目的中具有一定的共性。但不同主体的立场、性质不同,在节事活动营销目的层面也存在差异性,甚至可能存在利益冲突。这是节事活动营销比较复杂和特殊的一个原因。

2. 营销客体——营销什么?(What)

节事活动营销的客体包括节事活动品牌、节事活动体验机会、节事活动赞助机会、志愿服务机会等,其中也包含了节事活动的主题、形象、氛围、价值理念等柔性的构成要素。

3. 营销对象——向谁营销?(Whom)

营销对象包含了一系列类型不同,但又相互影响的组织、群体和个体。不同的营销客体通常会有对应的营销对象,例如,节事活动体验机会对应的营销对象是潜在的顾客,节事活动品牌对应的营销对象有顾客、赞助商、社会公众等。在不同语境下,营销主体和营销对象之间存在转化的情况。例如,赞助商是节事活动的举办者之一,在节事活动品牌塑造与营销传播情境下,赞助商是营销主体,通过与主办方、承办方的联合营销,共同投入资金和资源,推动节事活动品牌建设及节事活动最终的整体呈现。但在吸引赞助商的情境下,赞助机会是主办方依托节事活动品牌和平台开发的一个商业机会(产品),营销主体是主办方,营销对象就是潜在的赞助商,不同的潜在赞助商之间还会形成竞争关系,以争取有潜力和价值的节事活动赞助机会。

4. 营销目的——为什么营销?(Why)

营销情境不同,营销目的不同。在营销节事活动体验机会的情境下,营销目的在于吸引潜在顾客参加,表现为入场券销售。在营销节事活动品牌的情境下,营销目的是提高品牌的知名度、美誉度和定位的清晰度,表现为媒体曝光度、网络点击率、顾客和社会公众对节事活动品牌及其定位的知晓、认同。在营销节事活动赞助机会的情境下,营销目的是吸引优质的赞助商,表现为赞助商品牌价值、赞助金额等。在营销节事活动志愿服务机会的情境下,营销目的是吸引潜在的志愿者提供志愿服务,表现为志愿者数量足、质量优。

二、营销组合策略

(一)概念与内涵

营销组合(Marketing Mix)是指一整套能影响消费者需求的企业可控因素,它们可以整合到市场营销计划中,以争取目标市场的特定反应。

1953年,美国哈佛大学教授奈尔·鲍顿(Neil Borden)提出营销组合的概念,其定义是指市场需求或多或少地在某种程度上受某种营销变量或营销要素的影响,为了寻求特定市场(目标市场)的反应,企业要对这些要素进行有效的组合,从而满足市场需求,获得最大利润。鲍顿率先将十二项企业可控的要素和手段结合起来,描述了"市场营销组合"的大致轮廓。1960年,密歇根大学麦卡锡(Mc Carthy)教授在其著作《基础营销学》中提出了以企业为核心的4P组合理论,进一步发展了营销组合的概念。他把鲍顿教授提出的有关营销要素和手段重新分类组合,将可供企业控制和有效运用的市场营销要素和手段归纳为四个大类:产品(Product)、价格(Price)、分销渠道(Place)和促销(Promotion),明确提出了4P组合。该营销组合中,每一类又包括许多因素,经动态组合后,形成了次级组合体系,构成了市场营销组合的四大基本策略。4P组合强调了营销组合的可控性特点,尽管也存在一定局限,但的确是迄今为止最具影响力的营销组合模式。

在4P组合的基础上,许多学者针对服务企业提出新的营销组合要素,并归纳出新的大类。1981年,波姆斯(B. H. Booms)和比特勒(M. Bitner)在《服务企业的市场营销战略与组织》一文中,把服务营销组合描述为7P结构,即产品(Product)、定价(Price)、分销渠道(Place)、促销(Promotion)、人员(People)、服务过程市场(Process)、有形展示(Physical Evidence)。1986年菲利普·科特勒在《大市场营销》中提出了6P的观念,即在经典4P组合之外增加了政治权力(Political Power)和公共关系(Public Relations),因为在许多市场上,这两类因素对营销活动的影响日益凸显。在这之后,科特勒将营销组合从战术层面拓展到战略层面,又吸收了服务营销的成果和观点,先后提出8P组合、10P组合、11P组合。但就理论的成熟度和在实践中的普适性而言,4P组合依然是最基础和最经典的组合策略。本节将以"4P组合"策略为基础,分别讲述节事活动的产品、定价、分销和促销。

(二)基本特征

市场营销组合以目标顾客的需要为中心,着眼于总体市场,反映了营销观念的变化,也体现了现代市场营销学的"管理导向",对营销实践有突出的指导意义。在营销实践中,营销组合理论指导企业和营销组织以系统理论为指导,以整体的营销效果为目标,对各种营销手段进行优化组合。总体而言,营销组合在实践中呈现出以下几个特征。

1. 可控性

营销组合包含的变量是企业或营销组织可以掌控和运用的各种营销要素,是企业或营销组织针对目标市场的需要,综合考虑环境、能力、竞争状况,对可控的营销要素进行优化组合和综合运用的结果。在这个意义上,企业或营销组织对营销组合的选择具有充分的主观能动性。

2. 动态性

构成营销组合的每一个大类都包含多个营销变量,这些变量是影响和决定市场营销效益的自变量,营销组合的最终结果就是这些变量的函数,也是因变量。从这个关系看,营销组合是一个动态组合。只要改变其中的一个要素,就会出现一个新的组合,产生不同的营销效果。

3. 复合性

营销组合的大类因素都有下辖的次级或更次一级的营销因素或手段。以促销大类为例,包括人员促销、广告、公共关系、营业推广等。其中,每一个细类又包含了下一级的营销因素,如广告包括电视广告、电台广告、户外广告和网络广告。再细分来看,其中每一个细类还可进一步划分,如网络广告有门户网站广告、自媒体广告等。

4. 整体性

营销组合将以往零散的营销变量或营销元素以整合的方式纳入营销计划,是一个有机体系,有统一的目标,能够彼此配合,协同推进,避免不同营销变量之间存在相互抵减、相互矛盾的现象。

三、节事活动的产品

产品是能够提供给市场以满足需要和欲望的任何东西,包括实体商品、服务、体验、活动、人物、地点、财产、组织、信息和观念,以及前述多种形式的组合。节事活动的产品由设施、环境、服务、观念、体验等组成,由于服务的重要性,有时会将服务单列出来,强调节事活动产品和服务。节事活动产品中无形的部分,如服务、体验、观念等,往往依托历史文化、自然生态、经济基础、社会环境、科技力量等柔性的要素和环境予以创意开发和设计供给。为了厘清节事活动产品内涵与构成,此处用产品整体概念来分析节事活动产品的层次结构。

（一）产品整体概念

美国学者西奥多·莱维特(Theodore Levitt,1969)指出,新的竞争不是发生在各个公司的工厂生产什么产品,而是发生在其产品能提供何种附加利益(如包装、服务、广告、顾客咨询、融资、送货、仓储及具有其他价值的形式)。因此,顾客价值是分析产品整体概念及其内部层次结构的一个有效的理论视角。现代营销理论认为,产品整体概念意味着产品作为市场供应品的核心具有不同的层次,每个层次都在增加顾客的价值,从而构成了顾客价值层次体系。但在具体层次划分方面,其内涵经历了从两层次结构到五层次结构的演化(见表5-1)。

表 5-1　产品整体概念的演变

结构层次	主要学者	主要内涵
两层次结构	贝内特(1988);马杰罗(1993)和佩恩(1993);齐克曼德和阿米科(1993);库尔茨和布恩(1987)	产品整体上包括核心产品和附加产品,但不同学者对附加产品层的内涵和价值认识分歧较大
三层次结构	菲利普·科特勒(1976;1984)	产品整体上包括三个层次:①核心产品位于产品整体的中心,它回答"购买者真正要购买的是什么";②有形产品位于中间层;③附加产品位于产品整体的最外层。该模型本质上是对两层次结构中附加层所包括的内容再次划分的结果
四层次结构	莱维特(1986)	产品整体上包括四个层次:①核心产品(一般产品),是产品的有形属性;②期望产品,是顾客对有形属性或其他属性的期望,是需要满足的最低限度的购买条件;③附加产品,是超出顾客期望的部分;④潜在产品,是可能增加对购买者具有效用或可能具有效用的特点和利益
五层次结构	菲利普·科特勒(1984)	产品整体上包括由内到外的五个层次:①核心产品是最基本的层次,是顾客真正购买的基本服务或基本利益;②一般产品由核心利益转化而来;③期望产品,是顾客购买时通常期望和赞同的一组属性和条件;④附加产品,是期望产品之外的购买者欲求;⑤潜在产品,包括产品在将来可能会产生的赋值或转化,是产品可能出现的演变

（二）节事活动产品的五层次结构

节事活动的产品包括日程安排、娱乐节目、特邀嘉宾、餐饮供给、现场服务、场地环境、整体气氛等具体内容，既有有形元素，也有无形元素，内容比较庞杂。此处以整体产品五层次结构模型（见图5-7）来解读节事活动产品的层次与内涵，为节事活动产品创造不同的顾客价值提供思路。

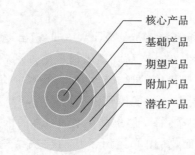

图 5-7　整体产品五层次结构模型

1. 核心产品/核心利益（Core Benefit）

这是顾客真正购买的基本服务或利益，例如，一般情况下，夜宿酒店的旅客真正要购买的是"休息与睡眠"，购买钻头的顾客真正想要的核心利益是满足需要的"孔"。购买节事活动入场券的人，真正想要的核心利益是参与特定节事活动的独特体验，如动漫节为二次元爱好者提供的核心利益是现场参与和体验二次元文化氛围（甚至是某种特定主题的二次元文化）。

2. 基础产品（Basic Product）

这是由核心利益转化而来的产品的基本形式，例如，酒店的客房在基础产品层面应该包括床、布草、卫浴及其他家具、电器等。在节事活动中，基础产品应该包括现场活动环节、体验项目、气氛、活动嘉宾等。

3. 期望产品（Expected Product）

这是顾客购买产品时希望和默认的一组属性和条件，例如，顾客期望酒店客房的床品是干净、卫生、舒适的，地理位置交通便利，酒店环境安静等。在节事活动中，期望产品包括活动项目安全、有秩序，现场环境舒适、卫生，活动体验有愉悦感等。

4. 附加产品（Augmented Product）

这是指产品包含的增加的服务和利益，例如，国际知名酒店提供的产品中包含了品牌溢价（品牌背后的尊荣感、精致服务等）。在发达国家，品牌的定位和竞争主要发生在附加产品层次，在发展中国家，品牌定位的竞争主要发生在期望产品层次。在节事活动中，知名节事活动能够提供给顾客（参与者）附加的利益，代表其经历的愉悦度、丰富度、精彩度。例如，在国内外著名的城市马拉松中，有一批以"集邮"式"跑马"的参加者，看中的就是知名马拉松品牌提供的独特体验和跑马经历的佐证。在其他音乐节、动漫节、戏剧节等类型的节事活动中，也有类似的顾客群体，对这些节事活动的附加产品（附加利益）有明确的需求。这一市场现象可以被视为"粉丝经济"的一种表现，也是推动节事活动品牌化发展的一种市场动力。

5. 潜在产品（Potential Product）

这是指产品最终可能实现的全部附加部分和将来会转换的部分。例如，在移动互联网时代、5G时代，顾客对互联网服务有新的需求，酒店为满足这些需求而投资引入5G覆盖以及其他与5G匹配的商业应用，以期提高顾客在酒店使用网络服务的流畅感。在节事活动中，顾客同样有对现代科技的潜在需求，因此越来越多的主办方加大投入，引入更多的科技手段，例如，在现场环境设计中引入全息影像，提升科技感和设计感；在门禁安检中利用人像识别、射频技术、红外技术等，减少接触，提高流畅性；在现场信息公告方面，进行点对点即时信息发布，有效引导顾客活动流程等。

随着节事活动的发展，节事活动产品五个层次的内涵会有所转化，特别是附加产品和潜在产品两个层次的内涵，一旦投入市场，被活动参加者感知、体验和接受，那么就会转化为期望产品层次，成为节事活动参加者希望和默认的一组属性和条件。从这个意义上讲，节事活动的策划和运营管理的创新永远在路上！

四、节事活动的定价

（一）产品定价

价格是营销组合中唯一产生收入的营销要素类别，其他要素都表现为成本和投入。简单来说，价格是针对某一产品而收取的金钱的数量。更宽泛地理解，价格是消费者用来交换、拥有或使用某种产品（含服务）的利益的全部价值量。

影响产品定价的因素从总体上可分为内部因素和外部因素。常见的内部因素有营销目标、营销组合策略、产品成本和组织结构；常见的外部因素有市场性质、需求、顾客消费心理、竞争以及一些环境约束等。价格制定的基本步骤如下。

步骤一：选择定价目标。营利性组织常见的定价目标有五种，即维持生存、最高当期利润、最高市场份额、最高市场撇脂以及产品质量领先。非营利性组织和公共组织会存在其他类型的定价目标，政府或政府部门主办的节事活动具有公共性，因此定价目标是抵消部分成本（除去财政投入、私人或企业捐赠部分）。

步骤二：确定需求。每一种价格都将导致不同水平的需求，并且由此对它的营销目标产生不同的效果。价格变动和最终需求水平之间的关系可在常见的需求曲线（见图5-8）中获得。不同产品的价格敏感度和需求的价格弹性不同，需求曲线呈现不同的走向。营销人员可以通过统计法、价格实验法、调查法等方法来测算价格和需求之间的关系，估计出需求曲线。

步骤三：估计成本。需求为制定价格确定了一个最高限度，成本则是制定价格的底数。一个公司的成本有两种形式：固定成本和变动成本。固定成本是不随生产或销售收入变化而变化的成本。变动成本是随着生产水平的变化而直接发生变化的成本。对节事活动的项目组织而言，估算节事活动的成本，不仅要考虑该活动的全部投入，还应考虑项目组织所属的企业折算在该节事活动中应该承担的常规经营成本。前者类似于变动成本，后者类似于固定成本。

步骤四：分析竞争者的成本、价格和产品。在由市场需求和成本所决定的可能价格和范

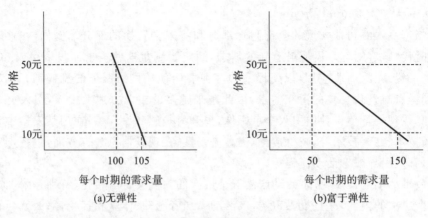

图 5-8　需求曲线示例：无弹性需求和弹性需求

围内，竞争者的成本、价格和可能的价格反映也是制定价格必须调研的内容。

步骤五：选择定价方法。常见的定价方法有成本加成定价法、目标收益定价法、认知价值定价法、价值定价法、通行价格定价法和拍卖式定价法。

步骤六：选定最终价格。确定了定价方法就缩小了最终价格的选定范围。在选定最终价格时，定价政策、收益风险或外部环境也会对价格选定产生影响。在定价政策方面，节事活动主办方通常会采用分时段区别定价的政策，分别选定早鸟票价格和常规票价格。有时主办方还会和不同的分销渠道配合，制定不同的价格政策，以争取分销商的全力支持。在特殊时期，最终价格还受到外部环境，特别是政策环境的影响。2020年新冠肺炎疫情以后，湖北省人民政府主办，武汉市人民政府、湖北省文化和旅游厅承办，联合推出"与爱同行，惠游湖北"活动，在2020年8月8日至12月31日期间，湖北全省A级旅游景区对全国游客免门票，感恩全国人民抗疫期间对湖北的无私大爱。在此活动框架之下，"2020武汉欢乐谷HOHA电音节"原本60元/人的价格调整为免费。

（二）节事活动产品定价的常见策略

1. 区别定价

区别定价策略的实施基础是顾客价值的差异，常见的区别依据是时间和地域（或地点）。时间区别定价主要是依据购买时间差异而区别定价，即前文提及的早鸟票和常规票。主办方一般会在总体供应量中按一定比例供应早鸟票。对于购买早鸟票的顾客，主办方通过价格优惠来让渡一部分价值给顾客，以回报其对节事活动产品的信任和青睐。顾客购买早鸟票，不仅可以享受折扣优惠，还能确保在需求旺盛、供应稀缺的情况下确实能够买到入场券。地域区别定价有两种不同的运用场景。其一，针对不同地域细分市场的经济发达程度和当地收入水平确定不同的价格，但需要防范在不同地域细分市场的顾客将其认知为价格歧视。其二，节事活动中有一些面向不同供应商的摊位，也涉及定价问题。主办方会根据摊位所处的地点在节事活动现场的人流量的差异来区别定价，以明示不同地点的商业价值的差异。

2. 合作定价

当人们参加节事活动时，通常会有关联性的消费发生，如酒店住宿、景区旅游、交通出行等。节事活动主办方可以和这些产品的供应商合作定价,推出组合票,相互引流,增加销量。

3. 灵活定价

节事活动具有团聚、欢庆、愉悦等体验特点,参加者通常会有朋友同行、家人同行的习惯,因此主办方可以根据这一消费模式推出灵活的团体票、家庭票。有些具有公益性的节事活动还可以突出面向特定人群的公益价格,如面向长者、学生、教师、军人等特定人群推出优惠定价。

五、节事活动产品的分销

分销渠道是将产品提供给消费者和商业客户过程中的各种独立组织的集合。分销渠道的建立始于渠道成员的选择,一旦渠道成员确定,工作重点就转移到渠道的管理上来。在销售有形产品的营销活动中,分销渠道会实现产品从生产者向消费者的转移。在销售无形产品(如服务)的营销活动中,分销渠道会帮助消费者向产品移动。

分销渠道能够比产品的生产者或服务的供应者更加有效地将产品和服务推向目标市场。在一般意义上,分销渠道的功能有以下几点。

(1) 收集市场中的潜在和现有顾客信息,以及竞争者和其他相关团体的信息。

(2) 开展具有说服力的沟通交流来刺激购买。

(3) 在价格和其他事宜上达成协议,以便能够对所有权或所有物的交易产生影响。

(4) 给制造商或服务供应商下订单。

(5) 获得在不同水平的营销渠道的详细目录的经费。

(6) 承担与外包渠道合作的风险。

(7) 提供连续的存货和实际流动的产品。

(8) 为购买者的付款提供银行或其他金融机构服务。

(9) 监督从一个组织或人到另一个组织或人的所有权的转移。

上述分销渠道的功能,如实物、所有权转移(主要指有形产品,服务产品不产生所有权转移)是正向流程,从企业流向顾客;另一些功能,如订货、付款是反向流程,从顾客到企业;还有一些功能,如信息、谈判、筹资、风险承担等是双向流程。一个生产和销售实体产品的企业需要分销渠道提供三个方面的服务,分别是销售渠道、送货渠道和服务渠道。渠道商利用自身的稀缺资源、专业优势和地缘优势来帮助企业弥合产品、服务与其使用者之间的缺口。

分销渠道对于服务和创意的提供者(节事活动主办方即属于此类)同样具有价值,能够帮助他们使自己的产品更有效地接近目标公众。但由于服务产品的无形性、生产与消费的同步性,前述生产企业需要渠道商提供三个方面的服务(销售渠道、送货渠道、服务渠道),在这种情况下主要强调销售渠道。因此,节事活动举办方寻找适合在不同地区分销产品的渠道商。不过,由于电商的发展,以及数字化票证的普及,分销工作中的地区差异正在逐步被稀释,电商平台成为节事活动分销的重要渠道。

六、节事活动产品的促销

(一) 理解促销

促销是建立在营销沟通的基础上,是营销者直接或间接地通知、说服和提醒消费者,使消费者了解公司出售的产品或品牌的方法。这是一个传播产品价值的过程,代表着产品和品牌的"声音",是一种可以用来和消费者,乃至其他利益相关者展开对话或建立关系的方法。

常见的促销活动有广告、销售促进、活动和体验、公共关系、人员推销、直接营销等。表5-2 列出了常见的促销活动与主要工具。

表 5-2 常见的促销活动与主要工具

广告	销售促进	活动和体验	公共关系	人员推销	直接营销
印刷广告	竞赛、游戏		报刊文稿		
广播广告	兑奖、彩票		演讲		
外包装广告	奖励和赠品		研讨会		
插页广告	样品	运动	年度报告	推销展示	目录销售
电影植入	展销会	娱乐	慈善捐款	销售会议	邮购服务
宣传小册	展览会	节日	出版物	奖励节目	电话营销
海报和传单	赠券	艺术	商务关系	样品	电视购物
工商名录	回扣	工厂参观	游说	交易会	电商直播
户外广告牌	低息融资	公司展览馆	媒体合作	展销会	电子邮件
陈列广告牌	招待会	街区活动	公司杂志		
售点陈列	折扣交易		名人代言		
视听材料	商品配搭				
标记和标识					
推广视频					

(资料来源:菲利普·科特勒、凯文·莱恩·凯勒著,梅清豪译,欧阳明校的《营销管理(第12版)》(上海人民出版社,2006年)。)

关于表5-2 中的内容,此处有两点说明:其一,表中列举了通用的促销活动和工具,其中"活动和体验""人员推销"两列中的促销工具包括了节事活动的一些类型。当把节事活动项目放大到其举办方整体的营销层面来看,节事活动本身就是一个促销的工具,旨在升华产品和品牌内涵,丰富顾客体验。例如,景区举办节事活动,一方面是将节事活动作为独立的产品来开发,另一方面也是借此来促进景区其他产品和服务的销售;江小白举办2018 JOYBO 街头文化艺术节,是为了在年轻人细分市场中强化江小白的品牌定位,促进销售。其二,随着互联网、数字化、信息化技术的发展,越来越多的促销工具与科技手段相结合,采用数字化的形式。例如,目录销售,过去通常是邮寄商品目录给目标顾客(会员数据库),达到信息沟通、价值传播和销售促进的目的。现在纸质邮件越来越少见,目录销售相应减少,取而代之的是电子邮件、公众号、信息精准推送等。过去常见的电视购物,现在也十分少见,被新兴的网络直播、网红带货替代。过去常见的平面海报(招贴),现在也主要采用数字化海报。这些举例旨在说明,科技的发展为促销工具的演化和应用提供了全新的场景。不管营销什么样的产品,关注和充分吸收科技的力量都是必不可少的。

(二)节事活动促销的决策

制定节事活动促销决策首先要理解促销活动中营销传播的过程和机理。这一传播过程包含了九个要素,见图5-9。两个要素表示传播的主要参与者——发送者和接收者,两个要素表示传播的主要工具——信息和媒体,四个要素表示传播的主要职能——编码、解码、反应和反馈,还有一个要素表示系统中的噪音(如随机的、竞争性的信息,也许会干扰计划中的传播)。

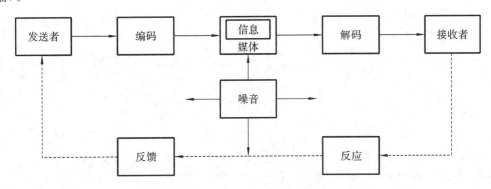

图 5-9 促销中传播要素模型

(资料来源:菲利普·科特勒、凯文·莱恩·凯勒著,梅清豪译,欧阳明校的《营销管理(第12版)》(上海人民出版社,2006年)。)

这个模型强调了营销传播的关键因素。制定促销决策时,营销人员需要做出以下几个方面的决定:①确定目标人群;②确定所期望的反应;③选择要传递的信息;④选择传递信息的媒介;⑤选择信息源;⑥收集反馈信息;⑦设定促销预算;⑧整合营销传播。

1. 确定目标人群

节事活动从策划之初就有非常鲜明的主题和拟吸引的目标人群。节事活动能给人们带来丰富而生动的文化体验、社交体验,但不同人群对节事活动的主题和类型的需求呈现出较为明显的社会阶层差异。西方社会按照收入水平(兼顾与收入相关的职业差异)划分细分市场,见表5-3,理解不同社会经济团体对节事活动体验的需求差异,对我们理解节事活动的目标人群有一定的参考借鉴价值。

表 5-3 不同社会经济团体对节事活动体验的需求差异

社会经济团体 (按收入划分)	典型职业	有意愿参加的节事活动	所占人口比例(%)
中上阶层	高级管理者/高级行政人员:律师、医生、牙医、行业主管、高级公务员、高级军官、教授等	歌剧演出、传统(古典)音乐节等	3

续表

社会经济团体（按收入划分）	典型职业	有意愿参加的节事活动	所占人口比例（%）
中等阶层	中级管理者/中级行政人员：大学讲师、药剂师、中层经理、记者、建筑师等	购买高规格节事活动中定价较低的座位票、饮食节、历史节日、艺术和工艺节、社区节日	15
中下阶层	主管/职员/基层管理者/基层行政人员：店员、销售代表、护士、教师、店铺管理者等	大多数流行的演出活动、体育活动、社区节日	24
技术工人	有技术的蓝领：建筑工人、装配工、码头工人、警察、巡警、个体户等	汽车节、体育活动、社区节日	28
工人	半技术和纯体力劳动者：工厂工人、清洁工、货运司机等	体育节日、宗教节日	17
领取社会保障的人群	生活水平最低者、领取补助金者、临时工或业余工作者等	几乎没有，偶尔参加社区免费活动	13

（资料来源：约翰·艾伦等著，王增东、杨磊译的《大型活动项目管理（第 2 版）》（机械工业出版社，2002 年）。）

2. 确定所期望的反应

在大多数情况下，营销人员所期望的反应是顾客购买节事活动的入场券，参与活动。但在购买行为发生之前，潜在的顾客还有很多其他的行为是营销人员所期望的反应，见图 5-10。

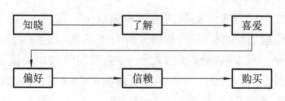

图 5-10　消费者的反应阶段

整体上，消费者对促销的反应可以分为认知阶段（知晓⟶了解）、感知阶段（喜爱⟶偏好⟶信赖）、行为阶段（购买）。这一过程也可以利用心理学上的 AIDA 模型来解释，即针对不同的消费者反应，促销活动在不同反应阶段需要实现的目的分别是引起注意（Attention）、引发兴趣（Interest）、激发欲望（Desire）、采取行动（Action）。

节事活动不是长期供应的产品，因此在正式开幕之前，营销人员所期望的消费者反应全部阶段必须完成，促销手段的选择必须和节事活动的策划、运营和管理流程的时间节点相匹配，抓住节事活动立项之后、开幕之前的黄金时期，做好促销工作。在整个进度计划中，促销活动可以和项目的里程碑事件相结合，以里程碑事件为时间节点推进促销工作。

3. 选择要传递的信息

营销人员必须明确能够产生预期反应的信息诉求点或主题。通常有三种诉求形式的信息：理性诉求、情感诉求和道义诉求。理性诉求与受众自身的利益相关，表现出产品将产生预想的效用；情感诉求旨在通过情感共鸣来激发购买行为；道义诉求直视受众的是非判断。这三种类型的信息在节事活动的促销选择中都有可能涉及，并且通过不同的表现形式，如文字、图案、色彩等，来予以组合、传播。

4. 选择传递信息的媒介

信息媒介有两种类型，人员沟通渠道和非人员沟通渠道。

人员沟通渠道包括两人或多人面对面的直接交流、电话、邮件和网络即时通信等。在节事活动的促销中，对于特邀的参与者适用于人员沟通。随着社交网络的发展，人员沟通还出现了一种新的形式，社群营销。社群营销是在网络社区营销及社会化媒体营销基础上发展起来的一种用户连接及交流更为紧密的网络营销方式。其本质是人员之间的沟通，但呈现出社群化的特点，即兴趣化、主题化、去中心化和共享性。以往促销活动中，信息选择、媒介选择和信息编码等主动权在营销人员手中，营销人员的话语权具有优势。但在社群营销中，营销人员需要充分尊重社群存在的基础，信息平权和去中心化，创造一个充分、平等、聚焦的人员沟通平台。通过这个媒介，潜在的顾客不仅有选择信息、创造内容的权力，而且还会受兴趣驱使，成为相关信息的持续传播者。社群营销对节事活动而言有特殊的价值，能够在节事活动未开幕的漫长时间里，营造关于活动主题的话题，引发潜在消费者的关注和兴趣，也为节事活动的衍生开发创造了良好的市场基础。

非人员沟通适用于那些没有个人接触和反馈的信息媒介，包括媒介、氛围和活动。常见的媒介有印刷品、广播电视网络和展示媒介（广告牌、标志、海报等）。氛围是人为设计的为诱发和驱动消费者购买倾向的环境，在节事活动中现场环境的装潢设计就是一种非人员沟通的媒介。活动是指向消费者传递信息的事情，如公关部组织新闻发布会、大型开幕式等。需要说明的是，很多带有营销性质的节事活动本身就是为企业品牌、产品设计的促销活动。例如，前文曾经提及的节事活动"2018光谷中心城户外招商推介会暨第三届'有氧森呼吸'徒步之旅"，该活动既被主办方独立地推向市场，吸引参加人员、赞助商，也被主办方视为光谷中心城招商的一项促销活动。

5. 选择信息源

接收者对信息发送者的看法会影响促销和营销传播的效果。声望高、声誉好的信息源发出的信息比较有说服力，因此很多节事活动会选择在该主题领域有权威的人员，或者知名度、美誉度良好的人员来传递信息，发出参加邀请。

6. 收集反馈信息

在促销活动开展以后，营销人员需要评价信息对目标市场的影响，包括潜在顾客是否记住了信息，浏览信息的频率，是否能够回忆起信息要点，对信息的评价如何，对信息背后的产品和品牌态度如何等。在现在的技术条件下，很多信息可以通过智能手机和App直接反馈，或者利用大数据挖掘得到信息反馈。

值得注意的是,一些大型节事活动的营销工作会和赞助商的品牌营销相结合(下一节详细讲述),这是赞助营销的基本要义,也是赞助商的基本诉求。因此在收集反馈信息的时候,不仅要关注市场对节事活动的信息反馈,还要关注赞助商品牌的信息反馈,尤其是节事活动和赞助商品牌的关联信息,这是评价赞助机会的商业价值、招徕赞助商的重要数据。

7. 设定促销预算

节事活动的营销人员可以根据量力而行法、销售百分比法、竞争均势法、目标任务法等多种方法来进行促销预算决策。量力而行法指营销人员设定一个他们能够支付的促销预算。销售百分比法把促销预算设定为目前销售额或预期销售额的一定的百分比,或者是将其设定为销售价格的百分比。竞争均势法指营销人员把自身的促销费用与竞争对手保持在一个相当的程度,以维系竞争格局。目标任务法指通过销售目标来逆向推演促销投入。不管是哪种预算方法,都必须严格接受活动整体预算的约束。

充足的预算固然能够保障促销活动的投入,但当预算不足时,节事活动的主办方也应该关注创意的力量,通过创新创意来实施促销活动,以较少的投入获取较高的产出。这中间不容忽视的就是网络传播,特别是社交网络传播的力量。

8. 整合营销传播

整合营销传播(Integrated Marketing Communication,IMC)是确认和评估各种促销方法通过营销传播实现价值增加的一个综合计划。例如广告、销售促进、公共关系等,通过对这些促销方法的组合使用,将分散信息进行整合,以提供明确的、连续一致的和最大化的传播影响力。

整合营销传播的意义在于可以对分散的促销手段进行整体统筹。不同的促销手段在不同阶段、不同细分市场有其不同作用,但在综合使用这些方法时,一加一不一定等于或大于二,因为有些促销手段之间本身是存在利益冲突的。比如,销售促进在于扩大销售量,甚至不惜让利、回扣,但是名人代言、公共关系、广告等促销手段在于强调品牌的价值,让利行为则会引发潜在消费者的质疑。因此,将各种促销手段统合在整合营销传播的框架之下,协同使用,才能规避这样的风险。

第三节 节事活动的赞助

节事活动需要营销来塑造市场动能,同时它也是很多组织(包括企业和一些非营利性组织)用来开展营销活动的平台和商机。在 2008 年北京奥运会上,奥运 TOP 赞助商为我们呈现了体育赛事赞助商的身影和他们的营销战役。近年来席卷各地的马拉松比赛,节事活动与赞助商之间的相互依存再次刷新社会关注的高度。节事活动赞助创造了引人瞩目的一系列商机,在信息爆棚的今天不断挤入人们的视线,抢占着大众的心智资源。节事活动赞助犹如一辆驰骋的列车,搭乘着活动主办方和赞助商,满载着企业责任、社会公益、营销诉求,奔驰在一条充满创意、体验、参与、互动的轨道之上,时不时给社会大众带来新、奇、特的观感,呈现出社会生活多姿多彩的一面。本节从赞助商和节事活动主办方两个不同的立场来讲解节事活动的赞助现象。

一、基于赞助商的立场理解节事活动赞助

(一)节事活动赞助是什么

作为一种商业现象,赞助是针对某一活动、事件或人物(被赞助者)的一种现金或其他形式的投资行为,作为回报,投资者(赞助者)可以获得与该节事活动、事件或人物相关联的、可资利用的商业机会。节事活动赞助是赞助的一种,比起单一的赞助行为,节事活动赞助更为复合多元。1996年以来的数据显示,全球赞助活动的花费持续增长,2013年超过530亿美元(见图5-11),并且较少受到经济低迷的影响。活动本身的创意性、体验性、综合性较好地跟进了技术进步的轨道,规避了被新技术抛弃的风险,因此节事活动产业与节事活动赞助都处于稳步增长的发展态势中。

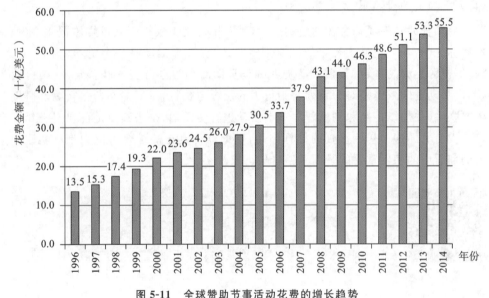

图5-11　全球赞助节事活动花费的增长趋势

(资料来源:改编自贝蒂娜·康韦尔著,蒋昕译的《活动赞助:体育、艺术活动中的营销传播》(重庆大学出版社,2017年)。)

资本的涌入需要用资本逐利的本性来解释。企业的整合营销需要打造富有吸引力、创新性的整合平台。节事活动本身就是一个资源汇集的平台,其聚焦效应为企业(或组织)的营销传播提供了独具优势的战略平台,催生了节事活动赞助。作为文化、社会、商业现象的复合体,节事活动赞助是企业(或组织)对该项目或其中某些个人(如节事活动中的明星、名人)的投资。一般而言,这些投资行为都伴有赞助商品牌认知或品牌合作的期望,能够统领赞助商的整合营销传播,堪称全新的"媒体引擎",能够支撑赞助商的市场目标。此外,节事活动赞助为主办方开拓了融资渠道,实现节事活动的品牌化发展。图5-12描述了节事活动赞助中,赞助方与被赞助方的利益诉求与主要观点。

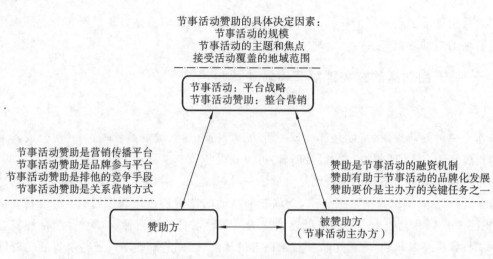

图 5-12 赞助方与被赞助方的利益诉求与主要观点

（二）赞助商为什么赞助节事活动

节事活动赞助是一场综合性的营销战役,其营销意义不仅在于获得媒体覆盖率（通常这是基本目标之一,并且包括了当今的社交网络媒体）。节事活动是一个资本、物资、人力、创意、科技等资源汇集的平台,节事活动赞助则是赞助商和主办方实现联合营销、整合营销的平台,节事活动赞助营销是对一系列营销行为的统合与执行,以期能在营销行为和赞助行为之间建立联系,并加以传播和沟通。对节事活动进行赞助,只是搭建赞助商自身营销平台的起始点。没有赞助这一初始投资的杠杆作用,赞助营销真正的综合价值则难以实现。这里介绍赞助商看中的两个重要的赞助营销价值诉求。

1. 发展对赞助商品牌的认知与态度

从赞助商的视角来考察,赞助行为是一个典型的营销传播平台,或者说,如果得到全面发展,它将是一个品牌参与平台。IEG 在关于赞助决策制定者的第 13 次年度调查（IEG 2013 年赞助决策者调查）中发现,赞助商较看重的关于赞助决策的评价指标有:对公司赞助/品牌赞助的认知;对产品/服务/品牌的认知;对品牌的态度;产生的媒体曝光度;与赞助相关的促销/广告的市场反应;产品/服务的销售;客户/消费者招待;员工/内部反应;潜在客户开发;贸易渠道合作伙伴的反应;顾客采购成本的降低。

上述清单显示,绝大多数赞助商将赞助节事活动视为品牌营销传播的平台,并通过该平台来发展消费者、员工、合作伙伴的品牌认知和品牌态度。

2. 创造排他营销的机会

对赞助商而言,自身的品牌成为节事活动某个品类范围内唯一的赞助品牌,是赞助营销中非常有吸引力的一点。加拿大早期有一项研究是从企业立场来理解体育赞助的过程,结果发现独家协议是赞助企业选择赞助机会时最为看重的标准(Copeland等,1996)[①]。在这一研究问世以来的20多年里,排他性营销的机会和本质已经发生了巨大的变化。

伴随节事活动赞助的发展,主办方认识到排他的范畴覆盖面很广,如"饮料"品类的排他性,一旦缔结了排他性的赞助关系,赞助商就不允许节事活动主办方与诸如酒精饮料、运动饮料、苏打水、瓶装水等次级范畴里的某一类别发展赞助关系。此外,某些品牌在各个次级范畴中均拥有产品,则不希望去购买单项的赞助(除非有价格优惠)。随着节事活动赞助层次的波动日益增加,独家协议也变得日益复杂。以美国National Football League(NFL)为例,NFL有联盟层次的赞助,有标志性活动(如超级碗赛事)的赞助,也有运动队赞助和转播赞助,更别提在各个体育场馆举行的具体赛事赞助。对体育活动而言,这些区分层次的赞助会带来额外收入,正如NFL的啤酒赞助,但也增加了消费者认知模糊、赞助异化的风险(Fortunato和Melzer,2008)[②]。因此,赞助商看中排他性,其实就是认识到节事活动赞助在营销传播中的潜力。当需要在排他性和与备受追捧的节事活动主办方关联的机会之间进行选择时,即使会面临其他层次赞助商的竞争,赞助商还是会选择后者。

(三)赞助商如何利用节事活动赞助

1. 打造营销传播平台

节事活动赞助是投资,赞助商必然追求回报最大化。理解活动赞助的工作机制有助于剖析投资回报最大化的过程。

将节事活动赞助机会理解为一个营销传播平台,在设计不同的工作环节时,这个平台的功能和价值将随之而演化:当设计客户招待时,它就是一个汇聚客商的"场";当设计广告时,它就是一个广告的主题灵感;当设计社交媒体在线参与时,它就是一个激发社会参与热度的起始点。

理解赞助相关的营销传播的内在工作机制时,消费者是赞助营销重要的传播受众,消费者的认知、情感和行为层面的变化是重要的目标指引。图5-13构建了一个以消费者为中心的营销传播模型,以消费者行为学的理论为指导,解释了赞助营销如何影响消费者对赞助商品牌的认知、情感和行为。在消费者之外,赞助商还会设计和实施以招待客商、强化品牌形象、增强员工凝聚力等目标为指引的其他与赞助相关的营销活动。

2. 配套投资以执行赞助杠杆与激活策略

基于初始的赞助投资,赞助商利用杠杆与激活策略来深度开发赞助带来的商业价值。

其中,赞助杠杆是利用配套的营销传播和行为来发展赞助方和被赞助方联合体的营销潜力的过程。常见的杠杆工具有七个类型:媒体广告、销售促进、出版物、特殊活动、新产品/服务、客户招待和员工项目。

[①] Copeland R, Frisby W, McCarville R. Understanding the Sport Sponsorship Process from a Corporate Perspective[J]. Journal of Sport Management, 1996(10).

[②] Fortunato J A, Melzer J. The Conflict of Selling Multiple Sponsorships: the NFL Beer Market[J]. Journal of Sponsorship, 2008(11).

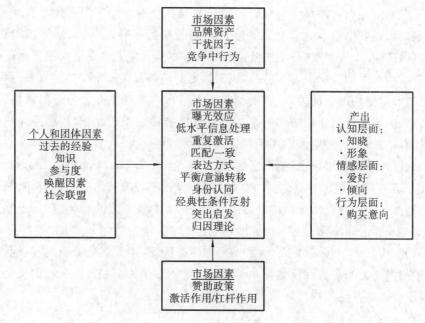

图 5-13　节事活动赞助中以消费者为中心的营销传播模型

（资料来源：改编自贝蒂娜·康韦尔著、蒋昕译的《活动赞助：体育、艺术活动中的营销传播》（重庆大学出版社，2017 年）。）

激活是能够提升赞助受众对赞助商的参与度、涉入度的传播行为。缺乏激活手段的营销传播虽然能够提高赞助关联性，但信息处理过程是由传播受众来主导的，赞助商在建立与受众的良好关系方面比较被动。

行业实践中，绝大多数节事活动赞助的观察者都认同，如果一个赞助合同没有追加投资的支持，那么许多机会就会被白白浪费掉，但针对杠杆和激活策略方面投资的性质和力度应视具体情况而定。赞助商可以根据企业实力、被赞助节事活动的品牌效应而设定一个杠杆比率。杠杆比率是杠杆方面的支出总额与购买赞助的支出总额之间的比值。杠杆比例的经验法则波动较大，实际支出也不尽相同，行业里或同类型的赞助杠杆数据的平均水准具有很好的参考价值。

3. 优化赞助组合，测量产出效益

当赞助商获得了节事活动赞助与营销传播之间复合叠加的综合利益之后，就会进一步对节事活动赞助投资进行优化组合，设计组合计划。无论是单项赞助投资还是赞助组合，赞助的产出测量都是评价这一营销传播平台价值的基础。赞助产出测量的主要方向历来都是集中在赞助商产品或服务的目标顾客上，目前也逐渐萌发了对 B2B 关系质量方面的产出进行测量的行业需要和研究热情，最终都指向了节事活动赞助对赞助商营销资产的影响。

4. 评估赞助绩效

作为赞助商的投资行为，节事活动赞助也需要接受投资回报、绩效考核、财务问责等。尽管还不成熟，但赞助投资日益增长，评估与问责的实际需求也随之增长。这种需求反过来推动了节事活动赞助与营销传播的理性发展。

5. 理性正视埋伏营销

埋伏与反埋伏始终是节事活动赞助中的一对矛盾,引发了营销伦理和法律问题。埋伏营销曾经被认为是"在没有获得官方赞助权的情况下建立与某项活动的关联的过程",它触及了节事活动赞助中最核心的知识产权问题。解决依据一度也主要依赖知识产权领域的法律。但近十年来,埋伏营销与日俱增,人们的认识也峰回路转,从减少埋伏营销到采用什么方法才能更好地理解这种现象,一味地抵制或对抗埋伏营销并不一定是最适合的策略。

6. 有效管理赞助关系

所有赞助商在展开一项节事活动赞助投资时,都无限憧憬在节事活动平台上建立所向披靡的营销联盟,赞助关系蒸蒸日上。管理节事活动赞助就是要管理赞助关系,包括缔结一对全新的赞助关系、管理现有的赞助关系,以及在面对负面事件时能有效终止赞助关系。

二、基于主办方的立场理解节事活动赞助

(一)主办方的赞助计划

一直以来,节事活动主办方都视赞助为一个融资机制。赞助营销固然也能促进节事活动的品牌化发展,但相较于以赞助为节事活动提供的融资支持而言,其只能位列其次了。

节事活动主办方寻求赞助的过程主要是围绕赞助计划来展开,赞助计划则是主办方对赞助机会和价值的演讲或宣传资料的核心和主调。提出赞助计划有助于主办方系统盘点自身所拥有的资源、挖掘赞助机会的潜在价值。一份典型的赞助计划应该包括以下基本要素:赞助协议对潜在的赞助商而言具有的合理性,能够反映赞助商的目标;节事活动策划的说明;节事活动参与者和观众的人口统计学特征、消费心理学特征;赞助商可以获得的具体机会(如冠名权、设置广告牌、现场陈列、产品销售、招待客户和员工、媒体覆盖率、顾客数据库等);赞助协议有效期的建议长度;期望得到的资助的数量;是金融支持还是实物支持的具体细节;可能提供的赞助类型(如冠名赞助、独家赞助、联合赞助等);赞助者的风险评估;当前的促销/过去的结果;预计的评估方式。

(二)主办方的赞助要价

对于主办方而言,赞助决策制定的一个关键任务就是根据自身拥有的资源和潜在的价值来确定赞助的价格(资助的数量)。一项专门针对300项中小型规模的体育、慈善、艺术娱乐领域的节事活动赞助要价的研究结果显示,媒体覆盖率和参与度推动了赞助要价(Wishart等,2012)[①]。另外一个对设定赞助要价有影响的变量是赞助商可获得主办方所提供资源的程度,如典礼、场地、广告中的活动形象、顾客数据库等。这些赞助计划中的要素与诸如标牌放置、招待客户和员工、顾客互动机会等现场变量有所不同,说明主办方提供给赞助方的资源将对赞助要价产生影响,因为这些资源在节事活动开幕之前就可被用于赞助商的营销之中。图5-14为赞助要价的影响因素。

---

① Wishart T, Lee S P, Cornwell T B. Exploring the Relationship between Sponsorship Characteristics and Sponsorship Asking Price[J]. Journal of Sport Management, 2012(4).

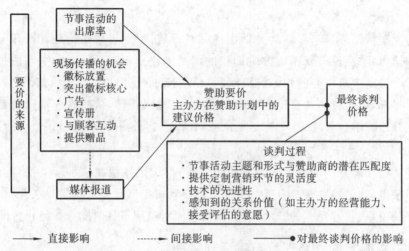

图 5-14　赞助要价的影响因素

（资料来源：改编自贝蒂娜·康韦尔著、蒋昕译的《活动赞助：体育、艺术活动中的营销传播》（重庆大学出版社，2017年）。）

现场变量与现场活动捆绑，虽然对赞助要价影响不大，但更符合赞助商的预期，或者可以称为节事活动赞助的基本要素。但这一现场传播机会不足以影响赞助要价。最终谈判价格其实会勾勒出更加清晰的赞助商对赞助机会（投资机会）的价值诉求。谈判进程中，节事活动主题与形式跟赞助商之间的匹配程度、对潜在顾客采取的有针对性的订制或特定技术等使节事活动在特定的赞助商眼中更有价值，从而影响到最终的协议价格。

（三）主办方的赞助管理

节事活动赞助是依附于节事活动平台的一个商业投资机会，为主办方带来了资金保障和盈利机会。这个机会潜在的商业价值一方面由节事活动的品牌和品质决定，另一方面由主办方的承诺及履行承诺的能力决定。为了确保赞助机会的商业价值保值、增值，主办方需要慎重给出承诺，严格履行承诺。

第一，遴选赞助商。主办方根据节事活动的主题、形式与潜在赞助商品牌的匹配度、以往合作关系、市场前景等要素，制订赞助计划和赞助要价，遴选赞助商。

第二，签署与履行合同。赞助是商业行为，需要以合同形式明确双方缔结赞助关系，并约定双方详细的责、权、利。这是双方对彼此的承诺，也是赞助关系维系和发展的法律基础。赞助商和主办方在节事活动的策划、运营、管理中需要相互支持，共同遵守合同，履行承诺。赞助商严格支付赞助金额，为主办方提供约定的资金保障，主办方履行职责，为赞助商创造赞助营销的必要条件和权益保护。

第三，总结评估。尽管节事活动不是以常态存在，但赞助关系可以长期维系。很多著名的大型节事活动，在遴选新一届赞助商时，以往的赞助商都有优先权，这是对既有赞助关系和营销成果的保护与巩固，对双方都有利。但是否继续赞助或继续接受同一个赞助商的赞助，还需要视以往赞助的效果来决定。这就需要在每次赞助之后进行总结评估。对赞助关系的总结不同于对节事活动本身的总结和评估，主要是关注赞助行为给节事活动带来的投入是否有效支持了主办工作，赞助是否为赞助商品牌的整合营销传播带来有力的支持，赞助商品牌是否因为赞助行为获得品牌资产的溢价等。

本章小结

- 节事活动品牌是赋予该节事活动与竞争性节事活动不同属性,并能将这些差异传递给不同利益相关者的名称、术语、标记、符号设计及其组合运用。节事活动品牌具有的四个特征是可识别性、可塑性、相对稳定性、可传播性。

- 节事活动品牌形象是消费者、社会公众及其他利益相关者因节事活动品牌所传递的理念、主题、可视化表现形式、服务供给等要素而产生的关于节事活动品牌的综合性心理图景和主观评价。节事活动品牌形象是品牌塑造和营销传播的基础,也是举办方强化节事活动吸引力的重要抓手。

- 节事活动品牌塑造首先是选择品牌元素,然后进行视觉化开发。定位是针对潜在顾客的心理采取行动,即要将产品在潜在顾客的心目中确定一个适当的位置。塑造品牌,设计鲜活的形象,并使其在人们心目中占有独特的地位,是节事活动向外部环境中的利益相关者进行营销传播的重要条件。

- 节事活动定位遵循"少即是多"原则、刺激联想原则、市场导向原则。常见的定位策略有特色定位、功能定位、优势定位、理念定位、比附定位、利益定位、公益定位。许多节事活动在确定形象定位时,会综合使用多个定位策略。

- 节事活动营销体系包括营销主体、营销客体、营销对象、营销目的四个维度,不同语境下,营销主体和营销对象之间可能存在转化现象。

- 营销组合是指一整套能影响消费者需求的企业可控因素,它们可以整合到市场营销计划中,以争取目标市场的特定反应。经典营销组合策略是4P营销组合策略,为节事活动营销组合提供了理论指导和实践框架。

- 赞助是针对某一活动、事件或人物(被赞助者)的一种现金或其他形式的投资行为,作为回报,投资者(赞助者)可以获得与该节事活动、事件或人物相关联的、可资利用的商业机会。节事活动赞助是赞助的一种,比起单一的赞助行为,节事活动赞助更为复合多元。

- 赞助商最看重的节事活动赞助的价值是发展对赞助商品牌的认知与态度、创造排他营销的机会。赞助商通常利用这个机会来打造营销传播平台,配套投资以执行赞助杠杆与激活策略,优化赞助组合,测量产出效益,评估赞助绩效,理性正视埋伏营销和有效管理赞助关系。

- 节事活动主办方视赞助为一个融资机制,寻求赞助的过程主要是围绕赞助计划来展开。赞助计划是主办方对赞助机会和价值的演讲或宣传资料的核心和主调。主办方根据自身拥有的资源和潜在的价值来确定赞助的价格。主办方的赞助管理一般有遴选赞助商、签署与履行赞助合同、总结评估等工作内容。

核心关键词

品牌(Brand)　　　　　　　　4P营销组合策略(4P Marketing Mix Strategy)
品牌形象(Brand Image)　　　　节事活动赞助(Event Sponsorship)
品牌定位(Brand Positioning)　　赞助计划(Sponsorship Program)
营销体系(Marketing System)　　营销杠杆(Marketing Leverage)
营销组合(Marketing Mix)　　　埋伏营销(Ambush Marketing)

思考与练习

1. 节事活动品牌具有哪些特征？
2. 节事活动品牌形象是什么？如何对节事活动形象进行分类？节事活动品牌形象有哪些价值？
3. 节事活动品牌应该如何塑造？
4. 什么是定位？节事活动品牌定位有哪些策略？
5. 节事活动营销的体系如何？如何理解该体系中，不同子要素体系内各元素之间的转化？
6. 营销组合概念如何起源？经典营销组合策略是什么？
7. 请用产品整体概念解释节事活动的产品结构。
8. 节事活动产品和服务定价依据是什么？
9. 常见的节事活动产品促销工具有哪些？应用中应该如何整合这些工具？
10. 节事活动赞助的本质是什么？赞助商为什么要赞助节事活动？
11. 赞助商应该如何利用赞助机会？
12. 对于节事活动主办方而言，赞助的价值表现在哪些方面？
13. 节事活动提出的赞助计划一般应该包括哪些要素？
14. 影响节事活动赞助要价的因素有哪些？

案例讨论

问题：
1. VISA 如何利用奥运会 TOP 赞助机会实现全球化战略？
2. 本案例中，VISA 作为奥运会的 TOP 赞助商，享受了哪些权益？
3. 请结合本案例谈谈奥运会 TOP 赞助机会的战略价值。

第六章

节事活动的财务管理

学习目标

- 了解节事活动财务管理的基本概念。
- 了解节事活动财务管理的目标和原则。
- 了解编制节事活动预算的重要性。
- 理解节事活动预算与主办方财务目标之间的关系。
- 了解节事活动预算编制中增量预算和零基预算的差异。
- 掌握节事活动预算编制的简化方法。
- 了解节事活动营运资金和利润分配的特点和要求。
- 掌握节事活动财务分析的要求。

教学课件

问题导向

- 节事活动可能存在哪些财务目标？这些财务目标应该如何实现？
- 如何编制节事活动的预算？

第一节　节事活动财务管理概述

财务管理是在一定的整体目标下,关于资产的购置(投资)、资本的融通(筹资)和经营中现金流量(营运资金),以及利润分配的管理。节事活动财务管理是主办方和项目团队运营管理的一个组成部分,它是根据财经法规制度,按照财务管理原则,组织节事活动运营周期内的财务活动,处理财务关系的一项经济管理工作。

一、相关概念

财务活动是主办方和项目团队整体资金收入和支出活动的总称。一般来说，一个组织的财务活动包括筹资、投资、运营和利润分配四个方面。

财务关系是主办方和项目团队在完整的财务活动过程中，与其他相关主体间发生的经济关系。这些相关主体包括所有人、债权人、债务人、投资人、赞助商、供应商、税务机关等外部主体，以及组织自身各机构、成员等内部主体。

节事活动财务管理是财务管理在节事活动中的具体应用，是主办方和项目团队处理与各承办方、赞助商、合作单位、服务供应商等相关主体的财务关系，并且对节事活动的各项财务活动进行有效管理的过程。

二、节事活动财务管理的目标

（一）整体目标

本书在第二章节事活动的策划中详细讲解了节事活动目标的设定，强调了节事活动的目标体系应该包括利润收益、员工成长、社区参与和社会发展、环境友好、社会伦理等方面。此处从财务管理的角度来看，对于营利性节事活动而言，整体目标表现为投资回报率，代表着主办方和投资者对利润最大化的追求。对于非营利性节事活动而言，整体目标表现为收支平衡，代表着收入能够覆盖成本，尤其是财政投资或其他收入来源无法覆盖的成本。

（二）局部目标

局部目标也叫具体目标，指的是节事活动主办方在财务活动的各个环节设定的目标。常见的局部目标有以下几个。

筹资目标。节事活动的主办方根据项目性质、项目规模和预算等信息设定的资金筹措目标。该目标要满足节事活动运营管理的成本需要，还要最大限度降低主办方自身投入的资金成本和财务方面的风险。

投资目标。节事活动主办方为了寻求更多的收益，在不影响项目运营管理所需的成本支出的情况下，可以将一部分资金用于投资。投资时，主办方必须谨慎分析被投资项目的可行性，选择稳健的投资项目。根据节事活动的性质，投资对象可以在与节事活动相关的领域或相配套的项目中丰富项目内涵，强化项目特色，提高项目的影响力和美誉度。

资金营运目标。主办方合理使用资金，加速资金流动，确保资金周转畅通，提高资金利用率，使其产生的效果最大化。主办方也应该追求合理地运用赞助商提供的资金，满足赞助商的需求，从而给予赞助商合理而必要的回报。

利润分配目标。节事活动的利润是除去成本之后的现金收益，其分配目标是制定合理的利润分配政策和计划，既体现对投资者投资的合理回报，也体现对主办方及项目团队的创意策划、运营管理的合理回报，同时也兼顾主办方对该项目持续发展的管理需要。

三、节事活动财务管理的原则

节事活动财务管理是一项复杂、科学、理性的工作，因此必须遵循相关的原则来展开，只有依据这些在实践中得出的原则,节事活动财务管理才能更有针对性,更加有效。

（一）系统原则

节事活动财务管理的各组成部分,即筹资、投资、运营和分配等,都是相互联系、相互影响的,是一个不可分割的整体。强调系统原则,就是要求在进行财务管理时,要将各个环节和各种内外部因素联系起来看,从而有效协调各组成部分,做到统筹规划。

（二）平衡原则

这是财务管理最基本的目标,也是要遵循的最基本原则,节事活动财务管理应力求资金的收支平衡。所谓的收支平衡,指的是收入和支出应在数量和时间上都达到动态平衡。只有做到收支平衡,才能保证资金的周转顺利。收支平衡的计算公式如下：

当前现金余额＋预估现金收入－预估现金支出＝预估现金余额

（三）预留原则

前面提到过节事活动财务管理的理想目标是努力保持收支平衡,且略有盈余,即预留出部分资金。在实践中编制财务计划时,要对现金和物资做一定的保险储备,以便留出合理的伸缩和应对空间。节事活动运营管理中充满不确定因素,坚持预留原则很有必要。

（四）倾向原则

节事活动财务管理中对各项组成部分的资金分配绝不能平均化,应该通过具体分析,把更大比例的资金投入能够有更大产出的环节中。这里的产出不仅仅是利润的产出,还有影响力、知名度和美誉度的产出等,是各项产出要素的综合。主办方需要将资金分配和节事活动项目工作内容分解相结合,明确各项产出的重要性排序,确定资金分配的倾向性原则和具体举措,使资金分配更加理性。

（五）优化原则

这是节事活动财务管理的重要原则,财务管理的过程就是一个不断分析、比较和选择,以达到最优的过程。财务管理的优化包括对总量、比例关系等方面的最佳选择和确定,只有各环节都保持动态优化,才能保证节事活动的整体效果和效益的优化。因此,在节事活动财务管理中需要不断完善财务方案和财务手段。

第二节 节事活动的预算管理

一、预算的重要性

预算是对特定时间内收入和支出状况的一种估计,按照科目分类列出,并被归为收入和花费两大类。对节事活动而言,预算是为了实现节事活动项目的财务目标,对收入和花费进行估测的计划和准备过程。通过预算过程,节事活动项目团队将形成一个数量化的计划,这为项目实施过程的各项工作活动提供了财务约束的框架,是确保节事活动顺利举行、项目目标有效实现的基础条件之一。

节事活动主办方和项目团队需要明确以下一些问题：举办该活动的财务目标是什么？所需的资金最低限额是多少？有哪些渠道可以获得相应的资金和资源？这些问题在策划阶段就要重点思考，一旦立项成功，主办方就应该提出相对完善的预算。该预算既要准确，也要与主办方为整个节事活动设定的财务目标相协调。

预算要基于节事活动的支出以及能够弥补这些支出的收入情况，要在节事活动的整个过程中，对预算执行情况进行及时监控，并在必要时对预算安排进行调整。一个相对完善的预算，能够帮助主办方和项目团队实现对节事活动举办资源的有效战略管理，它应该具备如下特征：

(1) 包含落实节事活动财务目标的规划；
(2) 为节事活动提出了前瞻性的规划；
(3) 为圆满达成预算目标，分清了责任范围；
(4) 能有效推动节事活动项目的实施和顺利举行；
(5) 通过比较、对照预算安排和节事活动的实际财务成果，能为节事活动进行绩效评价提供基础；
(6) 在节事活动项目实施过程中，能够促进资源的优化配置。

二、预算与财务目标

节事活动项目启动后，在计划阶段，项目团队应该清楚了解主办方对该项目财务目标的要求，并以此作为预算编制的起点。节事活动的财务目标，一般有以下三个基本维度的要求。

(1) 利润（纯收入）目标：收入超过花费，有利润产出。
(2) 收支平衡目标：收入与花费持平。
(3) 赤字（资助或者补贴）目标：花费超过收入，主办方或者其他组织能提供资金以弥补缺口。

有些节事活动大概率会落下赤字，例如，企业主办的本身以营销为目标的节事活动。虽然这些节事活动可能难以产生能够抵消支出费用的收入，但它们具有持续效益和综合效益，会被视为促进主办方未来发展的必要投资，主办方愿意提供资金以弥补缺口。有些营利性节事活动，以盈利目标来实现自己的使命，其盈利水平最低得达到收支平衡才行。政府及其部门主办的非营利性节事活动，主要是以其综合效益为价值追求，虽然不以盈利为目标，但囿于财政投入，通常希望节事活动本身能够实现收支平衡。这些不同性质、不同目标的节事活动对项目团队的财务表现有不同的要求和期待，但不管是哪种情况，都需要项目团队制定和实施有效的预算，努力实现财务目标。

一个周密的预算要能够揭示出为抵消节事活动总费用所需要实现的收入总额。但是在测算可行的收入来源时，节事活动的项目团队，必须客观务实地评估，并且研判当资金不足时，主办方愿意为节事活动的顺利实施托底补贴。有一些主办方会将财务目标的达成作为本次节事活动是否取得财务成功的标准。以下所列是在编制预算前需要谨慎回答的问题，它们可以帮助项目团队确定节事活动潜在的收入水平，并且对支出费用进行合理控制。

• 此项节事活动所需的最低费用是多少？

- 主办方有足够的资源和资金来筹备和举办此项节事活动吗？
- 根据计算出的收入和费用情况，此项节事活动能否达到理想的投入产出水平？

三、预算类型

编制预算有两种主要方法，具体采用哪一种方法，主要取决于节事活动的情境和目的。如果是周期性的节事活动，过去已经有了对该节事活动的预算，那么，新一届节事活动的财务预算就可以将现有预算作为编制起点，参照新一届节事活动的策划，进行必要的调整，以形成新的财务预算方案。这种类型的预算被称为增量预算（Incremental Budgeting）。有些节事活动是新立项的项目，或者是短时期内不可重复的项目，没有已经实施过的预算作为参考，完全是从头开始编制，这样的预算就被称作零基预算（Zero-base Budgeting）。

（一）增量预算

编制增量预算的过程就是以先前的预算或者历史上实际节事活动的财务表现状况作为预算底稿，然后根据新的预算周期的实际情况进行必要的增减调整。在累计预算的情况下，一个预算变量，如一个明细项目的变化，包括其数量和数额的变化，都要在考虑到通货膨胀这个因素的前提下来计算，要以底稿中的收入或者费用为基数，加上或者减去需要调整的变量。这样下一周期预算相对于底稿的增减变化就能表现出来。增量预算有其自身的优缺点。一方面，增量预算是稳定的预算，反映了渐进的变化，能提示预算的局限性和相应的影响，也比较容易实施，因为有以往的实施情况作为参考。另一方面，增量预算不利于充分考虑环境的变化因素，不利于节事活动运营管理的创新实践。其实施过程需要以历史的预算数据作为依据，如果没有历史数据，则难以实施。

在增量预算中，要根据变化量对以前节事活动项目的预算收入或者花费数据进行加减调整，以形成对新一届节事活动的预算数据。节事活动的项目团队必须对当下以及将来可预见的经济状况进行分析和思考，要尽量精确、理性地对未来的收入和费用状况进行预估，以便更加科学地对历史数据进行调整，形成新的预算数据。节事活动项目团队成员要对以往节事活动的预算和预算实际完成情况之间的差距进行分析，并以此为考量基准，形成新一届节事活动的预算。表6-1展示了某景区2019年文化旅游节预算表的明细项目和实际完成情况的差额，以及经校订修改后形成的2020年文化旅游节的预算数据。

表6-1 某景区文化旅游节增量预算示例 （单位：万元）

类别	2019年项目预算			2020年项目预算		
收入	预算	实际收入	差额	预算	实际收入	差额
展览销售	120	118	−2	125		
赞助收入	150	152	2	160		
广告收入	50	42	−8	50		
门票销售	520	550	30	550		
商品和服务销售	58	52	−6	60		
总收入	898	914	16	945		

续表

类别	2019 年项目预算			2020 年项目预算		
费用	预算	实际费用	差额	预算	实际费用	差额
薪酬及其相关支出	52	53	1	52		
营销费用	156	140	−16	166		
展览承包商	150	150	0	150		
演艺承包商	172	170	−2	180		
安保服务承包商	30	30	0	30		
设备租赁	68	68	0	75		
程序编制	20	20	0	22		
接待费用	30	28	−2	25		
运输和交通费用	30	32	2	30		
杂项支出	12	13	1	12		
总支出	720	704	−16	742		
净收入	178	210	32	203		

注：差额列含有负号"−"，表示执行情况。在体现收入情况时，负号表示执行不利，收入减少，在体现费用情况时，负号说明费用情况控制良好，支出减少。

（二）零基预算

零基预算是一种在没有过往预算资料和执行情况可借鉴的情况下编制预算的方法。这类预算方法对节事活动潜在的收入和费用做出预算数据，其质量主要依赖于团队成员的专业素养和预测能力。依照零基预算的方法，每一个变量，即每一个预算表的明细项目都要在执行之前进行科学合理的全面论证。预算人员要追问以下几个关键问题，来确认每一个明细项目的必要性和合理性。

- 该明细项目能否成为此次节事活动的一部分？
- 如果该明细项目所包含的产品和服务没有列入此次节事活动之内，情况会怎么样？
- 该明细项目所涉及的产品和服务应该具备什么样的质量？
- 该明细项目所包含的产品和服务需要的数量是多少？
- 是否有可替代的产品和服务列入考虑？

追问这些问题的目的就是要通过合理地削减不必要、不合理的支出，来提高主办方的资金使用效率和投资回报率，比如要削减那些收益低于支出的成本开支项目或者不必要的产品和服务。零基预算方法的优点主要是效率高，能够消除冗余，引导创新，也能够将优先的资金集中用于优先项目。但该方法的使用效果较多依赖于预算人员的专业能力，风险较高，同时在项目团队内部的各项支出之间形成了鲜明的竞争性，资源争夺更加突出，冲突管理难度更大。表 6-2 展示了某景区文化旅游节零基预算的示例。

表 6-2　某景区文化旅游节零基预算示例　　　　　　　　（单位：万元）

类别	2020年项目预算		
收入	预算	实际收入	差额
展览销售	125		
赞助收入	160		
广告收入	50		
门票销售	550		
商品和服务销售	60		
总收入	945		
费用	预算	实际费用	差额
薪酬及相关支出	52		
营销费用	166		
展览承包商	150		
演艺承包商	180		
安保服务承包商	30		
设备租赁	75		
程序编制	22		
接待费用	25		
运输和交通费用	30		
杂项支出	12		
总支出	742		
净收入	203		

四、预算要素

节事活动项目团队成员必须掌握基本的财务会计知识，能够记录和报告财务交易情况，这些交易主要是收入和费用。收入指在一定时期内通过销售产品和服务所获取的收益总额。费用是为了获取收入所提供的产品和服务而必须支出的成本。净收入（利润或者亏损）是支付了所有费用以后的结余。相关的财务公式如下：

收入－费用＝净收入（利润或者亏损）

根据这个财务公式，预算人员可以为每项节事活动制定预算。所有列入表内的费用都可以被代入财务公式内，以确定要实现节事活动的财务目标所要求达到的收入水平。如果理想的利润是20万元，而费用是85万元，那么，要实现预期利润，节事活动的收入必须达到105万元。

（一）收入

在节事活动中，收入主要有配套的展览销售收入、会议注册费、供应商入场费、赞助费、广告收入、门票收入、周边商品销售收入等,有些节事活动还会有财政投入或所属组织的拨款。这里着重解释前面常规的收入项目。

1. 展览销售收入

越来越多的节事活动开始吸收展览、会议,形成节、会、展一体化发展的态势。在这样的节事活动中,展览销售是重要的收入来源之一。展览销售收入是由一个个展位的定价和销售情况决定的。展位的定价一方面取决于该展位的大小及其在展览场地中所处的位置,另一方面取决于该展览的观众能够给参展商带来的整体价值的大小。如果节事活动主办方能够吸引到有购买力的观众(主要针对意在销售商品的展商)或者有采购、商业合作能力的观众(主要针对意在洽谈业务的展商),那么展位的定价会更高一些,能够给主办方带来更为可观的展览销售收入。另外,展览现场的布局也会影响到展位价格和展览销售收入。例如,环岛式展位、半岛式展位的定价通常会高于横平竖直地排列的标准展位的价格。

2. 会议注册费

当节事活动包含了会议板块内容时,会议注册费就是主办方的收入来源之一。会议注册费是参会者为参与会议支付的款项,款项的数目会依据参会等级和会员的类型而有所不同。项目团队在确定注册费数额时,必须进行理性、审慎的研究,确保能获得足够的收入,实现会议板块的财务目标。在有些会议场合,对会员的收费要比非会员的收费究竟低多少,取决于主办方对会议费用的预测以及会议的财务目标。另外,会议费用的折扣经常用作会议的促销手段,比如对较早注册参会的会员给予注册费优惠就是促销措施之一。主办方要制定有效的价格策略来刺激参会意愿,使会议各项分类注册费都能得到切实保障,实现会议收入的最大化。

3. 供应商入场费

节事活动中的一些产品和服务由不同的供应商在现场提供,例如,美食节现场的食物和饮品供应,啤酒节现场的啤酒供应,文化旅游节现场的旅拍服务、美妆服务供应等。主办方会根据项目需求予以招商,引入具有资质的、可靠的供应商,收取一定的入场费用,然后在节事活动现场为供应商提供特定的经营空间,并对供应商的经营行为进行管理。供应商的入场费与展位销售类似,其价位主要取决于经营空间的大小、区位,以及能够给供应商带来的潜在效益的多少。在有些节事活动中,主办方除了向供应商收取入场费以外,还会要求供应商按销售额的百分比向主办方缴纳费用。具体情况取决于节事活动的品牌效应、受欢迎程度,以及主办方和供应商之间的谈判情况。

4. 赞助费

赞助对于赞助商而言是一种商业投资,对于主办方而言就是收入来源了。对于有吸引力的节事活动而言,赞助机会是主办方能向市场提供的稀缺产品,赞助要价就是这一产品的定价。赞助费是节事活动主办方主要的收入来源,为了增加这一收入,主办方可以设计不同的赞助方案,合理地吸引不同层次、不同品类的赞助商,既追求主办方和赞助商的联合营销,也追求赞助收入的最大化。

5. 广告收入

节事活动具有聚焦效应,因此其广告价值十分突出,广告收入成为节事活动主办方另一项常规的收入来源。为了增加这一收入,主办方的策划团队应该凸显节事活动的品牌效应和曝光效应,充分开发现场可能的广告场景,如户外广告、平面广告等,区别定价,分别招商,实现广告收入增加。

6. 门票收入

门票是多数节事活动产品和服务定价的主要形式,也是收入的主要来源之一。门票收入的高低一定程度上代表着节事活动在目标市场中的受欢迎程度。

7. 周边商品销售收入

周边商品主要是由节事活动品牌及品牌要素衍生开发出来的商品,是节事活动品牌运营中一个充满潜力的领域。对于一些品牌价值突出,持续时间较长的节事活动,周边商品的销售不仅能丰富参与人员的体验,而且能够大幅度增加收入。

(二)费用

节事活动费用的类别主要是固定成本和变动成本。固定成本(Fixed Cost,FC)也被称为不可控成本,是开展经营的日常支出。这些支出要提前投入,比如雇员薪酬、保险费、租赁费、公用设施费等。固定成本一般不会随着节事活动参与人数的变化和收入变动而变动。节事活动中,视听设备的租赁费、场地租金、现场安保费等,都是固定成本,在设定的规模内,不管是 500 人还是 800 人,这些成本都是一样的。变动成本(Variable Cost,VC)是可控成本,而且能在短时间内随着现场参与人员的增加或减少而变化。一般来说,现场为参与人员提供的纪念品、食品和饮品等特殊供应品,或者是嘉宾招待费用等,都可视为变动成本。

节事活动的总成本(Total Cost,TC)是指举办该节事活动所发生的总费用,它由固定成本和变动成本组成,可以由下面的公式来表示:

$$固定成本(FC)+变动成本(VC)=总成本(TC)$$

以节事活动中的会议板块为例,总成本与参会人数之间的关系是预算人员要思考的重点。表 6-3 和图 6-1 分别用列表和图示两种形式展示了变动成本变化和固定成本的关系。

表 6-3 总成本说明表

参会人数(人)	人均变动成本(元)	变动成本(元)	固定成本(元)	总成本(元)	人均总成本(元)
10	50	500	1000	1500	150.00
20	50	1000	1000	2000	100.00
30	50	1500	1000	2500	83.33
40	50	2000	1000	3000	75.00
50	50	2500	1000	3500	70.00
60	50	3000	1000	4000	66.67

(三)净收入

净收入(Net Income,NI)是总收入和总费用之间的差额。依据会计系统的规定,税款应该在计算纯利润前按照收入征收。从预算的角度看,预期的净收入就是对节事活动预期成功程度的一个衡量,对净收入的测定可依下列公式进行:

$$总收入-总费用=净收入$$

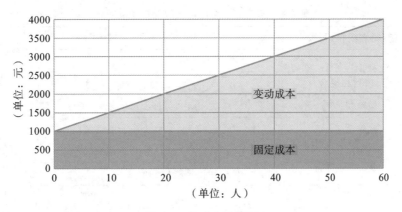

图 6-1 总成本说明图

在节事活动预算中,净收入是通过从总收入中减去已发生的总费用而实现的。表 6-2 提供的预算中,节事活动的净收入是 203 万元。

五、预算编制

如前所述,节事活动的财务目标可能是盈亏平衡、盈利或者允许出现赤字,这取决于节事活动本身的性质、目的和预期的净收入。编制预算时,预算人员必须考虑利益相关者的诉求,将这些情况向他们阐明。以下讲解在遵循预算目标的前提下,编制节事活动费用预算和收入预算的简化方法。

(一)费用预算

编制节事活动费用预算的第一步是确定总费用。在此过程中,每一项必要的费用都要列在费用预算合适的类别之下,这样对费用项目的任何修改和调整都非常容易实现。对费用的合理估计需要以节事活动涉及的供应商提供的资料为依据。如果没有准确的成本数据,那么就要对相关的费用预算明细项目(行项目)做出估测。预算人员也可以运用前期举办该类节事活动的成本数据,再加上可能的通货膨胀率来进行估测,例如,如果在往届节事活动中,推广费用是 120 万元,而目前的通货膨胀率是 1.3%,那么,新一届节事活动的推广费用预算就可以估测为 121.56 万元。

另外,历史数据可以用来对预算明细项目(行项目)进行估测。通过比较以前两三届的费用,再考虑当前的经济形势,预算明细项目(行项目)可以预测得相当准确。为了编制出准确的预算,预算人员切记不能低估了有关费用,尤其是那些有盈利目标的节事活动。预算人员在准备编制预算时,应当形成一张记录表,说明每一项预算费用明细项目(行项目)的费用类别、数量、单位成本以及计算过程。一张记载准确且详细的费用预算记录表会使预算人员在编制未来年度预算或者是像节事活动这样的项目预算时受益匪浅。当制定了准确的预算后,预算人员应该仔细保存所有预算明细项目(行项目)编制过程的准确记录。表 6-4 是某节事活动论坛板块费用预算示例。该费用预算显示了以下几项内容:预算类别;每一费用类别的明细项目(行项目);每一个明细项目(行项目)的数值;每一个项目的相关资金成本;每一个明细项目(行项目)的估测预算数据。

表 6-4　某节事活动论坛板块费用预算示例　　　　　　　　　　（单位：元）

预算类别/明细项目(行项目)	数量	单位成本	预算
管理费用			
工资、福利和税金	9	39000	351000
保险费	1	12500	12500
差旅费	9	5000	45000
小计			408500
营销和促销费用			
广告	1	20000	20000
印刷	1	60000	60000
促销	1	60000	60000
小计			140000
规划费用			
演讲者酬金	25	1000	25000
演讲者食宿和差旅费用	25	5000	125000
程序技术体系	1	12500	12500
视听设备	1	80000	80000
印刷/复印	1	12000	12000
项目委员会费用	7	2500	17500
小计			272000
注册成本			
注册人员	1	5000	5000
场地硬件	1	7000	7000
物料/供应	2000	10	20000
在线系统	3900	12	46800
小计			78800
交通和物流			
物流	1	10000	10000
车辆租赁	3	1200	3600
小计			13600
场地租用			
会议室租用	1	110000	110000
组委会现场办公空间租用	1	3000	3000
小计			113000

续表

预算类别/明细项目(行项目)	数量	单位成本	预算
展览费用			
展览服务合同	1	800000	800000
现场安保	1	20000	20000
展板制作	50	70	3500
现场引导标识	1	5000	5000
小计		828500	
奖励与赞誉			
获奖奖励	30	1500	45000
成就奖	2	3000	6000
公益奖	2	2000	4000
小计		55000	
食品和饮品			
开场接待	800	100	80000
西式早餐	2	20000	40000
茶歇	4	10000	40000
午间便餐	1	16000	16000
颁奖晚宴	1	32000	32000
小计		208000	
杂项			31400
费用总额		2148800	

表 6-4 中第一个费用类别是"管理费用"。下面的例子描述了这些明细项目(行项目)的计算过程。

- 平均来说,9 名(数量)雇员的平均薪酬、福利以及所得税费用是 39000 元,这样计算出的总数就是 351000 元(9×39000＝351000)。
- 保险成本预算估算是 12500 元。
- 9 名(数量)雇员的差旅费用,平均每人是 5000 元,预算估算是 45000 元(9×5000＝45000)。

对管理费用的小计就是把所有预估的明细项目(行项目)汇总起来。其他的费用预算科目,如营销和促销费用、注册成本、交通和物流、场地租用等,以同样的方式累计汇总。

(二) 收入预算

当对节事活动的收入情况进行预算时,一定要遵循几个关键的步骤,以确保财务目标得以实现。

步骤一,估测费用预算。表 6-4 的示例中,估测出的预算费用是 2148800 元。

步骤二,确定财务目标。假设表6-4的示例中,论坛板块的预算目标是净收入138000元,那么利用下面的财务公式,就可以测算出要实现这一净收入目标所需要实现的财务总收入是2286800元。

$$总收入-总费用=利润(净收入)$$

步骤三,预测一个切实可行的数额。这一步骤可以根据历史数据来合理推断当下论坛的参会人员,以及他们的支付能力和支付欲望。

步骤四,对收入来源设定一个切实可行的目标。收入来源的多样化可以降低财务风险,但设定合理的收入来源时不能过于乐观,因为这会使节事活动的财务风险大大增加。一个典型的收入预测应该考虑到符合下列条件的所有收入来源:①以实现该项收入为目的的费用已经列入费用预算中;②实现该项预期收入的相关行为与主办方及其所属组织的政策和目标相吻合。对于第二项条件,举例来说,如果论坛现场穿着文化衫是被禁止的行为,那么,就不能把销售印花T恤衫可能带来的收入列入收入预算。为了实现更多来自广告、赞助、门票等不同来源的收入,主办方必须为营销和促销分配充足的资金。

步骤五,计算门票或会议注册费。预算人员在确定门票或会议注册费时,应该充分考虑目标市场的经济状况、同类节事活动的门票或注册费高低、差异化的定价政策等具体情况。

表6-5是一项节事活动的收入预算示例,显示了科目分类和明细项目(行项目),以及每个明细项目(行项目)的数量、单位成本和预算。

表6-5 某节事活动论坛板块的收入预算示例 (单位:元)

预算类别/明细项目(行项目)	数量	单位成本	预算
注册费			
会员	2400	495	1188000
非会员	1200	595	714000
学生	220	225	49500
客户	100	175	17500
小计		1969000	
展览/供应商费用			
参展商	150	3500	525000
供应商入场	36	2000	72000
小计		597000	
赞助			
论坛冠名	1	30000	30000
茶歇	6	5000	30000
午餐	2	20000	40000
颁奖晚宴	1	25000	25000
招待会	2	45000	90000
丝巾	20	500	10000

续表

预算类别/明细项目(行项目)	数量	单位成本	预算
小计			225000
广告和演出			
广告招商	18	1500	27000
盈利性的演出	1	5000	5000
小计			32000
商品			
纪念品	4000	10	40000
收藏品	2000	20	40000
旅游纪念品	1000	25	25000
小计			105000
总收入			2928000

第三节 节事活动的财务评估

一、节事活动的营运资金

营运资金是指流动资金减去流动负债后的余额。流动资金包括现金、有价证券、应收账款和存货等。流动负债包括短期借款、应付账款、应付票据和应付费用等。节事活动的营运资金管理一般仅涉及现金管理,且具有以下几个特点。

第一,节事活动的营运资金投入时间相对集中。这是因为节事活动从立项到项目实施全部结束,整个周期一般持续几个月,较少有超过一年的项目。只有少量的巨型活动的营运周期能够持续几年。

第二,节事活动的营运资金投入数额相对较少。所需资金仅限于能够顺利完成一次节事活动的数额,较少存在巨额资金流入的问题。

第三,节事活动的营运资金投入的形式比较简单,现金形式投入是最适合的方式。

节事活动项目周期短、推进快,且整个过程不可逆转,财务风险是比较突出的。现金是变现能力最强的资产,主办方只有拥有足够的现金才能有效降低财务风险。因此,主办方必须通过成本分析来决定最佳的现金持有量。

二、节事活动的利润分配

利润是指组织在一定时期内因从事生产经营活动而取得的成果,是收入与支出相抵后的所得。利润取决于收入、成本和费用之间的比例关系。

利润总额＝收入－支出

节事活动的利润分配直接关系到各利益相关者的合法权益能否得到保护,关系到节事

活动能否实现长期稳定的可持续发展,还关系到所得税的征收,因此必须规范利润分配渠道,统一分配方法,最终实现合理分配。

$$净利润 = 利润总额 - 所得税$$

节事活动利润总额包括三部分的内容,即营业利润、营业外收支净利润和投资净收益,其中营业利润占了绝大部分。节事活动的营业利润指在活动中所取得的利润,通过营业所得收入减去营业支出,可以得到营业利润。主要的营业收入有门票收入、产品销售收入、服务收入,而主要支出则包括营业期间需要支付的工资管理费、日常开支、现场运营开支和宣传推广费用等。与其他经营活动不同,节事活动项目不会长期持续经营,具有明确的时限性、周期性,因此经营项目比较简单。实践表明,节事活动主办方在利润分配当中,应当坚持"合理分配,兼顾各方""谁投资,谁受益"的原则,以确保满足各利益相关者的诉求,实现节事活动的平台效应、品牌效应和综合效应。

三、节事活动的财务分析

对节事活动主办方和项目团队而言,进行持续的财务分析,有助于识别潜在挑战和财务风险,以便采取适宜的修正和变革措施。主办方一方面需要在节事活动项目周期内及时和服务供应商及其他合作组织进行信息沟通,另一方面需要在节事活动结束以后,对照预算数据对实际的收入和费用情况进行分析和研究。就后一项工作而言,认真的分析和梳理能够帮助主办方和项目团队发现哪一个明细项目(行项目)存在差异,并且确认导致预算失准的原因。

当预算过程完成以后,主办方和项目团队要对节事活动实施过程的文件和报告进行经常性的核查,要根据每项收入费用明细项目(行项目)的实施效果和完成情况,确定是否有必要对其进行调整。作为审慎的专业人员,要认真研究各项报告,对各项预测数据和实际完成数据进行比较。

主账户分析是节事活动财务管理的关键工作之一。主账户是主办方和承办方之间的一种以信用为基础的合作安排,由主办方直接向账户注入资金,并对主账户发生的费用进行常规的检查分析。这项工作也是节事活动结束后收尾阶段的工作内容之一。

当节事活动刚刚闭幕时,服务供应商和项目团队成员对节事活动中发生的各种情况和信息还记忆犹新,这个时候相互之间就地协商一些变更还是非常容易的。这远比等到结束30多天,一方拿到发票后再互相交涉要容易得多。当就节事活动事项协商签订合同时,项目团队必须写入提示性语句,说明只有在服务供应商拿出必要的分析报告后,主办方才会向主账户打款,需要什么样的报告必须在合同阶段就约定好。这样做有助于提升节事活动运营管理的专业性。另外一个需要约定的条款是,如果对各项收费没有提出异议,那么就要在收到发票后30天内完成付款,剩余的款项如双方存在异议的收费,要在异议成功解决后30天内付清。项目团队通过每日现场碰头会和节事活动闭幕后的即时总结,能就地对主账户问题进行及时协商,很多问题因此得以尽早解决。

偏差分析是为了认清预算收入、费用和利润数据,与其实际表现的偏离程度,计算偏差金额的方法。偏差分析是用各项明细项目(行项目)的实际金额减去其预算金额。如果结果是正数,那就意味着产生了更多的收入、费用或者利润;如果结果是负数,那就说明实际收入、费用和利润都低于预期。

实际明细项目(行项目)金额－预算明细项目(行项目)金额＝偏差

项目团队还需要执行的一项财务分析是计算偏差的百分比,计算公式如下:

(实际明细项目(行项目)金额－预算明细项目(行项目)金额)÷预算明细项目(行项目)金额＝偏差百分比

不论采取的是增量预算方法还是零基预算方法,都应该完成对实际金额和预算金额的偏差分析。完成这项工作后,项目团队就能更好地了解为什么实际数据和预算数据发生了偏差,这些分析结论可能触发从节事活动场地选择、赞助招商、广告销售、供应合同协商到门票定价等策略方面的一系列变革。节事活动结束后,项目团队要把对节事活动总体财务记录进行分析作为一项重点工作来做,要根据实际的财务表现,确认主办方和项目团队关于节事活动的指导方针是否正确和有效,或者是否具有变革的必要性。

本章小结

- 节事活动财务管理是财务管理在节事活动中的具体应用,是主办方和项目团队处理与承办方、赞助商、合作单位、服务供应商等相关主体的财务关系,并且对节事活动的各项财务活动进行有效管理的过程。

- 对于营利性节事活动而言,财务上的整体目标表现为投资回报率,代表着主办方和投资者对利润最大化的追求。对于非营利性节事活动而言,整体目标表现为收支平衡,代表着收入能够覆盖成本,尤其是财政投资或其他收入来源无法覆盖的成本。

- 节事活动财务管理的局部目标主要有筹资目标、投资目标、资金营运目标和利润分配目标。

- 节事活动财务管理的原则是系统原则、平衡原则、预留原则、倾向原则和优化原则。

- 节事活动预算是一个数量化的计划,为项目实施过程的各项工作提供了财务约束的框架,是确保节事活动顺利举行、项目目标有效实现的基础条件之一。

- 节事活动项目的财务目标是预算编制的起点。预算类型有增量预算和零基预算。节事活动预算要素主要是收入、费用和净收入。

- 节事活动预算编制主要涉及费用预算和收入预算。

- 节事活动的营运资金投入时间相对集中,投入数额相对较少,以现金为主要投入形式。

- 节事活动利润总额包括营业利润、营业外收支净利润和投资净收益,其中营业利润占了绝大部分。

- 节事活动的财务分析主要有主账户分析和偏差分析,可以帮助主办方和项目团队发现哪些明细项目(行项目)存在差异,并且确认导致预算失准的原因,为后续改进提供依据。

核心关键词

财务管理(Financial Management)　　财务分析(Financial Analysis)
固定成本(Fixed Cost)　　　　　　　变动成本(Variable Cost)
总成本(Total Cost)　　　　　　　　预算管理(Budget Management)
增量预算(Incremental Budgeting)　　零基预算(Zero-base Budgeting)

思考与练习

1. 不同性质的节事活动财务管理的目标会有哪些差异?
2. 节事活动的预算对整个项目的实施和推进有哪些重要意义?
3. 什么是增量预算?什么是零基预算?两者各有哪些优缺点?两者各自的适用条件是什么?
4. 如何编制一个简化的节事活动预算?
5. 节事活动项目实施的收尾阶段应该开展哪些财务分析工作?这些工作的价值是什么?

讨论问题:

1. 根据第一段材料,你是同意提高节事活动的门票定价还是同意向赞助商要求更多的赞助投入?你的理由是什么?
2. 根据第二段材料,你对节事活动的绿色发展有哪些倡议?这些倡议会增加成本还是有助于降低成本?

第七章

节事活动的风险管理

 学习目标

- 掌握节事活动风险管理的基本概念。
- 了解节事活动风险管理的特征、原则及意义。
- 了解节事活动风险管理计划的制订、实施与管理。
- 了解节事活动风险管理的举措。
- 掌握节事活动风险的类型及风险识别流程。
- 了解节事活动风险分析的定性与定量方法。
- 掌握节事活动风险的应对措施。

教学课件

 问题导向

- 你认为在体育赛事、演艺活动等节事活动中,有可能会发生哪些风险事故?这些风险事故发生的原因是什么?如何防控?

作为节事活动管理的重要组成部分,风险管理的作用在于识别风险、分析风险,并对出现的风险做出及时响应。风险管理贯穿节事活动项目生命周期的始终,了解节事活动项目风险的来源,掌握其性质和发展规律,增强主办方的风险意识,从而进行有效的风险管理,对节事活动的成功举办具有重要意义。

第一节 节事活动风险管理概述

一、风险与风险管理

(一)风险的定义

在市场经济中,风险时刻伴随经济活动左右,而风险的存在会使人们产生危机感。按照美

国项目管理协会对风险的定义,"风险是指具有不确定性的事件或情况,一旦发生就会对项目目标产生积极或消极影响"。但是,在实际运用中,风险多用于强调不确定事件所产生的消极影响。因此,风险常常被认为是"最确定的损失或损失暴露的可能性",而这里提到的"损失"包括由于不确定性事件的发生,有可能导致的财产损失、形象或声誉损害以及人身伤害等。

总之,风险是指有害后果发生的可能性及预期损失。风险通常与人的决策相关,与人的行为相联系。尽管风险强调损害和损失,但是风险也会促使人们发现机会,所以风险管理是任何活动都必不可少的。

(二)风险管理的定义

风险管理是一门研究风险发生规律和风险控制技术的新兴管理学科。风险管理是一个系统过程,指项目管理机构对可能遇到的风险进行规划、识别、估计、评价、应对及监控,从而以科学的管理方法实现最大安全保障的实践活动。风险管理是一门学问,涵盖六个环节,即风险管理计划、风险识别、风险定性分析、风险定量分析、风险应对计划、风险监控。通过这六个环节的实施,能够帮助我们分析项目活动中不确定性事件发生的可能性及其损害程度的大小,并制订相应的计划与应急管理措施,以避免其发生,或将损失降到最低。

二、节事活动风险管理的内涵与特征

(一)节事活动风险管理的内涵

相比于其他形式的项目,节事活动,尤其是大型节事活动因其参与人数多,社会化程度高,风险发生的可能性与影响面也更大。节事活动风险管理就是对节事活动中不确定的、突发的事故所造成的财产、人员损失进行预测、识别、分析、量度、评估,并进行有效处理与控制,以最低成本为节事活动的顺利举办提供安全保障的科学管理方法。

拓展阅读　　瑞昌龙虾节致 200 余人中毒

2011年8月11日晚,江西省瑞昌市举办首届龙虾节,开设了"万人龙虾宴",当地约4000人参加了品尝龙虾美食的活动,随后众多市民出现不良反应。截至13日16时,先后共有200余人到瑞昌市人民医院、瑞昌市中医院接受检查和相关治疗。

瑞昌市人民医院副院长、副主任医师朱某(微博)说,大部分患者反映,在领取龙虾时,天降暴雨,所食用的龙虾曾遭过雨淋。朱某还说,吃龙虾很有讲究,除了要求干净卫生之外,还不能吃得太多,不能同时喝过量的啤酒和冷饮,同时食客还应注意自己是否是过敏体质。吃法不当或吃了雨淋的龙虾,都很容易引起腹泻。

瑞昌市食品稽查局负责人胡某表示,食品药品监督管理部门将从此次事件中吸取教训,一方面严格控制集体就餐的规模,加强监管;另一方面将组织专门力量对全市所有餐饮企业进行一次拉网式排查,确保市民群众饮食安全。

(资料来源:http://roll.sohu.com/20110814/n316282178.shtml.)

（二）节事活动风险管理的特征

1. 管理过程的动态性

节事活动的风险管理是一个动态管理过程。随着节事活动主题、时间以及组织计划的确定，其风险管理计划也随之完成。而在节事活动的筹备与开展过程中，如果节事活动的场地、时间等发生重大变化，风险管理计划与措施也需重新制定。

2. 风险存在的阶段性

阶段性是指节事活动在前期筹备、中期开展及后期总结等不同阶段所面临的风险是不同的。不同的风险可能只存在于节事活动项目实施过程中的某一阶段或某几个阶段，而风险的承担者只需在特定的时间内才承担这些风险。例如，由于新冠肺炎疫情导致的延期或终止风险主要存在于节事活动的前期准备阶段，而火灾、意外伤害、踩踏等风险则主要存在于节事活动的举办现场。

3. 风险预测分析的信息依赖性

节事活动风险管理的重点在于风险的预测与防范，其工作是在收集与分析相关信息的基础上进行的。因此，节事活动的风险管理具有较强的信息依赖性，风险识别、预测和评估的准确性与节事活动风险管理部门的信息搜集和处理能力密切相关。除此之外，有效的节事活动管理还依赖于项目团队与其他安保、医疗等部门之间的及时信息沟通与紧密合作，共同制订行动计划和风险处理措施。

4. 风险管理的有偿性

节事活动风险的计划编制、识别、分析、监控和处理都需耗费大量的人力和物力资源。而节事活动风险管理的有偿性主要表现在用来预防或降低未来可能出现的问题所造成的损失，其价值只有在未来才能体现出来。同时，在风险管理上的人力和物力投入，将来既有可能抵消，也有可能用于弥补风险事件本身所造成的损失。

三、节事活动风险管理的原则

节事活动的风险管理是一个系统工程，其管理原则包括全面考虑原则、目标一致原则、适度满意原则以及成本经济原则。

（一）全面考虑原则

全面考虑原则强调在节事活动风险管理的计划和实施过程中，应该全面考虑各种社会、经济、文化因素以及周围地区与项目举办有关的所有利益相关者对该节事活动的风险影响评价及管理的要求，以确保节事活动能顺利举办。同时，还应考虑与会展活动及大型活动举办相关的法律法规，从而确保节事活动风险管理的每一环节都具有合法性。

（二）目标一致原则

目标一致原则强调在节事活动举办过程中，项目的整体战略目标是一切活动的出发点与归宿。作为节事活动管理的重要组成部分，节事活动风险管理的目标也必须与整体战略目标相一致。

(三)适度满意原则

在风险管理过程中,无论制订如何精细的计划,无论采取何种方法,无论投入多少人力、物力、财力,节事活动的不确定因素都不可能完全消除。事实上,在节事活动风险管理中还存在着这样一种风险:当对所有的风险因素进行充分的评估之后,主办方因无法彻底杜绝这些风险因素而取消了该节事活动的立项。这一风险对节事活动项目本身来说也是需要尽量防范的。因此,节事活动风险管理追求的状态应该是通过科学的风险管理体系,识别、分析风险因素,并制定预案加以防范,使节事活动的风险因素处于可防可控状态,不影响节事活动的顺利举行,各利益相关者都能达成一定的满意度。

(四)成本经济原则

风险管理体系的建立和运行是需要成本的。成本经济原则一方面强调在风险管理过程中,要确保相应的建设投入,能够有足够的人力、物力、财力建立高效运行、快速反应的风险管理体系,另一方面强调必须进行风险管理成本的核算与控制,以最合理、最经济的方式达到节事活动安全运营的管理目标。

四、节事活动风险管理的意义

科学有效的风险管理能够确保节事活动如期举行。一个节事活动的筹备时间短则几个月,长则数年。在筹备周期内,社会、经济、政治等因素和自然环境可能发生变化,甚至出现巨变,而这些变化也会对节事活动的运营、管理产生影响。科学合理的风险管理能够对这些变化因素进行预测、识别,并对其可能带来的影响效应进行分析、评估,设计必要的防范措施和应对预案,以避免不确定性事件的发生及风险损失,确保节事活动顺利举行,或者在不确定性事件发生时能有效应对,最大限度地降低损失。

科学有效的风险管理能够保证节事活动的安全举办,减少主办方和其他利益相关者的损失。每个节事活动的举办都伴随着人群的聚集与流动。例如,每年的青岛国际啤酒节都会吸引数千名参展商及数百万海内外观众,如此巨大的人员密度,安全运营是节事活动现场运营的头等大事,也是节事活动成功举行的基本表征。因此,建立节事活动科学的风险管理体系,加强风险因素的预防及应急管理,能有效预防和应对节事活动现场可能发生的火灾、踩踏、食物中毒、儿童走失等各种风险事件,保证节事活动安全举行。现场安全也能最大限度地减少主办方因承担事故责任而带来的经济损失、声誉损失等。

科学有效的风险管理有助于提高利益相关者的满意度。参展商、赞助商、观众等不同的客户群体是节事活动最重要的利益相关者。通过节事活动运营管理,为客户群体和其他利益相关者营造一个安全的体验环境,提高利益相关者的满意度是节事活动主办方一直以来追求的目标。科学的风险管理能有效地预测和评估节事活动运营管理中可能发生的不确定性事件及其可能带来的负面影响,及时采取针对性的预防及应对措施,尽可能地减少现场人员的人身伤害及财产损失,这样才能提高利益相关者的满意度。

第二节 节事活动风险识别与分析

一、节事活动风险识别

（一）风险类型

节事活动的风险包括政治和社会文化风险、法律政策风险、经营风险、财务风险、人员健康与安全风险、安保风险、不可抗拒风险等多种风险类型。根据全面风险管理理论，需对节事活动中的所有风险进行分析与识别。

> **拓展阅读　全面风险管理理论**
>
> 全面风险管理理论最早出现在20世纪90年代的美国，是由当时的几个银行共同设想出来的。鉴于风险自身的动态性、相关性和不确定性的特征，使得只对单个风险进行研究无法满足现阶段风险管理的要求，不能对风险的全貌进行全面的了解。全面风险管理的核心思想是整合，它认为一个公司的风险可能来自多个方面，不应只关注风险的一个方面，而应该发现各个风险之间的相关性，从整体资产组合的角度来看待所有类型的风险。这样，全面风险管理理论（ERM）便应运而生。
>
> 全面风险管理理论的应用进一步深化了对风险管理的认识，把风险控制管理从单纯意义上的单个风险控制和阻止转变为对风险全貌和整体的把握和统筹。通过对整体资产风险的考察，找出能够最有效配置资源使得自身承担的风险能够和收益匹配的风险管理方式，确保自身获得持续稳定的收益。
>
> （资料来源：https://wenku.baidu.com/view/4b4c6048a32d7375a41780e9.html.）

1. 政治和社会文化风险

此类风险与节事活动举办地的政治和社会文化相关，与节事活动自身的主题、内容、形式相关。每个地方都有其自身富有特色的政治和社会文化，因此，主办方在选择节事活动的举办地、策划节事活动的主题时，一定要考虑节事活动与举办地及目标观众的社会文化、风俗习惯、伦理道德规范的适配性。如果二者相悖，节事活动会出现文化上的水土不服，导致不同利益相关者关于节事活动本身的理念产生矛盾冲突，在行为上产生相互抵制的风险。

2. 法律政策风险

即使只是组织一个很小规模的节事活动，也需在法律允许的范围内得到相关部门的授

权和许可,遵守相关的法律规章制度,确保节事活动的合法性。节事活动因主题、内容及规模不同,其运营管理所涉及的部门也有所区别,但大部分节事活动都会涉及地方文化部门、公安部门、环卫部门、消防部门。节事活动的策划、运营与管理应加强与地方相关部门的沟通与合作,严格遵守相关部门的规章制度与要求。表7-1列举了当前在我国举办节事活动需要遵循和参照的主要制度规范。

表7-1 我国举办节事活动需要遵循和参照的主要制度规范

相关法律法规	《中华人民共和国消防法》 《中华人民共和国食品安全法》 《中华人民共和国传染病防治法》 《中华人民共和国商标法》 《中华人民共和国广告法》 《中华人民共和国消费者权益保护法》 《中华人民共和国突发事件应对法》 《国家突发公共事件总体应急预案》 《突发公共卫生事件应急条例》 《公共场所卫生管理条例》 《大型群众性活动安全管理条例》 《节庆活动管理办法(试行)》 《节庆活动管理办法实施细则》
指导意见	《关于展览活动新冠肺炎疫情常态化防控工作的指导意见》

3. 经营风险

经营风险是指因节事活动主办方经营不当带来的不确定性。常见的经营风险有节事活动品牌定位不当、人员结构不合理、宣传推广效果不佳、入场券销售不力、食品安全问题等。这些风险可能导致节事活动产出效益不理想。除此之外,技术风险、信用风险、合同风险、品牌风险也涵盖在经营风险的范畴内,一旦出现,可能导致品牌纠纷、合同纠纷、专利技术纠纷等,引发相应的经营损失。经营风险一旦出现,很容易使节事活动的主办企业及项目团队蒙受声誉损失,令市场和同行怀疑其实力和商誉。但是,经营风险整体上是可以防范和控制的,这需要主办方建立科学的风险防范意识和风险管理体系。

4. 财务风险

节事活动的财务风险是指由于内外部环境及各种难以预计或无法控制的因素的影响,在一定时期内节事活动投资者的实际财务收益与预期财务收益发生偏离,从而蒙受损失的可能性。节事活动的财务风险包括筹资风险、投资风险、现金流风险、利率风险、汇率风险等。无论是节事活动的主办方还是投资方,节事活动的收益都是他们最关心的内容,因此,节事活动的运营管理遵循预算控制是十分必要的。另外,对于节事活动本身而言,融资渠道越多样化,财务风险越可控。因此,主办方一向看重设计和实施多样化的融资机制。

5. 人员健康与安全风险

人员健康与安全风险是指由于内外部环境的影响,以及各种难以预计的事故的发生,导致节事活动工作人员或参与人员的健康与安全受到威胁。这是节事活动风险中出现频率比较高、负面效应尤为突出的风险类型。为了降低节事活动的人员健康与安全风险,主办方可以从以下几方面入手:一是加强节事活动的规模管控,主办方对现场人员进行合理预测和控制,根据人员规模和类型安排合适的通道、路线及服务设施,对现场人员的行为做好适当的引导、约束与管制;二是通过宣传、培训等方式提高人员自身的安全意识,并采取必要的防范措施;三是提前准备医疗急救人员和设施,以确保必要时能有效处置;四是对节事活动的场地与设施进行严格检查,保证安全措施到位。

拓展阅读　　史上最惨烈的斗牛事故

2011年5月7日,西班牙塞维利亚正在举行一场斗牛比赛。一位名叫库罗·迪亚斯的斗牛士被已经受伤的公牛冲撞,其右腿被牛角刺穿,小腿胫骨粉碎。据西班牙《国家报》报道,事发时,已经完成一轮斗牛表演的库罗面对第二头公牛,由于两者相隔较远,所以库罗并没有跨出大步刺杀,而是继续选择从左方引逗。不料温顺的公牛立刻变得凶猛起来,向斗牛士冲撞而去。库罗瞬间被公牛顶起,其右腿更是被牛角刺穿,鲜血不断外涌。这个严重的创伤至少要令库罗休养数月之久。据悉,这头来自利纳斯的公牛品种稍次,并不具有高贵血统。原本性格比较温顺,没有很强的攻击性。但是面对库罗的引逗时,它突然变得凶猛起来,迅猛地冲撞导致斗牛士受伤。

(资料来源:http://bbs.tianya.cn/post-fansunion-14664-1.shtml。)

6. 安保风险

安保风险是指因节事活动现场安保举措不力带来的负面影响和损失。常见的安保举措中,人员进入现场需要通过安检通道,确认人员身份,确保携带物品中没有枪支、军用或警用械具、爆炸物品、管制刀具、易燃易爆物品、毒害品、腐蚀性物品、放射性同位素等放射性物品和国家法律、法规规定的其他禁止携带的物品。如果因安保不力,有不法之徒携带危险品进入现场,那么其后果不堪设想。对于一些巨型节事活动,安保风险的防范要求极高,除了防范一般性的安保风险以外,还要重点防范恐怖袭击。

拓展阅读　　奥运回眸:北京留给世界一届"平安奥运"

"平安奥运"是北京奥运会取得成功的较大标志之一,也是展现中国国家形象的重要标志。确保北京奥运会的安全、顺利举办,是中国政府和人民对世界做出的郑重承诺。

安保机制严密有效

2004年12月,经中央政府批准,北京奥运会安全保卫工作协调小组正式成立,由21个国家部委、奥运安保情报中心和北京市成员单位组成。在赛区层面,北京及天津、上海、青岛、沈阳、秦皇岛等赛区城市组建了安保实战指挥机构,香港特别行政区政府也成立了相应机构,服从统一调度,公安、消防、紧急救护、武警、水电气热等多个部门,在同一平台上实现联动。

北京奥运会建立的国家、赛区、场馆三个层级的指挥机制和框架,明确了各自的职责和任务,确保筹备及赛时指挥顺畅、高效。各场馆之间、场馆与各级指挥系统之间建立了网络、图像和信息通信系统,国家级的指挥中心可以随时调看、调用各赛区、场馆实时的信息资料和图像,从而实现各场馆间的指挥调度快捷、顺畅。奥组委安保部门编制了《北京奥运安保战略计划》和《北京奥运安保运行纲要》,同时根据实战要求,完成了场馆治安、交通、消防、大型活动、反恐防暴、要人警卫等52项安保总体工作计划和900多项具体实施方案的编制,并通过了测试赛的检验,不断进行自我完善。

事实证明,北京安保机制的确是争分夺秒,快速有效的。7月23日18时30分,北京奥运会国际广播中心正在从事调试工作的部分媒体人员突然闻到了一股异味。2分钟后,安保人员以及煤气、消防、生化等专业人员到达现场,查明位于地下二层的西南角,油漆物品倒洒后,气味通过楼层的风道散发,排除了煤气和其他有害气体泄漏的可能性。经过细致的冲洗、通风等工作,20分钟后,国际广播中心运行恢复正常。当晚,国际广播中心负责人向媒体通报了这一情况,并向转播商致歉。奥运会期间,安保机制能够细化到以分和秒来计算应急反应速度,在涉奥地区,第一反应力量3至5分钟就能到达现场。申奥成功以来,北京一直致力于提升快速处突能力,一支灵敏、快速、准确、高效处置各类恐怖突发事件的队伍于奥运会期间24小时待命。

反恐精英24小时待命

雪豹突击队是北京奥运反恐的精锐部队,承担奥运核心区、中心区的武力处突任务。他们被分成若干个小组:爆破、狙击、谈判、供应,各司其职。雪豹队员在离地18米高的直升机上,不设任何防护措施,单凭一根绳索,仅以2秒的时间就能速滑着陆。奥运会期间,他们守护在重点地区的隐秘部位,以最少的人员给奥运狂欢中的公众最大的安全。

奥运会前北京编制完成了15支专业处置队伍,反恐处置行动的骨干队伍已经形成。同时,还聘请了21位核、生、化、爆和情报领域的专家,实行专业现场处置首席专家制,提高了指挥决策处置的专业化和科学化水平。

警方还专门建立了符合奥运会运行特点的扁平化安保指挥模式,按照场馆类型及A、B、C、D勤务等级管理模式实行岗位实名制管理。北京奥运安保总指挥马振川可以通过视频系统直接进行工作部署,第一时间进行处置,真正实现了扁平化指挥和常规化应急的赛事指挥运行机制和运作模式。

群防群治共保平安

动员广大民众参与也是北京奥运会安保的一大特点。北京奥运会期间,除了11万专业安保力量外,保安、机动车看护等各类职业安保力量15万人,治安巡逻志愿者29万余人,都直接参与了奥运安保,而40万城市志愿者和100万社会志愿者还将随时提供安保支持。包括社区民警、治安巡防队、治安志愿者、公务员、党员、保安员和首都民兵在内,规模高达近百万人的群防群治力量已经进入实战状态。

为确保奥运平安,从7月15日起,北京启动了巡逻防控"三道治安防线",第一道防线是在外省(市)直接进入北京的高速公路,国道,市、区(县)、乡镇及村级道路上设置治安检查站点。数百个卡点由民警、武警、辅警、治安保卫人员分别承担检查任务。第二道防线是在北京市环城带地区的门头沟、房山、通州、顺义、昌平、大兴六区直接进入市区或通过五环路、六环路进入市区的主要道路上设置卡点。第三道防线是在本市城八区的主干道、联络线以及二环路、四环路路口设置卡点,在各条高速公路设置的卡点与第一道防线的相关卡点要形成复式卡。第二、三道防线的勤务模式为动态巡逻防控。

在北京城区,居民、物业管理人员和保安员被吸纳进了安保团队,每天负责社区及周边街道的巡逻、守护、防盗、防火等任务。每一片区域,都有具体的责任人。在特殊情况发生时,这些来自社区各个家庭的成员,将临时担当起重要的安保角色。

2008年9月17日,北京残奥会圆满落下帷幕。午夜时分,观看闭幕式的人群已经散去,北京警方宣布:"残奥会安保工作圆满成功。"这标志着北京留给了世界一届"平安奥运"。国际奥委会官员认为,北京奥运会这种特殊的安保模式作为一种奥运遗产保留下来,而且可以提供给以后举办奥运会的国家参考借鉴。

(资料来源:奥运回眸:北京留给世界一届"平安奥运",http://www.cnr.cn/2008zt/bjcah/cahxw/200809/t20080919_505103579.html;北京警方今正式启动巡逻防控"三道治安防线",http://www.chinanews.com/gn/news/2008/07-15/1312252.shtml.)

7. 不可抗拒风险

自然灾害、战争、内乱、政权更迭等灾难性事件都属于不可抗拒风险,这类风险的发生与否不由节事活动主办方控制,而且这类风险一旦发生往往无法挽救,严重的将导致活动取消或延期,给举办方造成极大的损失,如前期已花费的场地预订费用、宣传推广费用、部分制作费用等。因此,作为人流、物流和资金流高度密集的活动,节事活动的顺利举办不仅需要稳定的社会、政治环境,还需要良好的自然生态环境。

拓展阅读　日本奥运会延期举行　日本将承担 197 亿元延迟举办奥运会资金

由于新冠肺炎疫情的影响,东京奥运会延期一事落定:第三十二届奥运会推迟至 2021 年举办,赛事名称依旧为"东京 2020 年奥运会和残奥会"。由此,东京奥运会成为现代奥林匹克 124 年历史上,首届延期举行的奥运会,推迟后的东京奥运会举办时间是 2021 年 7 月 23 日至 8 月 8 日,残奥会举办时间是 8 月 24 日至 9 月 5 日。日本将承担约 3000 亿日元(约合人民币 197 亿元,至 2020 年 4 月 21 日)的延迟举办奥运会资金。

东京奥运会延期,相关场地维护管理费以及各竞技团体举办资格赛所需的经费等,合计将会损失 58 亿美元。据日兴证券的预测,如果奥运会今年无法举行,间接经济损失将达 750 亿美元之巨,占日本全年 GDP 的 1.4%。

(资料来源:http://news.163.com/air/20/0421/09/FANOGRRM00018750.html。)

(二)风险识别

风险识别指的是系统、全面地对上述所有可能发生的各种风险进行识别、归类与分析。在节事活动风险识别过程中,首先,需确定风险的来源,梳理不同节事活动的不同阶段的风险事件可能有哪些,影响程度多大;其次,分析风险事件产生的原因,并根据风险事件的形式、影响后果及特征进行分类、识别,在征求各方意见后形成风险列表;最后,根据风险列表,制定相应的防范措施与处置方法。如若不能避免风险,在风险事件发生后,应对事件的过程、现象、后果进行观测、记录和分析,并对风险及损失的前兆、风险后果与各种原因进行评价与判断,找出主要原因,为以后类似活动的风险管理提供借鉴参考。表 7-2 为节事活动风险识别的一个工具表,可以在风险管理中加以运用。

表 7-2　节事活动风险识别工具表(参考范例)

责任部门/小组	业务过程	可能出现的风险因素	可能导致的后果	目前放行状态(自检或专检)	拟采取的控制措施	拟采取的应对措施	是否发生质量问题或安全事故	现行的控制方案
市场部/组								
运营部/组								
销售部/组								
后勤部/组								
安保部/组								

续表

责任部门/小组	业务过程	可能出现的风险因素	可能导致的后果	目前放行状态(自检或专检)	拟采取的控制措施	拟采取的应对措施	是否发生质量问题或安全事故	现行的控制方案
人事部/组								
接待部/组								

二、节事活动风险分析

风险分析指的是通过定性与定量的方法测量评估每个风险事件对项目活动及利益相关者产生的影响大小,主要针对的是已经识别出来的风险事件。

(一) 三个概念

在进行风险分析时,应先了解三个相关概念。

1. 风险影响

风险影响是指一旦风险发生,可能会对活动项目造成的影响程度大小,可用相对数值来表示,如可将损失大小折算成对计划影响的时间。如果损失的大小不容易直接估计,可以将损失分解为更小的部分再评估它们。

2. 风险概率

风险概率指的是风险发生的可能性,可用风险发生可能性的百分比来表示,通常情况下是一种主观判断。

3. 风险值

风险值是风险评估的重要参数,可用风险影响与风险概率来进行计算。风险值=风险概率×风险影响,如某一风险事件发生的概率是20%,而一旦发生会导致项目计划延长5周,因此,风险值=20%×5周=1周。

(二) 节事活动风险的定性分析

在已制订完成风险管理计划,并识别出节事活动风险的概率及节事活动进展状态的基础上,可对节事活动的风险进行定性分析,通过风险概率和后果、数据精确度评价、假设测试等指标与技术,确定风险的大小和优先级。对于常见的活动项目,风险的定性分析往往更容易被理解与认可。定性分析的输出结果主要有节事活动项目风险的综合评价、需进一步分析和管理的清单、定性风险分析结果的趋势等。

(三) 节事活动风险的定量分析

定量分析一般是在定性分析的基础上开展的,但也有在识别风险之后直接进行的。定量分析的过程与定性分析基本相同,其分析工具或技术包括敏感性分析、决策树分析、模拟以及面谈或专访等。定量分析的输出结果主要包括一个量化的、直观显示影响力大小的节事活动风险清单、项目的概率分析、项目潜在的进度费用预测等。同时,根据对当前计划及节事活动风险的综合分析,还可以估算出项目时间、费用目标实现的概率、定量节事活动风险分析结果的趋势等。多次的定量分析,将会为发现某种趋势提供重要信息,以制订节事活动风险应对计划。

第三节 节事活动风险管理计划与举措

一、节事活动风险管理计划

根据节事活动风险管理的特殊性与管理原则,节事活动的风险管理需要把传统的企业管理中降低财务风险的目标与节事活动提供安全产品和服务的需求结合起来,降低风险事件发生的可能性,减少经济损失与人身伤害。因此,节事活动的主办方需制订全面、完善的风险管理计划,以使节事活动能顺利、安全举办。

节事活动风险管理计划的制订主要有两个目的:一是防范,即尽可能地预防和避免各种意外事故和问题的出现;二是干预,即当事故和问题不可避免地发生时,需采取必要的行动计划,以将损失或伤害降到最低。只有将有效的防范与干预相结合,主办方才能对节事活动中所面临的各种风险因素加以控制,降低它们出现的概率,减少可能带来的各种损失。

根据风险管理理论,风险管理实际上是一个风险管理计划制订、实施和管理的全过程。节事活动的风险管理计划包括计划制订、计划实施与计划管理三个环节。

(一)第一环节:计划制订

计划制订是风险管理过程的第一环节,也是计划实施与管理的基础。在制订风险管理计划过程中,首先,节事活动主办方需通过对组织计划、运营流程以及以往事故调查报告等各方面信息的搜集、分析,并结合与项目管理团队成员、参展商、观众及有关专家的广泛访谈交流来识别和预测该项目所面临的各种风险因素。尽管每个节事活动面临风险因素的表现各不相同,但这些风险因素大体可以归为以下几个方面。

(1)项目管理因素,如项目选择、团队建设、招商招展、志愿者培训、安全监督等。

(2)设施设备因素,如交通设施、通风设施、服务设施、消防通道和设施、防疫设施和物资等。

(3)参展商因素,如展台设计与搭建、参展行为规范、参展的产品质量等。

(4)观众管理因素,如规模控制、现场活动路线设计、现场秩序控制、安全意识的传递与强化等。

其次,在风险因素分析的基础上,应对节事活动的风险进行分类,以助于活动主办方针对不同类型的风险采取有针对性的预防和处置措施。在进行风险分类时,需考虑以下两个方面的问题:一是该节事活动风险事故发生的可能性与频率;二是该节事活动风险事故发生后可能造成的损失的严重程度,也就是该风险事故将可能会对活动举办方、参展商、观众等造成的影响大小。对于发生概率不同,严重程度不同的风险事故,其预防措施和处理方法是有所区别的。

根据节事活动的特点,其风险预防与处置措施主要包含以下3种。

1. 风险回避法

风险回避法是一种消极应对方法,适用于风险事故发生频率较高、容易产生严重后果的节事活动。在节事活动的策划期间,主办方和准予立项与否的主体机构应该充分分析该节事活动是否存在重大事故隐患,以及事故发生的可能性、发生的频率。如果可以预见该风险事故不可避免,而且节事活动主办方难以拿出有说服力的防范措施和应急预案,那么该节事活动则不应立项,或者采用其他相近的活动项目来代替,以此来回避可能面临的风险事故。即使是进入筹备期,出于某些不可抗力因素的影响,当主办方和主管机构预测某些可能带来严重负面效应的风险因素难以有效避免时,节事活动的筹备工作也应该立即叫停,以回避风险。例如,新冠肺炎疫情暴发后,由于初期疫情扩散快速,人们对疫情防控还处在摸索状态,许多处于筹备期的节事活动马上宣布项目中止或终止,如东京奥运会、武汉马拉松等。

2. 风险减小法

相比于风险回避法,风险减小法运用比较普遍。在使用风险减小法时,节事活动主办方应充分认识到风险存在的可能性及影响程度,分析风险事故产生的原因,并采取各种科学、合法、有效的预防措施和处理方法,如全面检修、加强场地设施维护、加强员工的安全教育与培训、增强安全监管等,以尽可能降低风险事故发生的可能性,并最大限度减少因事故发生带来的负面影响和损失。风险减小法是一种积极应对方法,适用于事故发生后,负面影响和损失不是特别严重,而且事故原因清晰,易于预防和控制的风险因素。如果节事活动面临的风险因素主要是这一类型,那么主办方可以采用风险减小法来实施风险管理。

3. 风险转移法

风险转移法是指节事活动主办方通过签署合同、购买保险等方式将风险尽可能地转移和分摊给其他组织与个人的方法。其中,签署合同包括两种情况:一是节事活动主办方同参展商、服务供应商、赞助商等有关责任主体签署相应合同,以合同的形式规定由他们对自己的过失行为所造成的损失负责;二是通过让节事活动的参与者签署免除责任协议,使风险事故的可能受害者主动放弃追究节事活动主办方法律责任。前一种情况有助于节事活动主办方风险责任的转移,后一种情况有助于节事活动主办方风险责任的免除。但无论签署哪一种合同,都需遵守有关法律法规,注意风险转移的合法性。购买保险是指节事活动的主办方针对具体的风险事项,向保险公司支付一定的保险费用,由保险公司负责承担事故发生后的经济赔偿。例如,当节事活动中涉及艺术品的物流和展出,那么主办方应该考虑艺术品保险投保,以分散和转移风险。这种通过购买保险的方式来转移风险责任,目前在很多节事活动中均有运用。

(二)第二环节:计划实施

节事活动风险管理计划的实施就是节事活动主办方就风险管理计划同工作人员、参展商、供应商、观众等利益相关者进行交流沟通,并将相关的预防措施与处置方法付诸实践的过程。节事活动是多元利益相关者汇集的平台,其风险管理和每一个利益相关者都有关联,各利益主体在其中都以一定形式在承担风险事故发生后带来的负面效应和损失。风险管理计划的实施离不开利益相关者的通力合作。

对具体负责风险管理的团队工作人员而言,风险计划的实施意味着要建立风险管理体系,并在项目团队内普及风险管理的内容和要求。一方面,要将有关规章制度、员工工作职责、场地平面图、设施操作方法、应急措施等编印成指南性文件发给所有员工外,另一方面还应对全体员工以及志愿者进行风险管理培训,帮助他们熟悉各种政策和风险处置的工作程序,提高他们的风险意识和应对能力。

针对参展商,节事活动主办方应提前将相关的注意事项及风险应对方案提交给他们,要求每一位参展商掌握风险管理要求,严格执行相应的管理要求。

针对服务供应商,节事活动主办方应在遴选供应商时就充分考察供应商的风险防范意识和能力。一旦确定了供应商,在签订合同时一定要注明风险管理的条款,双方共同做好风险防范和应急处理。

针对观众,节事活动主办方应该加强活动现场的解说,不断普及和强化观众的风险防范意识,提高观众自我保护的意识。另外,还要严格控制现场观众规模,加强维护现场秩序,切实执行风险管理计划。

（三）第三环节：计划控制

对节事活动风险管理计划进行有效控制是计划能够得以顺利实施并不断完善的重要环节。在事前控制中,主办方应选派或指定有关人员组成风险管理委员会,评估风险管理计划的科学性、合理性和可实现性,强化该计划的推广与实施。在事中控制中,主办方应该充分调动现场工作人员（包括志愿者）的主人翁意识和责任意识,着重培养"安全第一"的工作意识和工作态度,敦促工作人员严格执行风险管理的有关规章制度和处置流程。主办方还应在节事活动现场引入公共管理和公共服务的力量,有效强化风险处置的能力,例如,现场引入医疗急救车、消防车待命等。在事后控制中,主办方应及时总结和评估节事活动风险管理计划的实施情况,提出有建设性的改进意见。

二、节事活动风险管理举措

节事活动风险管理的举措包括人员培训、风险评估、严格进出管理、财产安全保护等,总结起来可分为以下十项。

举措一：人员培训。节事活动风险管理的培训是风险管理计划得以顺利实施的重要环节。这里的培训包含两方面内容：一是针对项目团队成员开展的培训,让项目团队成员更好地了解项目筹备和现场举行过程中有可能会出现哪些风险事故,如何防范；二是针对大众的培训,通过普及培训来提升大众的风险防范和应对意识。目前,许多机构已经开设相关的风险管理研讨会或培训课程。如国际特殊活动协会（International Special Events Society）（现更名为国际实况活动协会）每年举办风险管理培训,介绍国际上风险管理领域的最新研究成果；国际集会活动管理协会（International Association of Assembly）举办过拥挤人群管理研讨会,探讨针对大型节事活动中的人群拥挤情况,以及如何采取预防与管控措施。除此之外，国内外很多高校在开设节事活动运营管理的相关课程或培训项目时，也将风险管理作为重要内容进行阐述。

举措二：风险评估。开展科学、详细的风险评估将有助于识别节事活动潜在的风险隐患。节事活动中的风险评估，一方面可由项目团队内部的专业人员进行，争取上级领导的支持与参与，并广泛听取工作人员、安保人员、调查人员、志愿者等多方面人员的意见，以对节事活动的风险要素进行全面的识别和评估；另一方面也可聘请外面的专家顾问进行评估，吸纳外部专家顾问的智慧，提高风险评估的科学性与准确性。

举措三：选用专业人员。节事活动现场的很多应急处置岗位的工作专业性强，项目团队内部人员难以面面俱到，因此，主办方可以通过遴选专业的服务供应商或吸收具有专业知识的志愿者来从事相关工作。例如，现场安保服务，主办方可以通过专业的安保公司提供相关服务（安保公司配给专业设施）。一些大型的公共性节事活动，主办方还会吸收警队、警校等公共力量来强化现场安保服务的力量，提高安保方面的风险防范和应对处置能力。再如，现场急救服务，主办方可以吸收有医疗专业背景的志愿者或者吸收专业医院的力量来强化现场急救能力，特别是城市马拉松这一类运动强度大、急救需求高的节事活动，尤其需要选用专业人员开展现场急救服务。

举措四：参展商规范参展。参展商作为节事活动的重要组成部分，其安全对节事活动的顺利举办非常重要。国际管理集团高级副总裁 Barbara Perry 认为，节事活动主办方应针对参展商的展台搭建、现场业务洽谈、住宿、新闻发布会等事件，进行事先的模拟演练，找出活动现场运营过程中较易发生风险的环节与地点，并进行监管与防范，以降低风险发生的可能性。

举措五：严格进出管理。在节事活动开幕前，现场工作人员、赞助商、供应商、参展商、志愿者、媒体记者等因工作原因需要参加现场活动的人员都应办理相应的实名制出入证，出入证上应标注出入权限，以确保活动期间现场人员进出有序，无关人员不得进入。主办方应在现场开辟工作人员的绿色通道，区分观众进出场的通道，确保进出秩序。现场观众通道应配置安检通道、排队通道、候场廊道等，鼓励采用信息化管理手段，引导观众分时预约入场。

举措六：展品物流。展品物流是节事活动风险管理应考虑的环节。参展商的展品应按照展区和展位的分布做好相应的运送安排，并对运送车辆及人员进行统一的协调管理，以防运送延误或物品丢失带来的损失。

举措七：财产安全保护。作为大型聚集性活动，钱物盗窃等财产安全问题时常发生，给现场观众和工作人员带来财产损失。一方面，主办方要严格核实进出工作人员和观众的身份，杜绝不法之徒伪造门票、出入证等混进现场，盗窃财物。鼓励主办方利用信息技术发售实名制电子票证，现场采用扫码、刷脸等身份核实手段，减少不法之徒混进场的概率。另一方面，主办方还应在现场增设监控系统，加强安全巡护，切实履行维护现场人员财产安全的责任。

拓展阅读　　中国运动员里约遭盗抢　巴西奥运会事故频发

据记者理解,在巴西里约奥运会期间,巴西盗抢案件频发,已发生多起包括运动员、代表团成员、媒体工作人员、观众在内的中国公民遭盗窃、持枪抢劫事件。

外交部领事司和中国驻巴西大使馆提醒赴巴西的中国公民提高安全意识、加强安全防范。避免前往贫民窟和僻静去处,避免独行;尽量不要背包,不要佩戴首饰、名表,行走时不要使用手机;对异常情况保持警觉,发现有陌生人或成群流浪少年尾随逼近时应尽量靠近人群集中区域或进入商店等公共场所暂避。如遇盗抢,应保持冷静,不与劫匪争执或发生肢体冲突,在确保自身安全的前提下尽量记住劫匪特征,确认无安全威胁后立即报警求助。如护照遭盗抢,应尽快报警并与中国驻巴西大使馆联系。

(资料来源:http://www.hinews.cn/news/system/2016/07/30/030578808.shtml? WSKY=376db.)

举措八:闭幕后处理物品。在很多情况下,节事活动结束后的清场工作往往不像前期准备工作那样受人重视。然而,事实上节事活动闭幕后的物品处理不当也会带来负面影响和经济损失,主办方应该将这一阶段的物品处理纳入风险管理计划。当节事活动闭幕式结束时,现场人员散去后,主办方需对现场留下的各种设备、器具以及展品等进行规范处理。如果是租赁的设备,如现场的电子显示屏、音响设施、灯光设施、安检设施等,应交由供应商妥善拆卸、包装,运送至指定仓库。如果是主办方自购物品,如未使用的或可以重复使用的物料等,应由工作人员及时清点、记录、包装,运输至指定地点。如果是参展商的展台搭建、展品陈列,还需要求参展商根据合同约定,有序、安全地撤展。

举措九:与治安管理部门协同合作。节事活动人流量大,人群密集,有些风险因素发生的概率比较高,比如人群拥挤。制定人群拥挤、踩踏、骚乱等风险事故的防范和应急处理方案,不仅是主办方的职责,也是当地治安管理部门的职责。如1994年美国华盛顿举行世界杯足球赛期间,警方在RFK场内外共设了214个巡逻哨岗,哨岗警察的值班时间从开赛前三个半小时一直持续到比赛结束后两小时,直到人群散去。每个警察都有指定的岗位分工,如管理商品摊点、进场人流控制、预防犯罪及寻人等。组织方拥有值勤警察的名单和分工记录,与现场警察保持信息沟通,协同合作,防范风险。

举措十:办理必要的保险。在节事活动举办过程中,现场活动丰富多样,人流密集,加之气候、疫情等不可抗拒因素,导致尽管事先制定了活动应急方案,但事故的发生及其损失还是很难完全避免。因此,节事活动主办方、参展商、供应商、观众等需就相关事项办理保险,以将风险进行转移。在西方国家,许多节事活动主办单位都要求节事活动的承办方、参展商、赞助商办理不低于某一级别的保险,保险费或投保额则取决于风险程度。

第七章 节事活动的风险管理

本章小结

- 节事活动风险管理是对不确定的、突发的特殊事件所造成的财产、人员损失进行预测、识别、分析、量度、评估,并进行有效处理与控制,以最低成本为活动的顺利举办提供安全保障的科学管理方法。
- 节事活动风险管理的特征包括管理过程的动态性、风险存在的阶段性、风险预测分析的信息依赖性以及风险管理的有偿性。
- 节事活动风险管理的原则包括全面考虑原则、目标一致原则、适度满意原则以及成本经济原则。
- 科学有效的风险管理能够确保节事活动的如期举行,保证节事活动的安全举办,减少组织单位的损失,有助于提高客户的满意度。
- 风险分析指的是通过定性与定量的方法测量评估每个风险事件对项目活动及利益相关者产生的影响大小,主要针对的是已经识别出来的风险事件。
- 节事活动的风险可分为政治和社会文化风险、法律政策风险、经营风险、财务风险、人员健康与安全风险、安保风险、不可抗拒风险七种类型。
- 节事活动风险管理实际上是一个风险管理计划的制订、实施和控制的全过程。
- 节事活动风险预防与处置措施主要包含以下三种:风险回避法、风险减小法、风险转移法,每种方法均有其适用范围。
- 节事活动风险管理的举措包括人员培训、风险评估、选用专业人员、参展商规范参展、财产安全保护等十项。

核心关键词

风险管理(Risk Management)　　　　风险识别(Risk Identification)
风险管理计划(Risk Management Plan)　　风险分析(Risk Analysis)
风险管理举措(Risk Management Initiatives)

思考与练习

1. 简述节事活动风险管理的定义与特征。
2. 节事活动风险管理的原则与意义分别是什么?
3. 节事活动风险预防与处置措施有哪三种?每种方法的适用范围是什么?
4. 简述节事活动风险的类型。
5. 简述节事活动风险定性分析与定量分析的区别与联系。

案例讨论

讨论问题：
1. 该案例中的风险属于哪一类风险？该风险产生的原因有哪些？
2. 结合本案例分析如何对案例中的风险进行防范与处置。

案例讨论

讨论问题：
1. 该案例提到的风险属于哪一类风险？该风险将会给活动举办方带来哪些损失？
2. 结合本案例分析"购买保险"这一风险转移策略在节事活动中的应用。

第八章

节事活动的项目总结与评估

- 掌握节事活动项目总结的定义与作用。
- 了解节事活动项目总结的类型与内容。
- 掌握节事活动项目评估的定义、特性与目的。
- 了解节事活动项目评估的主体。
- 掌握节事活动项目评估的内容。
- 掌握节事活动项目评估的方法与流程。

教学课件

- 你认为在节事活动项目实施过程中,是否有必要开展评估工作?评估工作应该在节事活动的哪个阶段开展?评估哪些方面?

在节事活动运营管理过程中,项目总结与评估是收尾阶段管理的核心,也是节事活动走向持续改进、持续发展的重要环节。科学、严谨的总结和评估,不仅能使节事活动的利益相关者认识到该项目的价值与作用,还能帮助主办方总结项目策划、运营管理的成功经验,反思不足之处,为下一届节事活动的举办及新节事活动的策划与组织提供借鉴参考。

第一节 节事活动项目总结

当节事活动的策划、立项、运营、管理等工作逐项推进、接近尾声时,主办方就需要启动收尾工作了,了结合同,结清账目,编制、收集和散发有关信息、资料和文件,宣布节事活动项目结束(注意不是闭幕),做好相关文档的归档工作,撰写活动总结报告,及时而全面地回顾与分析整个项目的执行过程,总结经验教训。

一、节事活动项目总结的界定与作用

节事活动项目总结是指节事活动的项目实施告一段落后,对该项目进行回顾、分析和评估而形成的文书或报告。节事活动项目总结与项目评估既有联系又有区别。联系在于两者都有回顾、分析的性质,都是节事活动运营管理中必不可少的环节。区别在于节事活动项目总结偏重于总结项目实施过程及其中的经验教训,提出改进的具体措施和下一步工作方向,主要是自我总结,在方法上较多地运用定性描述和定性分析;节事活动项目评估侧重于对节事活动的各项要素及其社会效益、经济效益进行质和量的评估,既可以是评估他人,也可以是评估自我,需要定量分析与定性分析相结合。

节事活动项目总结的作用体现在以下四个方面。

第一,推进工作情况汇报。在节事活动项目总结过程中,可通过报告、简报、总结或口头汇报等多种形式向上级汇报工作开展和完成情况。其中,报告属于比较正式的公文,如果需要向上级汇报重要工作,或者汇报上级规定必须报告的工作时,就需要将总结内容以正式报告的形式呈报给上级领导或上级机关。日常工作过程中,可以用简报或口头汇报的形式向上级进行简短的汇报。同时,还需要有定期的工作总结,如年度工作总结等。

第二,加强经验教训总结。总结节事活动项目的成功经验及失败教训对于举办好下届活动或策划组织好新的活动都具有十分重要的意义。通过回顾总结,可将获得的工作经验和体会、遇到的困难和问题,以书面的形式记载下来,为今后工作的开展提供参考与借鉴。

第三,促进相互学习交流。组织召开总结讨论会、表彰大会等,可使团队成员之间相互交流、相互学习、共同进步。

第四,提供项目实践证据。有些客户,如赞助商或参展商在选择活动的项目代理方或承包方时,可能需要以相关的成功活动项目实践记录作为选择依据,这时活动项目总结报告将提供重要的证据支撑。

二、节事活动项目总结的类型

节事活动项目总结可按照内容范围和时间进程分为不同的类型。

第一,按总结的内容范围,节事活动项目总结分为综合性总结与专题性总结。综合性总结是指对各项工作的全面回顾,这类总结虽然涉及面广,但还是需要力求突出重点。专题性总结是指围绕某项具体的工作进行的单项总结,如节事活动赞助商招徕和管理总结、节事活动宣传推广总结、节事活动志愿者招募与管理总结等,内容集中,针对性强。

第二,按总结的时间进程,节事活动项目总结分为日常总结、阶段性总结与完成性总结。日常总结是指在节事活动组织、执行的日常过程中,不定时地进行总结,以及时了解工作开展情况,并提供反馈。在一些大型节事活动的项目实施过程中,由于时间跨度长,则往往需要进行阶段性总结,如月度总结、季度总结、年度总结等。而在一个节事活动项目全部完成后所进行的最后总结,即为完成性总结。

三、节事活动项目总结的内容

节事活动项目总结主要从项目工作的开展层面,对项目时间进度、项目质量、人员管理、资金使用、收益情况等进行总结。总体而言,节事活动项目总结的内容主要包括项目时间、项目质量、人员管理与沟通交流、项目成本、项目特点以及经验教训六个方面,见表8-1。

表 8-1　节事活动项目总结的内容分析

总结要素	具体总结内容
项目时间	实际进度与计划进度相比,相差多少?期间有哪些变化?预期工作量的完成情况如何?
项目质量	最终成效及取得的成果与最初目标的符合度有多高?有没有达到最初的目标,在社会上的影响力如何?观众的满意度如何?现场管理的秩序如何?交通管制是否到位?关键性风险因素防范效果如何?
人员管理与沟通交流	项目团队成员绩效表现如何?志愿者服务质量如何?节事活动管理和实施过程中的内外部沟通交流是否充分?对节事活动的影响如何?
项目成本	节事活动项目成本由哪些成本要素组成?最主要的成本要素是什么?是否采取了具体措施降低成本?
项目特点	与以往节事活动相比,本次节事活动有何特别之处?
经验教训	这项节事活动项目实施过程中主要的经验与教训有哪些?为今后的节事活动策划与运营管理工作提供了哪些建议参考?

四、节事活动项目总结报告的结构和写法

(一)标题

节事活动项目总结报告的标题有四种写法。

第一,由节事活动的名称和"总结"一词组成。这种标题写法通常用于一项具体节事活动项目的总结,如"2019武汉草莓音乐节活动总结"。

第二,由单位或地区名称、时限、主题及文种构成。这种标题写法主要用于总结单位内部或某一地区周期性的节事活动工作,如"三亚2019年重大节事活动工作总结"。

第三,采用普通文章标题的写法。这种标题写法是用一句或两句短语概括总结主要内容或基本观点,不出现总结字样,主要用于在报纸、杂志上发表的总结,如"我们是怎样在美国办节事活动的?"

第四,由正副标题组成。这种写法中,正标题揭示总结的主题,副标题说明总结的单位、时限、种类等,主要用于报刊发表、简报转发或会议总结,如"找准定位,加强规划,创建品牌——××市2019年节事活动工作总结"。

(二)署名

节事活动项目总结一般是以单位名义进行的,因此应当在总结报告中署上单位的名称,并置于标题之下。如果是个人撰写的总结报告,也需在标题的下面署上作者的姓名及其所属单位。

(三) 正文

正文是节事活动项目总结报告的主体内容，一般包括开头、主体和结尾三部分。

首先是开头。节事活动项目总结报告需要在正文开头介绍节事活动的名称、届次、主办单位、时间、地点等基本信息，并概括说明举办本届节事活动的背景、依据、指导思想以及出席人数和规格、参展商、观众数量和质量、总成交额等基本情况。

其次是主体。节事活动项目总结报告的正文主体一般包括本届节事活动的特点、组织工作的具体做法、效果和成绩、经验和体会以及存在的问题和教训或者进一步努力的方向等内容。主体部分的写法可采取以下三种形式：一是按具体做法和成绩——经验和体会——问题和教训或努力方向的模块顺序来写，这种写法比较符合人们的阅读和思维习惯，使用较为广泛；二是按工作的时间阶段安排结构，适合于工作周期长、阶段性较强的节事活动工作总结；三是按所做的工作项目安排结构，如综合性总结涉及的方面较多，各项节事活动工作之间的特点不一，就可将每一方面的节事活动工作排列起来，逐项加以总结。

最后是结尾。节事活动项目总结报告的正文结尾应归纳总结内容，呼应总结主题，指出努力方向，提出改进意见和措施，表示未来工作的决心与信心等。

第二节 节事活动项目评估

一、项目评估概述

在项目管理过程中，评估发生于管理的全过程，包括事前评估、事中评估以及事后评估。

事前评估，主要是指项目立项执行之前的评估，其目的在于评估该项目可能需要的资金、物资、人力等资源数量以及这一项目实施成功的可能性，从而判断是否给予立项，通常发生在项目的可行性研究和策划阶段。事前评估常常以项目可行性分析为基础，根据国家有关法律法规及政策方针，从社会、文化、经济、环境以及科技等层面对项目进行综合评估，并对拟开展的项目进行市场调研，从而预测参加人数、大致费用、预期效益以及成功的可能性和未来的发展前景。

事中评估，又称为项目跟踪评估，是指在项目的不同执行阶段对项目的进展实行实时跟踪和控制。事中评估的目的在于检验项目主题、时间、地点、宣传推广等工作质量和实际绩效，评估项目实施过程中发生的重大变更及其对项目效益的影响作用，并针对项目实施的重大困难和问题寻求对策及出路。

事后评估，即项目结束后评估，是项目评估中最常用的形式。事后评估强调在项目结束后，通过定性与定量相结合的方法，对项目的主题、内容、组织过程、执行过程、效益以及影响等进行科学、系统的分析，评价项目的策划、筹备、实施、收尾等工作情况，衡量和分析项目实际情况与预期目标的差距，以确定事前评估与事中评估的预测是否正确，找出成败原因，总结经验教训，并及时反馈，从而提高项目的组织、管理及服务水平，为今后改进项目的策划、管理、运营和监督等提供参考依据。

二、节事活动项目评估概述

(一)节事活动项目评估的界定与目的

节事活动项目评估是指对节事活动项目的主题、内容、组织过程、执行过程、服务质量、效益以及作用影响等进行系统、客观的分析评估。评估有助于判断此次节事活动的立项与实施成功与否,分析失败原因,总结经验教训,为后续的策划、运营管理和持续改进提供参考。节事活动项目评估也分为事前评估、事中评估和事后评估,前两者与节事活动项目实施过程中的控制相互交织,因此通常所说的评估是指事后评估,包括对已发生事实的总结及对节事活动项目未来的预测。

在节事活动运营管理中,引进客观、公平、合理的评估体系,有助于改善节事活动的运营管理质量和提升综合效益。新的节事活动从策划到运营管理,不仅需要理论上的支持,还需要已有的经验教训提供参考借鉴。因此,项目评估是节事活动管理中不可或缺的重要环节,科学合理的项目评估能够提供该活动是否可以继续举办的可行性论证与如何改进完善的建设性科学措施,从而为更好地发挥活动的综合效益服务。

节事活动项目评估的目的主要体现为以下几方面。

第一,评估节事活动的立项程序是否合规,嘉宾邀请是否合规,经费使用是否合规,以此推动提高节事活动项目管理的合法性和合规性。

第二,评估节事活动预期目标(非经济目标)是否达到,策划与运营管理是否有效,推动主办方不断提高节事活动策划和运营管理的能力和水平。此类目标通常包括安全运营目标、媒体报道率目标、公众关注度目标、观众满意度目标等。

第三,评估节事活动的效益指标(经济目标)是否达到,以增强节事活动利益相关者的投资信心。此类目标通常包括投入产出目标、利润目标、赞助商的营销绩效、市场覆盖面等目标。

第四,评估节事活动在主题策划、内容设计、品牌塑造、形象定位、团队管理等方面的管理绩效,从正反两方面总结节事活动举办的经验及教训,找出成败原因,为下次举办活动或组织新活动提供决策依据和管理借鉴。

第五,评估节事活动的档案材料是否齐全、清晰,资料是否详实,推动节事活动项目团队做好档案方面的精细化管理,并将有关信息负责任地反馈给有需要的利益相关者。

(二)节事活动项目评估的特性

评估结果是推动节事活动主办方调整后续工作计划,进行下一轮策划立项和运营管理决策的重要依据,因此,节事活动项目评估应具备以下几方面特性。

第一,科学性。节事活动项目评估应是在科学利用定量方法和定性方法的基础上开展的。通过综合利用定量分析方法与定性分析方法,基于可靠的资料信息,对节事活动的项目策划、运营管理进行科学评估,使评价结果能全面、如实地反映项目团队工作的成败与得失。

第二,客观性。节事活动项目评估不是针对某一个体,而是针对项目整体。因此,在节事活动评估过程中应遵循客观性原则,对项目进行公正、客观的评价,以确保评估分析结果

的正确性与合理性。为确保客观性,项目团队或主管机构可以邀请第三方主体进行评估。

第三,可操作性。节事活动项目评估的结果需为下一届活动或新项目的举办提供决策依据和管理借鉴。因此,项目评估结果应该包含建设性的意见和建议,使评估结果具有现实意义和可操作性,而非只是停留在理论层面的评价。

第四,透明性。作为一类公众参与性极强的项目,节事活动项目评估的透明性越高,越能获得公众的信赖。同时,增加透明度也有助于提高公众对节事活动的关注,提升公众满意度,从而树立节事活动良好的公众形象和品牌有价值的商业形象。

第五,时效性。节事活动项目评估是项目后续管理的重要组成部分,评估工作应在活动结束后及时开展,以确保评估的时效性。

(三)节事活动项目评估主体

节事活动项目评估需要多方主体的共同参与,常见的评估主体有节事活动项目组及其成员、聘请的第三方评估机构、赞助商、观众等利益相关者。这些评估主体可以独立或联合开展评估工作,承担着相应的评估职责,如表 8-2 所示。

表 8-2 节事活动项目评估主体的比较分析

评估主体	参与的评估工作	评估成员组成
项目组及其成员	亲身经历了整个活动从策划到执行的全过程,他们的自我工作总结本身就是评估的重要组成部分	项目经理、项目团队成员
第三方评估机构	接受项目主办方或主管部门的聘请,对节事活动项目开展第三方独立评估	资深的行业专家组成
赞助商	随时对节事活动项目实施情况进行评估,研判节事活动品牌价值的变化趋势及其对赞助品牌的影响,主要目的是关注赞助的效果是否能够达到或超过预期目标	赞助商内部人员或委托的第三方评估机构人员
观众	既是评估主体,也是被评估对象。作为评估主体,主要是评估节事活动现场体验质量及其自身获得的满意度。作为被评估对象,主要是接受其他评估主体的调查和评价,了解观众对节事活动服务的满意度,以及观众对赞助商品牌的关联认知等	现实的观众和潜在的观众

三、节事活动项目评估的内容

(一)基本内容

节事活动项目评估的基本内容包括目标评价和策划评价两方面。

目标评价主要评价节事活动项目预期目标的实现程度。在节事活动的项目策划阶段,活动的目标就已经确定了。通常而言,节事活动的目标包括了宏观指标和直接目标两个层次。宏观指标主要指节事活动的举办能为国家或地区的社会、经济、政治带来的整体、持久的影响,直接目标指节事活动项目能为社会或者观众提供的,能具体量化的产品或服务。节事活动的目标评价一方面要对照原定的项目目标,检查各层次目标的实现情况,判断目标的达成程度;另一方面,要在实践中检验原定的目标是否正确、合理,通过评价找出原定目标存在的问题,如目标不明确、过于理想化或者不切实际等,为后续节事活动的项目策划和立项实施提供设定目标的参考依据。

策划评价主要评价节事活动的主题、内容、主承办单位、时间、地点、定位、规模、价格、营销、赞助等方面的运营和管理工作有哪些优势与不足,为该节事活动后续发展或同类节事活动发展提供参考借鉴,促进全社会节事活动产业(领域)整体发展水平的提升。

(二)节事活动项目的工作评价

从策划、立项、筹备,到运营管理,一个完整的节事活动项目涉及的工作内容非常广泛,如时间进度推进、宣传推广、现场服务等,对照这些工作的实际完成情况及项目策划中的工作目标,可对节事活动项目的具体工作进行分析与评价,找出存在的差距,厘清问题出现的原因,总结经验教训。节事活动的工作评价一般包括筹备工作评价、宣传推广评价、时间管理评价等多方面内容,具体见表8-3。

表8-3 节事活动项目工作评价的具体内容

评价要素	具体评价内容
筹备工作	评价节事活动工作的统筹、准备、协调及各项筹备工作的安排和调整等是否合理
组织结构与人员配置	评价项目的组织结构、人员组成、工作态度、团队精神、工作效果等是否合理,效率是否较高,工作时间是否适中
宣传推广	评价媒体宣传公关、推广进度安排、宣传渠道建立、宣传资料影印发放、宣传效果等是否达到预期设想
商业赞助	评价赞助商品牌与节事活动项目的匹配度、赞助价格、联合营销的实际绩效、赞助关系管理等方面的工作是否能够参照合同顺利实施,是否达到预期目标
服务供应	评价餐饮、住宿、接待、旅游、礼仪、演艺、物流、清洁、安保、搭建、广告等服务供应商的服务质量和实际效果是否达到要求
现场运营	评价场地设施、舞台音响、志愿者、现场人员等要素的运营管理、突发事件应急处置等各环节是否达到标准
时间管理	评价节事活动项目的整体进度推进是否符合预先的时间规划要求
财务实施	评价、分析节事活动的预算制定与执行情况、成本费用支出安排、收益情况,超支原因及其他财务管理问题

(三)效益与影响评价

节事活动项目的效益与影响评价包括效益评价、影响评价及可持续性评价三个方面。

第一,效益评价。节事活动项目的效益评价即财务评价和经济评价,评价方法包括成本效益评估、成本利润评估等,主要评价指标有内部收益率、净现值以及贷款偿还期等盈利能力和偿还能力指标。

第二,影响评价。节事活动项目的影响评价具体可分为社会影响评价、经济影响评价和环境影响评价。

社会影响评价主要评价节事活动在社会经济方面产生的隐性或显性效益及影响,重点评价节事活动对举办国、举办地及具体社区的政治、文化、经济、生活的影响。

经济影响评价主要分析评价节事活动对所在国家、所在地区及所属行业产生的经济影响，评价的内容包括收益分配、换汇成本、就业、技术进步等方面。经济影响涵盖的内容非常广泛，部分只能作为定性分析的内容并入社会影响评价范畴。

环境影响评价主要评价节事活动对举办地产生的环境影响，包括地区环境质量提升、自然资源利用和保护、区域生态平衡和环境管理等多方面。

第三，可持续性评价。可持续性评价是指评价节事活动的既定目标是否具有可持续性与可重复性，即是否可在未来以同样的方式开展同类活动。政治因素、社会文化因素、经济因素、环境生态因素以及科技因素等均会对节事活动的可持续性产生影响。

拓展阅读　　大型节事活动项目管理的评估内容

澳大利亚活动管理学家约翰·艾伦在《大型活动项目管理》一书中对大型活动项目评估的内容进行了梳理，表8-4为可供参考的大型活动项目评估内容列表。

表8-4　大型活动项目评估内容列表（工具表）

评估要素	是否满意	是否需要引起注意	评论
• 活动的时间选择			
• 会议地点			
• 票务和入场			
• 筹备			
• 性能标准			
• 工作人员水平和职务表现			
• 人群控制			
• 安全			
• 通信			
• 信息和信号			
• 运输			
• 停车			
• 饮食设施			
• 旅馆			
• 急救			
• 小孩失踪			
• 感谢资助者			
• 集会安排			
• 广告			
• 宣传			
• 媒体联络			

该书从不同的评估内容入手,通过一系列问题引出了大型活动的项目评估内容,具体情况如下。

(一)日程安排及内容

1. 活动的主题

(1) 活动的主题是否具有显示意义?

(2) 活动的宣传促销是否明确了活动的主题?

(3) 参与者是否对活动的主题感兴趣?

2. 日程安排

(1) 日程安排是否有助于活动目标的实现?在多大程度上有帮助?

(2) 日程安排是否紧密围绕活动的主题?

(3) 各个组成部分先后顺序是否恰当?是否很好地衔接?

(4) 日程安排过短还是过于冗长?

3. 主持人

(1) 主持人的气质、风格、形象是否与活动相得益彰?

(2) 主持人的发言内容是否符合主题?是否对观众有吸引力?

(3) 主持人表达是否清晰流畅,反应是否机敏睿智?

(二)活动场所设施与环境

1. 活动场所的音响效果

(1) 活动场所的音响是否适中、悦耳?

(2) 主持人及表演者的讲话是否听得清楚?

(3) 音响设备是否出现故障?

2. 活动场所的舞台效果

(1) 活动场所的舞台设计是否符合主题?

(2) 活动场所的灯光设计是否及时、到位?

(3) 活动场所的特技表演是否有助于将活动推向高潮?

3. 活动场所的温度、湿度、照明度

(1) 活动场所的温度如何?

(2) 活动场所的湿度如何?

(3) 活动场所的照明度是否足够?

(4) 人身感觉舒适度如何?

4. 活动场所的环境情况

(1) 活动场所的隔音效果如何?

(2) 活动场所是否受到外部噪音的干扰?

(3) 活动场所是否对外部环境有干扰?

(三)宣传促销与融资

1. 广告宣传的力度

(1) 广告投入的数量是否足够?

(2) 广告投入的金额是否足够?与竞争对手相比是否具有优势?

2. 宣传促销的成效

(1) 宣传促销的方式好不好？

(2) 宣传促销的效率高不高？

(3) 预售票的销售情况如何？

(4) 现场购票的观众多吗？

3. 融资情况

(1) 活动能为赞助者带来权利与收益吗？

(2) 是否有不适合的公司成为赞助者？

(3) 政府的拨款都能及时到位吗？

(4) 贷款能否顺利地进行？

(四) 活动的组织与服务

1. 组织能力

(1) 承办者的组织协调能力强吗？

(2) 承办者处理突发事件的能力怎样？

(3) 承办者能保证活动顺利地开展吗？

2. 接待服务

(1) 活动的住宿、餐饮及其服务质量如何？

(2) 活动接待工作人员的态度好不好？效率高不高？

(3) 活动场所指引标志是否醒目、美观？观众是否能很顺利地找到活动场所及座位？

(4) 活动场所饮水、饮料等其他服务质量如何？

(5) 活动的交通服务质量如何？

(五) 活动收益

1. 活动服务商的利益

(1) 交通服务商的利益如何得到保障？

(2) 饮食服务商的利益如何得到保障？

(3) 住宿服务商的利益如何得到保障？

(4) 其他服务商的利益如何得到保障？

2. 活动承办方的收益

(1) 门票收入是否达到预期？能够在多大程度上覆盖成本支出？

(2) 赞助收入是否达到预期？能够在多大程度上覆盖成本支出？

(3) 广告收入是否达到预期？能够在多大程度上覆盖成本支出？

(4) 捐赠（现金或物资）是否达到预期？能够在多大程度上覆盖成本支出？

(六) 举办地的情况

1. 举办地的环境质量

(1) 公共交通是否便捷、及时？

(2) 商业设施是否齐全、方便？

(3) 绿化、美观程度如何？

2. 举办地居民的态度
(1) 当地居民对外地(国)人是否欢迎?
(2) 当地居民对外地(国)人欢迎程度如何?
3. 举办地的旅游吸引物
(1) 举办地是否有知名的旅游吸引物?吸引力如何?
(2) 举办地特产有哪些?是否已开发成旅游纪念品?
4. 举办地的形象
(1) 举办地的形象与宣传的形象是否相符?
(2) 活动对举办地的形象有何影响?
(七) 其他内容
1. 节事活动的历史和影响
(1) 该活动已举办过几届(年)?
(2) 该活动的知名度如何?
2. 节事活动的规模
(1) 举办场地的规模。
(2) 观众的数量。
3. 观众的满意度
(1) 所有观众的满意度。
(2) VIP 客人的满意度。
(3) 对活动的总体印象如何?

大型活动的举办对于所在地的社会经济发展具有积极的促进作用。通过对大型活动的日程安排与内容、活动场所设施与环境、宣传促销与融资、活动的组织与服务、活动收益、举办地的情况以及其他内容进行全面、系统的评估,有助于活动主办方充分了解活动策划、组织、管理、执行及服务工作的成败及其原因,判断活动是否达到了预期效益,以进一步改进、完善活动的相关项目工作,更好地实现大型活动的社会、经济及环境效益。

(资料来源:约翰·艾伦等著,王增东、杨磊译的《大型活动项目管理(第 2 版)》(机械工业出版社,2002 年),选入时略有修改。)

四、节事活动项目评估的方法与流程

(一) 节事活动项目评估的方法

节事活动项目评估方法的选择应遵循宏观分析和微观分析相结合、定量分析和定性分析相结合的原则,综合采用多种方法,以达到对节事活动项目进行科学分析、综合评估的目的。目前,常见的节事活动项目评估方法有调查法、对比分析法和总结述职会等,其中调查法又可分为访谈调查和问卷调查两类。

1. 调查法

调查法是节事活动项目评估中最常用的有效方法,它既可用来获取定性描述,也可用来获取定量数据。由于大部分节事活动都具有观众流动性大、逗留时间短等特点,因此,一般很难对观众进行深入了解。调查法就是对那些不可能深入了解的问题通过调查、访问、谈话、问卷等方法搜集有关资料,以此来了解利益相关者的心理和行为的一种方法。调查法主要有访谈调查与问卷调查两种形式。

首先是访谈调查。访谈调查是以谈话为主要方式来了解某人、某事、某种行为或态度的一种调查方法。对节事活动项目的利益相关者进行访谈,是获取利益相关者对节事活动意见和看法的主要途径,可通过面谈或电话访谈两种形式开展访谈调查。

面谈,即面对面的访谈,访问者可根据访谈大纲对受访者进行访问,以补充个人观察的不足。访谈过程中,也可根据受访者的回答进行深入挖掘,以尽可能多地获取相关信息。通过面谈获取的资料往往比较真实可靠。面谈的形式可以是个人面谈,也可以是多人面谈,可以是有组织的座谈、专访,也可以是活动现场的随机采访。

电话访谈主要指在活动结束后,采取电话回访的方式对利益相关者进行调查。这种调查方式成本低,获取资料方便迅速,可以在短时间内调查多数对象。但由于时间的限制性,导致很难询问比较复杂的问题,也很难展开深入交流。

在运用访谈调查法时,调查主体需要明确访谈目的,列举访谈大纲,如"您觉得该次活动还有哪些可以改进的地方?可如何改进?"等。访谈结束后要及时整理访谈记录,找出要点进行分析。访谈调查获取的资料信息一般情况下只能做定性分析。

其次是问卷调查。问卷调查是节事活动项目评估中应用非常广泛的方法之一,是指通过编制调查问卷,以向被调查者发放问卷的方式进行资料的搜集。问卷调查的优点是方法简便、节约时间、资料也比较容易整理和统计。在问卷调查过程中,调查者可同时向多位被调查者分发或邮寄问卷,请其填写答案,然后回收整理、统计和研究。现在很多问卷调查都通过 App 来执行,评估主体可以将调查问卷植入现场的很多环节,例如,通过现场贩卖机的优惠码来诱导观众填写问卷,也可以在节事活动闭幕之后将调查问卷推送给现场观众登记入场时留下的手机号码或电子邮箱中,吸引和鼓励观众填写调查问卷。

2. 对比分析法

对比分析法是节事活动评价的基本方法,是指在调研完成后,在调查结果分析的基础上,对节事活动举办的实际情况与预期目标进行比较分析,以评估此次活动是否达到了预期目标,并测定该次活动的效益和影响。同时,通过对比分析法,也可厘清在节事活动举办地发生的影响变化中,哪些是由于节事活动的举办而产生的,哪些是节事活动以外的因素导致的,从而评价活动的增量效益和社会机会成本,找出存在的差别及其原因。

3. 总结述职会

节事活动项目结束后,每个工作人员都需要对自己在项目实施的整个过程中所做的工作做总结或述职报告,可以是书面材料的报告,也可以是口头汇报,这些报告或汇报内容都是节事活动项目评估的重要资料支撑。

(二)节事活动项目评估的流程

严谨的评估流程是决定节事活动项目评价结果是否客观、系统、准确的关键因素。不同类型的节事活动项目,其评估程序会有所不同。但一般情况下,节事活动项目评估的流程通常包括制订评估计划、选择评估方法、确定评估指标体系、实施评估与反馈几个环节,如图8-1所示。

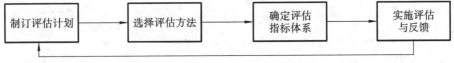

图 8-1 节事活动项目评估的流程

1. 制订评估计划

制订评估计划是节事活动项目评估工作开展的基础。首先,在制订评估计划之前,首先要确定评估机构是谁?是由活动的主办单位开展评估还是由独立的第三方评估机构开展评估,这需要从实际情况出发进行合理选择与决策。其次,在节事活动评估计划的制订中,还要选择资料来源、资料搜集方法及评估调研工具,制订抽样计划,建立评估组织并选择评估人员,编制评估预算,确定时间进度。因此,在节事活动项目评估计划制订过程中,一般要考虑以下几方面问题。

第一,评估内容。在"节事活动项目评估的内容"一节中,已对节事活动项目评估的基本内容、工作评价、效益与影响评价进行了详细介绍。在制订节事活动项目评估计划过程中,还需根据实际情况决定活动的评估内容。

第二,评估资料。根据确定的评估内容,决定需要收集哪些资料和数据。其中,资料主要指需要做出主观判断的部分,数据主要指可以量化的部分。

第三,评估对象。在确定评估内容和评估资料的基础上,选择合适的评估对象开展评估,以获取所需的相关资料和数据。

第四,评估组织。每个节事活动项目评估都离不开多名评估人员的协调工作。因此,应选择合适的评估人员,组建合理的评估组织机构,并对评估人员开展相关培训。

第五,评估等级。评估结果的等级可用于反映节事活动项目的优劣,是节事活动项目评估目的和任务的重要体现。因此,在制订评估计划的过程中,应确定节事活动项目评估的结果是采用百分制,还是采用等级制,以及具体分为几个等级等。

2. 选择评估方法

节事活动项目评估中常用的方法有调查法、对比分析法、总结述职会等,而调查法中又包含了较常用的访谈调查法和问卷调查法。在节事活动项目评估过程中,应对评估内容、评估资料、评估对象进行综合考量,选择合适的评估方法,以确保评估工作能顺利开展。

3. 确定评估指标体系

节事活动的评估应围绕评估的目的和任务选择适当的评估内容,并根据评估内容确定评估指标体系。评估指标体系通常包括完整指标系统、权重系统以及评估标准系统三个部分。

第一,完整指标系统。完整指标系统是指根据节事活动项目的评估内容制定的,由若干个指标层次组成的指标体系。一般而言,一个完整的指标系统包含评估目标、一级指标、二级指标三个层次,具体可见表8-5,有些比较复杂的指标系统还可包含三级指标。

表 8-5 节事活动项目评估的完整指标系统

评估目标	一级指标	二级指标
节事活动项目的具体评估目标	一级指标 1	二级指标 1.1 二级指标 1.2 ……
	一级指标 2	二级指标 2.1 二级指标 2.2 ……
	一级指标 3	二级指标 3.1 二级指标 3.2 ……
	……	……

第二，权重系统。权重系统指的是各层次评估指标的自重权数和加重权数。其中，自重权数取值范围为0—1，可反映指标自身在同层次指标中的重要程度，同层次指标的自重权数之和应为1。加重权数可反映某项指标的评估等级，如可将某项评估指标分为优秀、良好、一般、合格、不合格5个评估等级，并根据等级间的依次递减性，用5、4、3、2、1或者1、0.8、0.6、0.4、0.2表示。在确定评估指标的权重时，可采用专家会议法或德尔菲法。

第三，评估标准系统。评估标准系统由标度和标号两部分组成。标度的作用在于区分评估对象达到评估指标的程度，包括定量标度和定性标度两种表示形式，其中定量标度一般用分数，即百分制表示，以区分评估对象达到指标的程度，定性标度一般用描述性语言来表示，如"非常满意""满意""一般""不满意""非常不满意"等，可用来评估观众对节事活动产品质量或服务质量等的满意程度。标号是表示标度的符号，本身无独立意义，一般可用字母（A、B、C、D）或数字（1、2、3、4）或汉字（优秀、良好、合格、不合格）来表示。

4. 评估实施与反馈

制订了具体的评估计划，选择了适当的评估方法，确定了科学的评估指标体系后，接下来将组建评估机构，选择、培训评估人员，做好评估人员任务分工，对选定的评估对象采取科学的评估方法实施活动评估，以获取所需数据和资料。在数据、资料搜集的基础上，应对各项资料和数据进行统计汇总，并进行审核、归类、比较、分析和整合，初步确定评估等级。评估等级的确定可通过评估人员打分或由领导小组、专家委员会投票决定。

此外，还要编制评估报告。节事活动项目评估报告是节事活动评估结果的书面载体。节事活动评估工作结束后，评估结果都应当形成规范的项目评估报告书。项目评估报告的写法通常有两种：一种是文章式评估报告，即按文章的一般结构来写，有一定的文字描述和分析，而且提出结论和建议；另一种是表格式评估报告，即通篇以表格形式出现，各项评估结果均以数据表或曲线图来表示。评估报告编制完成后应及时向活动主办方提交、汇报，总结经验教训，反馈评估过程中发现的问题及其原因，并提出改善建议，为活动举办质量的提高提供决策参考。

节事活动项目评估报告的大纲示例可参照如下。

××节事活动项目评估报告

前言　节事活动概况
第一章　节事活动组织运营总体概况
第二章　节事活动策划、组织、运营与执行评估
第三章　节事活动财务评估
第四章　节事活动效益与影响评估
第五章　节事活动的综合评估
第六章　改善建议

本章小结

- 节事活动项目总结是指节事活动工作告一段落后，对活动进行回顾、分析和评估而形成的文书或报告，其作用体现在推进工作情况汇报、加强经验教训总结、促进相互学习交流以及提供项目实践证据等方面。
- 节事活动项目总结可按照内容范围和时间进程划分为不同类型，总结内容主要包括项目时间、项目质量、人员管理与沟通交流、项目成本、项目特点以及经验教训六个方面。
- 项目管理过程中，评估发生于管理的全过程，涵盖事前评估、事中评估以及事后评估。
- 节事活动项目评估是指对节事活动的主题、内容、组织过程、执行过程、服务质量、效益以及作用影响等进行系统、客观的分析评估，具有科学性、客观性、可操作性、透明性、时效性等特性。
- 节事活动项目评估的主体主要有项目组及其成员、第三方评估机构、赞助商、观众。
- 节事活动项目评估的基本内容包括目标评价和策划评价两方面，目标评价主要评价节事活动项目预期目标的实现程度，策划评价主要对节事活动的主题、内容、时间、地点等进行分析与评估。
- 节事活动项目工作评价覆盖组织结构与人员配置、宣传推广、商业赞助、服务供应、现场运营等领域的工作内容。
- 节事活动项目的效益与影响评价包括效益评价、影响评价及可持续性评价三方面。
- 常见的节事活动项目评估方法有调查法、对比分析法和总结述职会等，其中调查法又包括访谈调查法和问卷调查法。
- 节事活动项目评估流程包括制订评估计划、选择评估方法、确定评估指标体系、实施评估与反馈四个环节。

核心关键词

项目总结(Project Summary)
项目评估(Project Evaluation)
项目工作评价(Project Work Evaluation)
项目效益评价(Project Benefit Evaluation)

思考与练习

1. 简述节事活动项目评估的定义、特性与目的。
2. 节事活动项目评估的主体包括哪些?每类主体在评估中承担着什么工作?
3. 简述节事活动项目工作评价的主要内容。
4. 节事活动项目评估的方法有哪些?对比分析常见的三种节事活动项目评估方法。
5. 简述节事活动项目评估的流程。
6. 简述节事活动项目总结的定义与作用。
7. 简述节事活动项目总结的类型与内容。

案例讨论

讨论问题：
1. 节事活动项目的评估指标有哪些?如何制定节事活动项目评估指标体系?
2. 节事活动项目的举办对城市的发展有何意义?在节事活动指标体系制定过程中,如何体现节事活动举办对城市的影响?
3. 结合本章所学内容,分析、总结本案例对我们的启示。

参考文献 Bibliography

[1] 徐丽莎. 节事活动策划与管理[M]. 杭州:浙江大学出版社,2013.

[2] B. 约瑟夫·派恩,詹姆斯·H. 吉尔摩. 体验经济[M]. 北京:机械工业出版社,2002.

[3] 黄海燕. 体育赛事与城市旅游业互动发展研究[M]. 北京:社会科学文献出版社,2017.

[4] 哈罗德·科兹纳. 项目管理:计划、进度和控制的系统方法[M]. 10 版. 杨爱华,王丽珍,石一辰,等,译. 北京:电子工业出版社,2010.

[5] 斯蒂芬·P. 罗宾斯,玛丽·库尔特. 管理学[M]. 11 版. 李原,孙健敏,黄小勇,译. 北京:中国人民大学出版社,2012.

[6] 罗伊玲. 节事活动策划与管理[M]. 武汉:华中科技大学出版社,2016.

[7] 卢晓. 节事活动策划与管理[M]. 上海:上海人民出版社,2009.

[8] 上海世博局主题演绎部. 城市,让生活更美好——上海世博会主题解读[M]. 上海:东方出版中心,2009.

[9] 杰克·吉多,詹姆斯·P. 克莱门斯. 成功的项目管理[M]. 张金成,等,译. 北京:机械工业出版社,2004.

[10] 傅才武,翁春萌,蒋昕. 文化产业集聚区策划与运营[M]. 武汉:湖北人民出版社,2012.

[11] 贝蒂娜·康韦尔. 活动赞助:体育、艺术活动中的营销传播[M]. 蒋昕,译. 重庆:重庆大学出版社,2017.

[12] 菲利普·科特勒,凯文·莱恩·凯勒. 营销管理[M]. 12 版. 梅清豪,译. 上海:上海人民出版社,2006.

[13] 亨利·阿塞尔. 消费者行为和营销策略[M]. 韩德昌,等,译. 北京:机械工业出版社,2000.

[14] 简·艾伦·哈里森. 古代艺术与仪式[M]. 刘宗迪,译. 北京:生活·读书·新知三联书店,2008.

[15] Getz D. Festivals, Special Events, and Tourism [M]. New York: Van Nostrand Reinhold,1991.

[16] Getz D. Special Events: Defining the Product [J]. Tourism Management,1989(2).

[17] Getz D. Event Studies: Discourses and Future Directions [J]. Event Management,2012(2).

[18] Getz D. Event Management and Event Tourism[J]. Annals of Tourism Research, 1998(1).

[19] Goldblatt J. Special Events: Twenty-first Century Global Event Management[M]. New York:John Wiley and Sons,2002.

[20] Goldblatt J. Special Events: Creating and Sustaining a New World for Celebrating [M]. New York:John Wiley and Sons,2014.

[21] Norman Douglas, Ngaire Douglas, Ros Derrett. Special Interest Tourism[M]. New York:John Wiley and Sons, 2001.

[22] Getz D. Event Tourism: Definition, Evolution, and Research [J]. Tourism Management, 2008(3).

[23] B Joseph Pine Ⅱ, James H Gilmore. The Experience Economy, Updated Edition [J]. Boston: Harvard Business Review Press, 2011.

教学支持说明

普通高等院校旅游管理专业类"十三五"规划教材系华中科技大学出版社"十三五"规划重点教材。

为了改善教学效果,提高教材的使用效率,满足高校授课教师的教学需求,本套教材备有与纸质教材配套的教学课件(PPT电子教案)和拓展资源(案例库、习题库视频等)。

为保证本教学课件及相关教学资料仅为教材使用者所得,我们将向使用本套教材的高校授课教师免费赠送教学课件或者相关教学资料,烦请授课教师通过电话、邮件或加入旅游专家俱乐部QQ群等方式与我们联系,获取"教学课件资源申请表"文档并认真准确填写后发给我们,我们的联系方式如下:

地址:湖北省武汉市东湖新技术开发区华工科技园华工园六路

邮编:430223

电话:027-81321911

传真:027-81321917

E-mail:lyzjjlb@163.com

旅游专家俱乐部QQ群号:306110199

旅游专家俱乐部QQ群二维码:

群名称:旅游专家俱乐部
群　号:306110199

教学课件资源申请表

填表时间：_____年___月___日

1. 以下内容请教师按实际情况写，★为必填项。
2. 学生根据个人情况如实填写，相关内容可以酌情调整提交。

★姓名		★性别	□男 □女	出生年月		★职务	
						★职称	□教授 □副教授 □讲师 □助教

★学校		★院/系	
★教研室		★专业	
★办公电话		家庭电话		★移动电话	
★E-mail（请填写清晰）				★QQ号/微信号	
★联系地址				★邮编	

★现在主授课程情况	学生人数	教材所属出版社	教材满意度
课程一			□满意 □一般 □不满意
课程二			□满意 □一般 □不满意
课程三			□满意 □一般 □不满意
其 他			□满意 □一般 □不满意

教 材 出 版 信 息					
方向一	□准备写	□写作中	□已成稿	□已出版待修订	□有讲义
方向二	□准备写	□写作中	□已成稿	□已出版待修订	□有讲义
方向三	□准备写	□写作中	□已成稿	□已出版待修订	□有讲义

请教师认真填写表格下列内容，提供索取课件配套教材的相关信息，我社根据每位教师/学生填表信息的完整性、授课情况与索取课件的相关性，以及教材使用的情况赠送教材的配套课件及相关教学资源。

ISBN（书号）	书名	作者	索取课件简要说明	学生人数（如选作教材）
			□教学 □参考	
			□教学 □参考	

★您对与课件配套的纸质教材的意见和建议，希望提供哪些配套教学资源：